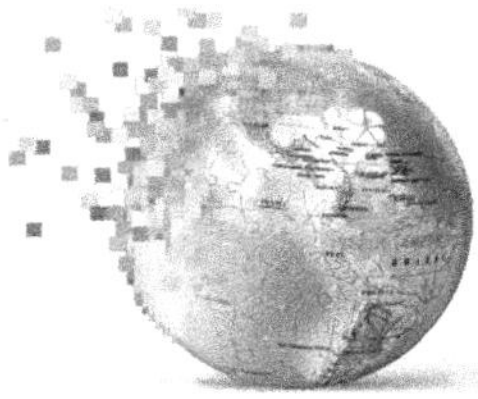

Chinese Journal of Strategic Studies

中国战略报告

（第八辑）

门洪华　主编

世界知识出版社

图书在版编目（CIP）数据

中国战略报告．第八辑 / 门洪华主编．--北京：世界知识出版社，2020.6

ISBN 978-7-5012-6251-9

Ⅰ.①中… Ⅱ.①门… Ⅲ.①国家战略—研究报告—中国 Ⅳ.①D60

中国版本图书馆 CIP 数据核字（2020）第 096293 号

责任编辑　刘豫徽
责任出版　王勇刚
责任校对　张　琨

书　　名　中国战略报告（第八辑）
Zhongguo Zhanlue Baogao（Dibaji）

主　　编　门洪华

出版发行　世界知识出版社
地址邮编　北京市东城区干面胡同 51 号（100010）
网　　址　www.ishizhi.cn
投稿信箱　lyhbbi@163.com
电　　话　010-65265923（发行）　010-85119023（邮购）
经　　销　新华书店
印　　刷　北京虎彩文化传播有限公司
开本印张　710 毫米×1000 毫米　1/16　15¾印张
字　　数　210 千字
版次印次　2020 年 11 月第一版　2020 年 11 月第一次印刷
标准书号　ISBN 978-7-5012-6251-9
定　　价　69.00 元

韩国国际交流财团（Korea Foundation）
资助出版

《中国战略报告》编委会

Chinese Journal of Strategic Studies

主办单位： 同济大学中国战略研究院

编 辑 部： 同济大学衷和楼2016室（200092）

电　　话： 86-21-65982935

电子邮箱： taolimanmen@aliyun.com

目　录

共建“一带一路”的顶层设计对接

导言　百年变局与中国战略机遇期的塑造*

门洪华

【内容提要】 本文梳理百年变局及其影响，认为百年变局带给中国最深刻的挑战是如何确保和延长中国战略机遇期，而积极塑造战略机遇期应被视为中国应对百年变局的核心趋向。百年变局最根本的动力是科技产业革命与大国兴衰的加速，最深刻的体现是世界充满不确定性，最能动的因素是思想观念激烈变革，最耀眼的表现莫过于中国从过去在世界舞台的边缘走近世界舞台中心，成为最具影响的因素之一。在百年变局的背景下，中国在抓住、用好、维护战略机遇期等传统思路的同时，更应把延长和主动塑造战略机遇期作为主导战略方向。本文认为，应对百年变局，塑造中国战略机遇期，其基石在于聚焦中国全方位发展，推动全面开放；其关键在于锤炼全球视野，积极为世界提供新的战略机遇；其支撑在于夯实地区重心，优化中国地缘政治经济环境。

【关 键 词】 百年变局　战略机遇期　中国　战略研究

【作者简介】 门洪华，同济大学同济特聘教授、中国战略研究院院长、政治与国际关系学院院长。

---

* 本文系教育部哲学社会科学重大课题攻关项目“国家安全战略研究”（18JZD058）、中宣部2017年度文化名家暨“四个一批”人才工程项目“世界主要大国海外利益拓展之路”的阶段性成果。本文发表于《同济大学学报（社会科学版）》2020年第2期。

冷战结束尤其是进入21世纪以来，全球转型与中国崛起相互促进、相互影响，大发展大变革大调整成为时代主调，推动世界迎来“百年未有之大变局”，中国迎来近代以来最好的时期，中华民族伟大复兴迎来关键时刻。迈入21世纪第三个十年，三个“百年”深刻交集。在第一个“百年”目标2020年全面小康社会即将建成之际，如何积极应对“百年未有之大变局”，为实现第二个“百年”奋斗目标打下坚实的基础，是我们必须深入思考的重大战略议题。正如习近平总书记指出的，我们要“胸怀两个大局，一个是中华民族伟大复兴的战略全局，一个是世界百年未有之大变局，这是我们谋划工作的基本出发点”①。

世界一直处于不断变化的历史长河之中，② 而百年未有之大变局具有其独有的内涵，尤其是对中国有着深刻而广远的影响，不仅给中国和平发展带来了难得的机遇，也必然带来严峻的挑战。有鉴于此，中国是否仍处于重要战略机遇期引发了战略学界的高度关注乃至热烈争论，中国如何抓住、用好、维护、延长、塑造战略机遇期，更被视为中国应对百年变局的核心议题。

一、百年变局与中国的互动

变局是世界之常态，而习近平总书记提出的百年变局命题具有特定含义。冷战结束以来，中国决策者高度关注世界格局变化，强调世界处于深刻变革和调整之中，密切关注全球变革对中国的影响，并以此为重要外部条件来调整国际战略布局。进入21世纪的第二个十年，世界发生更为深刻复杂的变化，党的十九大报告全面论述“世界正处于大发展大变革大调整

① 《习近平总书记江西考察并主持召开座谈会微镜头》，《人民日报》2019年5月23日，第2版。

② 张宇燕：《理解百年未有之大变局》，《国际经济评论》2019年第5期，第9—19页。

时期”。习近平站在人类历史演进的高度，深刻把握时代风云，做出了“百年未有之大变局”的战略判断。在 2017 年 12 月 28 日驻外使节工作会议上，他首次提出“我们面对的是百年未有之大变局”①。在 2018 年 6 月中央外事工作会议上，习近平系统阐述了对百年变局的深刻认识。他指出，“我国处于近代以来最好的发展时期，世界处于百年未有之大变局，两者同步交织、相互激荡。……当今世界是一个变革的世界，是一个新机遇新挑战层出不穷的世界，是一个国际体系和国际秩序深度调整的世界，是一个国际力量对比深刻变化并朝着有利于和平与发展方向变化的世界”，“我们要深入分析世界转型过渡期国际形势的演变规律，准确把握历史交汇期我国外部环境的基本特征，统筹谋划和推进对外工作”②。在 2018 年 7 月金砖国家工商论坛上，他指出，“未来 10 年，将是世界经济新旧动能转换的关键 10 年，是国际格局和力量对比加速演变的 10 年，是全球治理体系深刻重塑的 10 年”③。在 2018 年 11 月亚太经合组织工商领导人峰会上，他强调指出，“当今世界的变局百年未有……人类又一次站在了十字路口”④。在 2019 年 1 月中央军委军事工作会议上，他强调，“当今世界正面临百年未有之大变局，我国发展仍处于重要战略机遇期，同时各种可以预料和难以预料的风险挑战增多”⑤。在 2019 年 10 月党的十九届四中全会上，他明确指出，“当今世界正经历百年未有之大变局，我国正处于实现中华民族伟大复兴关键时期。顺应潮流，适应我国社会主要矛盾变化，统揽伟大斗争、伟大工程、伟大事业、伟大梦想，不断满足人民对美好生活新期待，战胜

---

① 张蕴岭：《百年大变局：变什么（上）》，《世界知识》2019 年第 12 期，第 72 页。

② 习近平：《坚持以新时代中国特色社会主义外交思想为指导努力开创中国特色大国外交新局面》，《人民日报》2018 年 6 月 24 日，第 1 版。

③ 《习近平出席金砖国家工商论坛并发表重要讲话》，《人民日报》2018 年 7 月 26 日，第 1 版。

④ 习近平：《同舟共济创造美好未来——在亚太经合组织工商领导人峰会上的主旨演讲》，《人民日报》2018 年 11 月 18 日，第 2 版。

⑤ 《习近平在中央军委军事工作会议上强调在新的起点上做好军事斗争准备工作　坚决完成党和人民赋予的使命任务》，《人民日报》2019 年 1 月 5 日，第 1 版。

前进道路上的各种风险挑战”[①]。综上所述，习近平高度关注百年变局带来的难得机遇与深刻挑战，并以此为重要依据谋划中国整体战略布局，推进对外工作。

百年变局的到来，与冷战结束以来的国际风云变幻密切相关，与大国兴衰、发展中大国群体性崛起密切相关，与2008年全球经济危机催生的西方蜕变密切相关，与新一轮科技革命加速重塑世界密切相关。[②] 百年变局是世界新旧力量博弈的演进过程，其变革广度与深度前所未有，主要体现在：力量对比大变局，包括大国间力量对比，发达国家与发展中国家群体对比，国家与非国家行为体对比的巨大变化；[③] 发展范式的转变，主要是由传统工业化发展范式向可持续发展范式的转变，气候变化带来的危险巨变；新科技革命带来的转变，主要是具有替代特征的人工智能、物联网大发展。[④] 笔者认为，百年变局最根本的动力是科技产业革命与大国兴衰的加速。新一轮科技革命加速重塑世界，技术突飞猛进既是百年变局的基本内容也是导致百年变局的基本推动力量。[⑤] 以人工智能、大数据、互联网、太空技术、生物技术、量子科技为代表的新科技革命正在全面酝酿，推动新产业、新

---

① 《中共中央关于坚持和完善中国特色社会主义制度推进国家治理体系和治理能力现代化若干重要问题的决定（2019年10月31日中国共产党第十九届中央委员会第四次全体会议通过）》，《人民日报》2019年11月6日，第1版。

② 笔者曾用“权力转移、问题转移、范式转移”概括冷战结束以来的世界转型。参见门洪华：《权力转移、问题转移与范式转移——关于霸权解释模式的探索》，《美国研究》2005年第3期，第7—31页。

③ 约瑟夫·奈认为，21世纪正在发生两种关键的权力更替，一种是由西方国家向东方国家的权力转移（power transition），另一种是全球信息化革命影响下，由政府到非政府行为体的权力扩散（power diffusion），而权力更替使得全球政治复杂性不断增加。参见［美］约瑟夫·奈：《美国世纪结束了吗?》（邵杜罔译），北京：国防大学出版社2015年版，第70—82页。

④ 张蕴岭：《对“百年之大变局”的分析与思考》，《山东大学学报（哲学社会科学版）》2019年第5期，第1—15页。

⑤ 张宇燕：《理解百年未有之大变局》，《国际经济评论》2019年第5期，第9—19页；朱锋：《近期学界关于“百年未有之大变局”研究综述》，《人民论坛·学术前沿》2019年第7期，第6—12页。

业态、新模式的巨大发展，[①] 新科技革命和产业变革引发经济、社会和军事力量革命性增长，改变着国力增强方式、国际竞争内涵和传统战争形态，全面拉动全球化在广度和深度上的延展，是导致世界大变局的根本驱动力量。[②] 此外，百年变局最具有根本作用的动力是大国兴衰。进入 21 世纪，世界经济增长的增量部分主要来自发展中国家群体，这是世界发展近代史上一个重大转变，促使世界政治经济格局告别单极化。[③] 总体而言，现在的变局是从西方中心到非西方中心，或者是西方中心和非西方并列的大变局，目前正处于全球化发展调整期、世界权力结构转移期和科学革命发展孕育期叠加出现的阶段，这个变局刚刚开始，还要很长时间才能完成。[④] 值得关注的是，当前除中国、印度等少数国家经济表现尚属亮丽外，新兴市场国家作为一个整体，正在经历从群体性崛起到群体性衰落或群体性转型的痛苦过程。[⑤] 与之相关，百年变局最深刻的体现是世界充满不确定性。[⑥] 面对世界大变局，各主要力量加紧内外战略调整，抢占战略制高点，力争在博弈中占据优势，[⑦] 导致国际形势加速深刻演变，不确定性不稳定性凸显。单边主义、保护主义持续上升，国际多边秩序和全球治理体系遭到挑战。世界面临单边与多边、对抗与对话、封闭与开放的重大选择，处于何去何从

---

① 罗建波：《在世界百年未有之大变局中把握战略机遇期》，《科学社会主义》（双月刊）2019 年第 3 期，第 14—22 页。

② 裘援平：《世界大变局中的时与势》，《国际战略研究简报》第 78 期（2019 年 3 月 20 日）第 1—4 页。

③ 张蕴岭：《对“百年之大变局”的分析与思考》，《山东大学学报（哲学社会科学版）》2019 年第 5 期，第 1—15 页。

④ 黄仁伟：《如何认识百年未有之大变局》，《东亚评论》2019 年第 1 辑，第 4—5 页。

⑤ 孙哲：《百年变局与中国担当》，《人民论坛》2019 年第 17 期，第 13—15 页。

⑥ 王毅：《坚持以习近平外交思想为指引PH谱写中国特色大国外交新篇章》，《时事报告》2019 年第 1 期，第 5—17 页。

⑦ 中国现代国际关系研究员课题组：《世界大变局深刻复杂》，《现代国际关系》2019 年第 1 期，第 1—8 页。

的关键十字路口。[①] 更值得关注的是，百年变局最能动的因素是思想观念激烈变革。面对百年变局，任何一个国家，无论多么强大，既不可能独善其身，也成不了救世主，各国唯有携手合作、共同应对，[②] 有鉴于每个国家处理自身问题都需要联合其他国家共同行动，[③] 国际合作比任何时候都显得弥足珍贵。然而，由于国家实力对比的显著变化，美国及其他西方国家“逆全球化”民粹思潮蔓延，[④] 新一轮贸易保护主义、逆全球化思潮乃至新孤立主义在美国这一世界中心国家兴起，[⑤] 大国战略竞争趋于激烈。笔者认为，世界尚处于百年变局前期，国际体系变革接近临界点，在全球化发展调整期、世界权力结构转移期和科学革命发展孕育期三个历史长周期叠加之际，世界站在了新的十字路口，各国出现诸多分歧、迷茫和忧虑实属必然。

百年变局中最耀眼的表现，莫过于中国从过去在世界舞台的边缘走近世界舞台中心，成为最具影响的因素之一。[⑥] 中国发展速度之快，影响之深远百年未有，处于大国崛起的关节点上，中国战略构想与动向举世瞩目。在世界各国普遍陷入迷茫之际，中国紧紧抓住时代发展的脉搏，积极推动构建新型国际关系和人类命运共同体，推动全球治理体系朝着更加公正合

---

① 杨洁篪：《倡导国际合作，维护多边主义，推动构建人类命运共同体》，《国际问题研究》2019 年第 2 期，第 1—6 页。

② 阮宗泽：《构建人类命运共同体助力中国战略机遇期》，《国际问题研究》2018 年第 1 期，第 13—26 页。

③ 史志钦：《百年未有之大变局与中国身份的变迁》，《人民论坛 · 学术前沿》2019 年第 7 期，第 13—20 页。

④ 柴尚金：《百年大变局中的世界社会主义》，《人民论坛 · 学术前沿》2019 年第 16 期，第 29—39 页。

⑤ 权衡：《“百年未有之大变局”：表现、机理与中国之战略应对》，《科学社会主义》（双月刊）2019 年第 3 期，第 9—13 页；贾康：《中国“现代化冲关期”须防两大陷阱》，《参考消息》2019 年 4 月 5 日第 11 版。

⑥ 张蕴岭：《百年大变局下的中日关系》，《亚太安全与海洋研究》2019 年第 1 期，第 1—11 页；胡鞍钢：《牢牢把握并主动创造我国重要战略机遇期》，《新疆师范大学学报（哲学社会科学版）》2019 年第 3 期，第 7—17 页。

理的方向发展，成为世界乱象中的中流砥柱。[①] 正如 2016 年 1 月，习近平在省部级主要领导干部学习贯彻党的十八届五中全会精神专题研讨班上讲话指出的，“20 年前甚至 15 年前，经济全球化的主要推手是美国等西方国家，今天反而是我们被认为是世界上推动贸易和投资自由化便利化的最大旗手，积极主动同西方国家形形色色的保护主义作斗争”[②]。我们需要把中国放在世界的大视野下来认识，作为一个上升的大国，其发展与转变不仅改变自身，也对世界产生重大的影响。[③] 中国全面崛起带动了发展中大国的群体崛起和发展中世界的深入合作，成为推动百年变局向战略合作与良性竞争发展的引领性力量。与之相关的，百年变局被视为资本主义与社会主义两种制度的深度博弈，[④] 必然对中国战略机遇期带来严峻挑战，中国走向也必然对百年变局带来重大影响。

二、百年变局视角下的中国战略机遇期

百年变局对中国最深刻的挑战就是战略机遇期是否继续存在。多年来，战略机遇期始终是中国领导层用来推进中国改革发展进程的关键词，[⑤] 如何迎来、抓住、用好战略机遇期向来被视为谋划中国战略的重要出发点。机遇具有不确定性和非常驻性的特点，往往表现为偶然性、或然性，而背后

① 王毅：《2018 中国外交：乘风破浪砥砺前行》，《国际问题研究》2019 年第 1 期，第 1—10 页。

② 习近平：《在省部级主要领导干部学习贯彻党的十八届五中全会精神专题研讨班上的讲话》，《人民日报》2016 年 5 月 10 日，第 2 版。

③ 张蕴岭：《对“百年之大变局”的分析与思考》，《山东大学学报（哲学社会科学版）》2019 年第 5 期，第 1—15 页。

④ 李拓：《“百年未有之大变局”中的中国特色社会主义》，《科学社会主义》（双月刊）2019 年第 3 期，第 23—31 页。

⑤ 郑永年：《抓住未来十年改革“战略机遇期”》，《中国经贸》2011 年第 4 期，第 66—68 页。

又隐藏着必然性。[①] 作为风云际会、震荡改组、重新洗牌的时代变局,[②] 战略机遇自然是机遇与挑战并存，机遇大于挑战，战略机遇不是单一的战略态势，而是战略竞争、战略挑战、战略突破、战略平衡、战略危机与战略转机的结合。[③] 战略机遇期指的是国内外各种因素综合形成的，能为一国发展提供良好机遇，并对其历史命运产生全局性、长远性、决定性影响的某一特定历史时期。[④] 从全球角度看，战略机遇期是世界范围内各种矛盾运动变化的结果，是国内外各种因素综合作用形成的机遇；从国家角度看，战略机遇期则是该国在具备迅速发展条件基础上迈向腾飞的中间阶段，是从量变到质变的重要关口。[⑤] 战略机遇期是机遇与挑战互通并存、交织共生的集合体，在发展机遇、优良环境的另一面，往往就是暗藏威胁和酝酿现实挑战的摇篮，二者相辅相成。[⑥] 有鉴于此，战略机遇与战略挑战如影随形，战略机遇期的形成与能否延续，不仅取决于国内和国际的客观因素，更可以主动塑造。

抓住战略机遇发展自己，是中华人民共和国成立以来实现发展的宝贵经验。从“一边倒”到两个“中间地带”和“三个世界”，毛泽东抓住国际风云变幻的战略机遇，领导中国实现了独立自主和外交突破，打破了大国封锁和包围，成长为举足轻重的大国。从不结盟的独立自主和平外交政策到和平发展主题，邓小平抓住全球变革的难得机遇，推动中国走向改革

---

① 梅毅全、罗剑英：《江泽民战略机遇期思想与全面建设小康社会》，《中共云南省委党校学报》2003 年第 3 期，第 50—53 页。

② 魏胤亭：《简析重要战略机遇期的辩证内涵》，《毛泽东邓小平理论研究》2013 年第 7 期，第 67—71 页。

③ 黄仁伟：《论战略机遇期》，《世界经济研究》2003 年第 6 期，第 5—11 页。

④ 门洪华：《“一带一路”与中国—世界互动关系》，《世界经济与政治》2019 年第 5 期，第 4—21 页。

⑤ 门洪华：《关于中国大战略的理性思考》，《战略与管理》2012 年第 2 期，第 10—18 页。

⑥ 鲁世巍：《判断“战略机遇期”的三个视角》，《理论参考》2005 年第 10 期，第 17—19 页；丁工：《人类命运共同体的构建与中国战略机遇期的存续》，《国际经济评论》2017 年第 6 期，第 9—22 页。

开放和经济崛起。20世纪末21世纪初，中国国内外局势同时出现重大变革，江泽民抓住历史机遇，做出具有指导性意义的战略判断。2002年5月31日，江泽民在中央党校省部级干部进修班毕业典礼上讲话指出："综观全局，二十一世纪头二十年，对我国来说，是一个必须紧紧抓住并且可以大有作为的重要战略机遇期"①。2002年11月党的十六大报告对战略机遇期的时间范围作了进一步明确的定位，即把今后全面建设小康社会20年与战略机遇期20年紧密地结合在一起，从而大大拓展了战略机遇期的广度和深度。胡锦涛强调抓住机遇实现跨越式发展的重要意义："无论从中国社会的发展历程看，还是从世界其他国家的发展历程看，能不能抓住机遇，加快发展，是一个国家能不能赢得主动、赢得优势、赢得胜利的关键所在。机遇极为宝贵，稍纵即逝。在历史发展的关键时期，把握住了机遇，落后的国家和民族就有可能实现跨越式的发展，成为时代的弄潮儿；而丧失了机遇，原本强盛的国家和民族也会不进则退，成为时代发展的落伍者"②。从中国发展的历史经验看，尤其是21世纪第一个十年，我们几乎每一次战略突破，都同把重大危机转化为发展机遇密切相关。③ 进入21世纪的第二个十年，伴随着应对全球经济危机的深入展开，同舟共济为同舟共"挤"所取代，国际局势发生了深刻变革，中国似乎突然陷入了某种战略性困境，在安全、经济、政治等领域都面临着突如其来的严峻战略压力，特朗普主政美国之后更是把中国视为战略对手，遏制、围堵中国的意图彰显，中国战略机遇期是否存在？各界众说纷纭，持否定观点者甚多。

习近平总书记深入研究中国战略机遇期并做出了坚定而乐观的判断。2017年10月，他在党的十九大报告中指出，当前国内外形势正在发生深刻

---

① 《江泽民文选》第3卷，北京：人民出版社2006年版，第542页。

② 胡锦涛：《进一步认识把握社会历史发展规律，增强推进改革发展的自觉性主动性》，《人民日报》2003年11月25日，第1版。

③ 郑必坚：《21世纪第二个十年的中国和平发展之路》，《国际问题研究》2013年第3期，第1—8页。

复杂变化，我国发展仍处于重要战略机遇期，前景十分光明，挑战也十分严峻。① 重要机遇期与重大风险期两种状态并存、光明前景与严峻挑战两种趋势同在，构成了中国特色社会主义新时代的显著特征。② 2018 年 1 月 5 日，在学习贯彻党的十九大精神研讨班开班式上，他强调，我国正处于一个大有可为的历史机遇期。③ 在 2018 年 12 月中央经济工作会议上，他强调，我国发展仍处于并将长期处于重要战略机遇期。世界面临百年未有之大变局，变局中危和机同生并存，这给中华民族伟大复兴带来重大机遇。④ 长期处于重要战略机遇期的新论断代表了中国决策者的信心与决心。与此同时，他对国内外形势有着清晰深刻的认识。2019 年 5 月，习近平总书记主持召开推动中部地区崛起工作座谈会时的讲话堪称总体性的判断和工作部署："我国仍处于发展的重要战略机遇期，但面临的国际形势日趋错综复杂。我们要清醒认识国际国内各种不利因素的长期性、复杂性，妥善做好应对各种困难局面的准备。最重要的还是做好我们自己的事情，统筹研究部署，协同推进改革发展稳定各项工作，谋定而后动，厚积而薄发"⑤。

中国拥有重要的战略机遇期，其基础在于中国自身的持续发展和战略创新。习近平强调，我们最大的机遇就是自身不断发展壮大。⑥ 当前，中国与世界的关系强调共商共建共享，中国在更广阔的舞台之上充分展现大国风范，引领世界大方向，进入 21 世纪第二个战略机遇期。⑦ 随着共建"一

---

① 《决胜全面建成小康社会　夺取新时代中国特色社会主义伟大胜利——在中国共产党第十九次全国代表大会上的报告》，《人民日报》2017 年 10 月 28 日，第 1 版。

② 颜晓峰：《在百年未有之大变局中打好战略主动仗》，《红旗文稿》2019 年第 4 期，第 4—10 页。

③ 《紧紧抓住大有可为的历史机遇期》，《人民日报》2018 年 1 月 15 日，第 1 版。

④ 《中央经济工作会议在北京举行》，《人民日报》2018 年 12 月 22 日，第 1 版。

⑤ 《贯彻新发展理念推动高质量发展奋力开创中部地区崛起新局面》，《人民日报》2019 年 5 月 23 日，第 1 版。

⑥ 《中央外事工作会议在京举行》，《人民日报》2014 年 11 月 29 日，第 1 版。

⑦ 俞正樑、唐喜军：《新战略机遇期：中国引领世界大方向》，《毛泽东邓小平理论研究》2017 年第 8 期，第 82—90 页。

带一路”持续推进，中国与世界进入良性互动的关键时期，中国创造出新的战略机遇期。[①] 与此同时，世界经济处于深度调整期，全球治理处于变革期，国际环境新变化蕴含着新机遇。无论是新技术革命的汹涌蓬勃、跨国公司的全球开拓还是发展中世界强烈的发展诉求，都是中国进一步发展的重要机遇，也都是中国推动全面开放的战略机遇。[②] 从国际大势看，新兴大国崛起、世界权势转移、西方总体困顿之势未改且更明晰，这是中国继续保有战略机遇期的重要时代条件；从未来发展看，美欧日发展空间受限、增长动力减弱、虚拟经济泛滥等深层矛盾，恰恰是中国经济继续发展的优势。[③] 在逆全球化潮流汹涌之下，中国积极推动经济全球化的立场、通过自身努力创造战略机遇的作为得到世界的广泛认可，[④] 这也是中国拥有战略机遇期的重要条件。在这个进程中，中国从世界经济的依赖者转变为主要贡献者，从国际体系变革的适应者转变为关键参与者和理念创新的引领者，成为战略机遇期的关键性塑造者。尤其是，中国强化发展中大国合作、相邻大国协调和“一带一路”拓展，成为新型国际关系的主动塑造者，推动国际合作与大国战略协调的深化，中国国际影响力不断提高。因此，习近平强调中国机遇的内涵在不断扩充，[⑤] 中国有信心、有能力保持经济中高速增长，继续为各国发展创造机遇。[⑥] 可以说，中国发展是立足重要战略机遇期的大背景来进行谋划的。[⑦]

此外，在当今世界面临百年未有之大变局的情势下，中国发展面临的

---

① 陈文玲：《新旧动能转换中的中国经济》，《中国金融》2017 年第 21 期，第 52—53 页。

② 隆国强主编：《构建开放型经济新体制》，广州：广东经济出版社 2018 年版，第 24—25 页。

③ 袁鹏：《中国仍处于战略机遇期》，《当代世界》2011 年第 9 期，第 1 页。

④ 张幼文：《新时代中国国际地位新特点和世界共同发展新动力》，《世界经济研究》2017 年第 12 期，第 24—28 页。

⑤ 杜尚泽：《习近平同出席博鳌亚洲论坛年会的中外企业家代表座谈》，《人民日报》2015 年 3 月 30 日，第 1 版。

⑥ 习近平：《创新增长路径共享发展成果》，《人民日报》2015 年 11 月 16 日，第 2 版。

⑦ 《牢固树立认真贯彻总体国家安全观开创新形势下国家安全工作新局面》，《人民日报》2017 年 2 月 18 日，第 1 版。

各种可以预料和难以预料的风险挑战不断增多，中国战略机遇期的内涵和生成条件都在发生着深刻变化。世界面临增长动力不足、需求不振、金融市场反复动荡、国际贸易和投资持续低迷等多重风险和挑战，[①] 存在严重的和平赤字、发展赤字和治理赤字，逆全球化思潮涌动，单边主义、保护主义抬头。[②] 特朗普对华战略的冲突性趋向导致中国国家安全环境有所恶化，阴晴不定的国际经济形势给中国带来了输入性压力。在现实主义回潮与经济全球化转型背景下，维护战略机遇期的难度明显增加。[③] 中国国际环境必将更趋复杂，不排除有人可能制造障碍或事端，企图干扰中国的发展进程。[④] 与此同时，中国经济发展、政治发展、社会发展、生态文明、文化发展和国家安全面临着诸多内在挑战，这些内在挑战与国际情势变革难以区隔，使得我们面临的矛盾、风险、博弈前所未有，“稍不留神就可能掉入别人精心设置的陷阱”[⑤]。综上所述，中国战略机遇期的生成条件从相对稳定型和自发型为主向相对脆弱型、更加依赖主动塑造能力的方向转变。[⑥] 有鉴于此，中国必须准确把握战略机遇期内涵的深刻变化，更加有效地应对各种风险和挑战，强调任何机遇均来自自身主动地创造，或通过采取行动成功地化挑战为机遇。[⑦] 在抓住、用好、维护战略机遇期等传统思路的同时，如何延长和主动塑造战略机遇期成为中国必然的战略趋向，而塑造战略机遇期应被视为主导方向。

---

① 习近平：《习近平谈治国理政》第 2 卷，北京：外文出版社 2017 年版，第 472 页。

② 钟山：《深化经贸务实合作推动共建“一带一路”高质量发展》，《求是》2018 年第 19 期，第 20—22 页。

③ 王帆：《战略机遇期的判断与维护》，《国际问题研究》2018 年第 5 期，第 32—43 页。

④ 阮宗泽：《构建人类命运共同体助力中国战略机遇期》，《国际问题研究》2018 年第 1 期，第 13—26 页。

⑤ 习近平：《习近平谈治国理政》第 2 卷，北京：外文出版社 2017 年版，第 213 页。

⑥ 徐坚：《重新认识战略机遇期》，《国际问题研究》2014 年第 2 期，第 53—67 页。

⑦ 张宇燕：《战略机遇期：外生与内生》，《世界经济与政治》2014 年第 1 期，第 1 页。

三、应对百年变局、塑造中国重要战略机遇期

面对百年变局和战略机遇期的演进，中国只有顺应历史潮流，积极应变，主动求变，才能与时代同行。我们必须提高把握和运用市场经济规律、自然规律、社会发展规律能力，提高科学决策、民主决策能力，增强全球思维、战略思维能力。[①] 2013 年 1 月，习近平提出“把世界的机遇转变为中国的机遇，把中国的机遇转变为世界的机遇，在中国与世界各国良性互动、互利共赢中开拓前进”的战略构想。[②] 2018 年 5 月，他在纪念马克思 200 周年诞辰大会上总结指出，“我们要站在世界历史的高度审视当今世界发展趋势和面临的重大问题，坚持和平发展道路，坚持独立自主的和平外交政策，坚持互利共赢的开放战略，不断拓展同世界各国的合作，积极参与全球治理，在更多领域、更高层面上实现合作共赢、共同发展，不依附别人、更不掠夺别人，同各国人民一道努力构建人类命运共同体，把世界建设得更加美好”[③]。2018 年 6 月，他在中央外事工作会议上强调“统筹国内国际两个大局，坚持战略自信和保持战略定力，坚持推进外交理论和实践创新，坚持战略谋划和全球布局，坚持捍卫国家核心和重大利益，坚持合作共赢和义利相兼，坚持底线思维和风险意识”的战略思路。[④] 2019 年 4 月，他在会见联合国秘书长古特雷斯时强调指出，“当今世界正经历百年未有之大变局。我们要从各种乱象中看清实质，从历史的维度中把握规律。

---

① 陈宝生：《充分认识全面建成小康社会的时代背景，深化与战略机遇期内涵和条件变化的研究》，《理论视野》2013 年 1 月，第 7—11 页。

② 《更好统筹国内国际两个大局夯实走和平发展道路的基础》，《人民日报》2013 年 1 月 30 日，第 1 版。

③ 习近平：《在纪念马克思诞辰 200 周年大会上的讲话》，《人民日报》2018 年 5 月 4 日，第 1 版。

④ 习近平：《坚持以新时代中国特色社会主义外交思想为指导努力开创中国特色大国外交新局面》，《人民日报》2018 年 6 月 24 日，第 1 版。

经济全球化的大势不可逆转，合作共赢才是人间正道”①。综上所述，面对百年变局，习近平带领中国秉持战略定力，拓展战略远见，深化战略运筹，实现战略创新，积极把握和创造战略机遇期，构建以融入—变革—塑造为核心的和平发展战略框架，致力于丰富和平发展、规划崛起之后，推动中国在国际舞台上发挥更为积极、建设性的作用。习近平统筹国内国际两个大局进行战略思考，创造性地提出人类命运共同体、新型国际关系、正确义利观等引领世界发展潮流的新理念新思想，积极运筹战略布局，推动“一带一路”倡议的深入实施，在全球经济治理、国际金融秩序、基础设施建设和东亚全面合作等领域积极作为，积极塑造和创造出中国新的战略机遇期。伴随着这些举措，中国不仅成长为世界发展的主要动力源和稳定器，也成长为世界和平、人类进步的重要维护者和积极推动者。在这一过程中，中国坚持韬光养晦与有所作为的辩证统一，强调清醒认识国际国内各种不利因素的长期性、复杂性，做好应对各种困难局面的准备，注重战略运筹，避免战略误判，防止陷入战略误区，② 紧扣战略机遇期新内涵进行谋划和实施，在百年变局中稳健发展，积极塑造新战略机遇期，体现了“亲之以仁、结之以信”的优良战略传统。③

应对百年变局，塑造中国战略机遇期，其基石在于聚焦中国全方位发展，推动全面开放。换言之，中国坚持和平发展道路，全力提升综合国力，夯实中国全面崛起的物质和精神基础，同时抓住时机全面深化改革，推进全面对外开放。中国全方位发展的核心基础是经济可持续发展，而塑造战略机遇期的关键在于经济发展方式的实质性转变，中国要坚持稳中求进，保持战略定力，积极推动结构改革和转型升级，大力实施创新驱动发展战略，加快现代化经济体系建设。中国经济已由高速增长阶段转向高质量发

---

① 《习近平会见联合国秘书长古特雷斯》，《人民日报》2019 年 4 月 27 日，第 4 版。

② 丁元竹：《把握战略机遇期要避免战略误判》，《人民论坛》2019 年 17 期，第 26 页。

③ 《管子 · 幼官》。

展阶段，正处在转变发展方式、优化经济结构、转换增长动力的攻关期，建设现代化经济体系是跨越关口的迫切要求和稳定发展的战略目标。中国必须坚持质量第一、效益优先，以供给侧结构性改革为主线，推动经济发展质量变革、效率变革、动力变革，提高全要素生产率，着力加快建设实体经济、科技创新、现代金融、人力资源协同发展的产业体系，着力构建市场机制有效、微观主体有活力、宏观调控有度的经济体制。[①] 习近平强调，要紧扣重要战略机遇的新内涵，加快经济结构优化升级，提升科技创新能力，深化改革开放，加快绿色发展，参与全球经济治理体系变革，变压力为加快推动经济高质量发展的动力。我们坚持创新发展，注重解决发展动力问题；坚持协调发展，注重解决发展不平衡问题；坚持绿色发展，注重解决人与自然和谐问题；坚持开放发展，注重解决发展内外联动问题；坚持共享发展，注重解决社会公平正义问题，从而全面激发和展现新时代中国特色社会主义的充沛活力。与此同时，我们主动顺应全球化潮流，充分运用人类社会创造的先进科学技术成果和有益管理经验，[②] 通过自由贸易试验区和自由贸易港建设、服务业扩大开放综合试点、开放型经济新体制综合试点等各种试点试验，在商事登记、贸易监管、金融开放创新等领域进行系统性制度改革，并注重加强系统集成，逐步完善法治化、国际化、便利化营商环境，以系统性的制度开放促进高水平的对外开放，[③] 同时，加快构建开放型经济新体制，大力推进“一带一路”建设，积极参与全球治理体系改革和建设，开辟我国参与和引领全球开放合作的新境界。[④]

应对百年变局，塑造中国战略机遇期，其关键在于锤炼全球视野，积

---

① 门洪华：《推动中国对外开放进入新时代——党的十八大以来中国对外开放战略的总结与前瞻》，《社会科学》2019 年第 1 期，第 3—13 页。

② 《在省部级主要领导干部学习贯彻党的十八届五中全会精神专题研讨班上的讲话》，《人民日报》2016 年 5 月 10 日，第 2 版。

③ 房爱卿：《开创中国开放发展新时代》，《中国外资》2016 年第 12 期，第 16—18 页。

④ 毕吉耀、李慰：《创新完善我国全方位开放格局》，《中国特色社会主义研究》2018 年第 1 期，第 42—49 页。

极为世界提供新的战略机遇。中国战略机遇期内涵及其生成条件的变化，与中国和世界的互动关系有着密切的关联。随着中国走进世界舞台中心，成为百年变局的内生因素和内生动力，中国不只是世界发展机遇的搭便车者，更应是世界发展机遇的创造者。[①] 中国崛起改变了中国与世界的关系，使其会遭到多种力量的制约和遏制，因此，维护和利用新的战略机遇期，不仅仅是中国自身的事情，还需要与外部世界实现良性互动。[②] 有鉴于此，我们既要把握世界多极化加速推进的大势，又要重视大国关系深入调整的态势；既要把握经济全球化持续发展的大势，又要重视世界经济格局深刻演变的动向；既要把握国际环境总体稳定的大势，又要重视国际安全挑战错综复杂的局面；既要把握各种文明交流互鉴的大势，又要重视不同思想文化相互激荡的现实，[③] 从而在全球事务上扮演更为积极、建设性和引领性的角色。在世界经济前行站在十字路口之际，中国积极推动构建人类命运共同体和新型国际关系，大力推动全球治理体系朝着更加公正合理的方向发展，积极推进总体稳定、均衡发展的大国关系框架建设，佐以金砖国家的制度化合作，形成平衡和制衡美国战略对冲的态势，从而致力于稳定国际体系变革的方向。其间，中国将全球治理摆在突出位置，积极参与全球治理，增强国际社会应对共同挑战的能力，努力为完善全球治理贡献中国智慧，为人类破解和平赤字、发展赤字、治理赤字等难题指明方向和路径。[④] 在逆全球化思潮的强烈冲击下，中国深刻认识到，全球化转型的方向之争已经将矛头指向中国，[⑤] 中国必须致力于寻求共识和妥协，在应对国际

---

① 胡鞍钢：《牢牢把握并主动创造我国重要战略机遇期》，《新疆师范大学学报（哲学社会科学版）》2019 年第 3 期，第 7—17 页。

② 张蕴岭：《中国发展战略机遇期的国际环境》，《国际经济评论》2014 年第 2 期，第 9—21 页。

③ 《坚持以新时代中国特色社会主义外交思想为指导努力开创中国特色大国外交新局面》，载《人民日报》2018 年 6 月 24 日，第 1 版。

④ 杨洁篪：《推动构建人类命运共同体》，《人民日报》2017 年 11 月 19 日，第 6 版。

⑤ 徐坚：《美国对华政策调整与中美关系的三大风险》，《国际问题研究》2018 年第 4 期，第 1—18 页。

恐怖主义、核武器及其他先进技术的扩散、失败国家、气候变化等共同威胁上开放合作，与发达国家共同协商推进新型全球化，实现共同进化，防止形成战略对抗的局面。正如习近平指出的，面对百年未有之大变局，面对严峻的全球性挑战，面对人类发展在十字路口何去何从的抉择，各国应该积极做行动派、不做观望者，共同努力把人类前途命运掌握在自己手中，坚持公正合理，破解治理赤字；坚持互商互谅，破解信任赤字；坚持同舟共济，破解和平赤字；坚持互利共赢，破解发展赤字，让各国人民共享经济全球化发展成果。[①] 在这一进程中，中国不仅要善于抓住机遇实现全球拓展，还要致力于向世界提供新的战略机遇期，让中国机遇、中国贡献为世界所共享，以建设性作为防止世界他国脱钩之念，以共商共建共享为主线推动实现国际合作的新境界。

应对百年变局，塑造中国战略机遇期，其支撑在于夯实地区重心，优化中国地缘政治经济环境。纵观世界历史发展进程，没有一个真正的世界大国不是先从自己所在的地区事务中逐渐占主导地位而发展起来的。[②] 一般而言，不谋全局者不足谋一域。然而，在经济全球化和地区一体化的潮流之下，不谋一域者不能谋全局。中国战略机遇期的挑战虽则来自全球，实则体现在东亚地区和中国周边。一般意义上，由于历史承继的影响，中国习惯用周边来描述地区关系，而“一带一路”沿线国家可视为地区和周边的扩大。有鉴于此，中国的地区重心体现在东亚、周边和“一带一路”三个层面。20 世纪 90 年代至今，中国更加积极地推进地区合作，[③] 致力于促成东亚地区合作的制度框架，加强地缘政治经济的塑造能力，有效防止了美国等在周边捣乱、破坏中国战略机遇期的企图。与此同时，中国加强与俄罗斯和中亚国家的合作，主导推动上合组织的发展壮大，深化与印度、

---

① 《习近平出席中法全球治理论坛闭幕式并致辞》，《人民日报》2019 年 3 月 27 日，第 1 版。

② 门洪华：《地区秩序建构的逻辑》，《世界经济与政治》2014 年第 7 期，第 4—23 页。

③ 秦亚青：《国际体系转型以及中国战略机遇期的延续》，《现代国际关系》2009 年第 4 期，第 35—37 页。

巴基斯坦、阿富汗等南亚和西亚国家的合作，全面提升中国在周边地区的影响力、感召力和塑造力，保证中国周边的稳定和发展。在此基础上，中国提出了富有深刻战略含义的“一带一路”倡议。中国倡导并推动“一带一路”建设，以正确的义利观、安全观、发展观和世界观，展现了中国的大国责任和担当①。“一带一路”建设是中国提出的一个陆海并进、依托亚洲、辐射周边、影响全球的泛亚地区战略，② 体现了中国对建构开放包容的地区合作机制的思考。“一带一路”首先是一个地区经济概念，以推动各国共同发展为指向，以亚欧大陆经济一体化发展为支撑。“一带一路”倡议是以亚洲国家为重点，以构建陆上和海上经济合作走廊为形式，以运输通道为纽带，以互联互通为基础，以多元化合作机制为特征，以打造命运共同体为目标的区域合作安排。③ 它表明，中国新的国际定位是全球性大国，并不把自身利益局限于亚洲，而是在亚洲、欧洲、非洲等扩展其国际影响力，在全球范围内寻求制度化合作。“一带一路”倡议是中国通过陆海构建对外经济合作、实现亚太地区经济一体化的重大举措，是新时代中国塑造战略机遇期的重要抓手。笔者认为，“一带一路”倡议可视为中国依托亚洲、辐射周边、影响全球的重大构想，是中国开放与地区合作、全球发展的有机结合，是把中国发展机遇转化为地区乃至全球机遇、为世界提供新战略机遇的重要抓手和核心路径。

---

① 陈文玲：《“一带一路”建设开启新型全球化伟大进程》，《大讲堂》2017 年第 6 期，第 29—48 页。

② 中共中央党校省部级干部进修班课题组：《“一带一路”战略面临的风险挑战及对策研究》，《理论视野》2015 年第 8 期，第 43—46 页。

③ 马学礼：《“一带一路”倡议的规则性风险研究》，《亚太经济》2015 年第 6 期，第 3—8 页。

百年未有之大变局
与中国

“百年未有之大变局”与国际秩序

李　滨

【内容提要】 正确理解“百年未有之大变局”应当从三个方面来看，“百年未有之大变局”的物质基础是什么？这种变局是怎样的变局？它正在把世界引向何处？作者认为，“百年未有之大变局”存在的物质基础是，在国际分工中中国的地位正在上升，初步进入国际分工引领者行列，而传统的大国作用正在相对下降。中国在世界经济中的影响力正是这种“百年未有之大变局”最重要的经济基础。但是，这种大变局只是一种温和的世界力量对比的变化与秩序的再调整，不是一种根本的国际秩序变革。在当下的“百年未有之大变局”中，各种势力都在积蓄力量为国际秩序的再调整积极努力，以期重塑未来的国际秩序，从而使国际秩序调整有利于自己。因此，“百年未有之大变局”并不意味着世界自然走向公平、繁荣和进步，它的最终的走向取决于各种势力的力量对比，取决于各种势力的主客观努力。但这种历史关头，中国既需要积极作为，推动国际秩序向安全、公正和共同繁荣方向发展，但更需要有危机意识、风险意识和底线思维意识，注意防范这一变动中潜在的各种风险。

【关 键 词】 百年未有之大变局　国际秩序　国际政治经济　人类命运共同体

【作者简介】 李滨，同济大学同济特聘教授、政治与国际关系学院学术委员会副主任。

如何认识世界“面临百年未有之大变局”这一命题涉及三个方面的问题：一是必须正确理解“百年未有之大变局”的基础，二是准确把握“百年未有之大变局”中世界变化内容，三是正确认识“百年未有之大变局”中所蕴含的机遇与风险，在重塑国际秩序中做到积极有为，但不盲目冲动。不正确领悟这三个问题，在世界处于变化的“十字路口”时，既会导致消极保守，坐失良机；也可能盲目乐观，造成功亏一篑。中外历史的许多重大变革时期都印证着历史发展的辩证法。

世界面临“百年未有之大变局”的基础是什么？这既涉及本体论的问题，更涉及认识论的问题。国际社会的本体以经济为基础，政治为上层结构。从这种历史唯物主义的本体论角度来认识当今世界的变化，就要从经济基础的变化来发现变化的根源。正如恩格斯所说，“一切社会变迁和政治变革的终极原因，不应当到人们的头脑中，到人们对永恒的真理和正义的日益增进的认识中去寻找，而应当到生产方式和交换方式的变更中去寻找”①。在国际层面，国际生产分工是世界政治的经济基础，国际分工格局的变化及其相应的交换方式的变化是决定世界变化的最根本基础。

理解世界面临“百年未有之大变局”是什么样的变局，这涉及如何认识不同的事物变化速率的问题，因为不同事物的变化是有不同的速率的。布罗代尔（Fernand Braudel）曾提出分为不同层次，它们的变化存在着不同的速率：第一是“事件世界（world of events）”，它由与人们日常生活相联系的事件所构成，由此产生的“事件时间”（event time）变化速率每天都处于变化之中；第二是“转折世界（world of conjunctures）”，它由一些社会转折所构成，“转折时间”（conjunctural time）需要经历十年、二十

① 《马克思恩格斯选集》第3卷，北京：人民出版社1995年版，第741页。

年或五十年时间，这一时间体现的是“一种温和节奏的历史，一种力量分化组合的历史”；第三是“结构世界（world of structures）”，结构世界的变化需要几个世纪时间的“长时段”（longuedurée）。[①] 这三种世界变化速率体现的是世界从微观到中观，再到宏观的历史发展。日常的变化最终导致社会趋势的转折，趋势的转折最终导致社会模式与结构的最终转型与替代。按照布罗代尔的世界变化的不同时段理论，从世界范围来看，“百年未有之大变局”只是一种中观的变化，一种世界趋势的变化，即现存的世界力量格局的变化，它可能是力量分化组织的开始，但不是世界资本主义结构变化，更不是世界共产主义的即将降临。

面临“百年未有之大变局”，世界向何处去，不能以一种机械的、目的论式的方式来臆测，以为世界变化会自然地向着某个特定的方向发展。“百年未有之大变局”意味着世界正处于转折的十字路口，但并不是意味着世界就必然地向着某个方向发展。虽然目前西方主导的国际秩序面临种种矛盾与危机，但未来的发展存在着多种的可能性，各种势力都会为未来世界的发展而努力，促使国际秩序向着有利于自己的方向发展。因此，转折意味着充满着各种风险与挑战。但是，正如习近平所言，“历史是勇敢者创造的”，只有不畏困难，敢于斗争、善于斗争才能为世界创造一个光明的未来。所以，正确认识世界未来的发展方向，必须摆脱机械论束缚，认识到人的主观能动性的作用。

只有从这三个方面正确把握“百年未有之大变局”，才能树立正确的历史观、大局观和角度观，才能客观地认识到世界的确处于真实的变化可能之中，才能清醒地认识到人类迈向文明进步的长期性和复杂性，才能勇敢地担负起历史的责任，在世界风云变化中，不囿于一时一事的纠缠，困惑于暂时的挫折与纷扰，不畏“事件世界”中的“浮云遮望眼”，基于自身

① Eric Helleiner, “Fernand Braudel and International Political Economy,” *International Study Notes*, Vol. 15, No. 3, 1990, p. 75.

的能力充分发挥主观能动性，主动作为，不抱残守缺，消极适应。同时，冷静清醒，不盲目浮躁。

一、“百年未有之大变局”的物质基础

一切社会变迁和政治变革的终极原因，都应当到生产方式和交换方式的变更中去寻找。这一历史唯物主义的原理同样适用于国际社会。

从历史唯物主义的角度来看，人类生产活动本源性目的在于满足人的生存、发展的需要。人的生存最根本需求就是“吃喝住穿”，为了实现这一根本的需求，人就必须进行生产，发展生产力。① 但随着生产的发展，生产已经越来越不是单个人的生产，而是组织起来的社会化生产，而在这一过程中形成人与人的关系——社会生产关系——一个重要特点就是社会权力关系②。因此，社会生产过程中，谁在生产分工中处于支配地位，他在利益与权力分配中就处于主导地位，在相当大的程度上决定着社会的形态和秩序。这就是马克思所说的：“人们在自己生活的社会生产中发生一定的、必然的、不以他们的意志为转移的关系，即同他们的物质生产力的一定发展阶段相适合的生产关系。这些生产关系的总和构成社会的经济结构，即有法律的和政治的上层建筑竖立其上并有一定的社会意识形态与之相适应的现实基础。物质生活的生产方式制约着整个社会生活、政治生活和精神生活的过程”③。这种经济基础决定上层建筑的原则以及相应的阶级分析不仅适用于国内社会，也适用于国际社会。只不过这种国际社会中的阶级单位变成了国家而已。

---

① 《马克思恩格斯选集》第 1 卷，北京：人民出版社 1995 年版，第 79 页。

② 生产关系、生产的社会关系和生产的权力关系是一个问题的三个不同表达方式。生产过程中体现权力的主导—从属关系就是权力关系。见 Robert W. Cox, *Production, Power, and World Older* (Columbia University Press, 1987), pp. 12-13。

③ 《马克思恩格斯选集》第 2 卷，北京：人民出版社 1995 年版，第 32 页。

马克思曾说，“在交往比较发达的条件下，同样的情况（民族内部的分工）也会在各民族间的相互关系中出现”①。国际分工体系是人类的社会分工生产超越民族国家范围体现。围绕着国际分工，各国之间形成了一种国际生产关系。谁主导着国际/全球分工体系，谁就能从国际生产过程（当今的全球价值链）中获得更大的分配利益，谁就可能在国际权力关系中占据支配地位，影响着国际上层建筑（国际制度或全球治理）。国家在国际分工中的地位是其发展阶段的最重要的体现。马克思在他的那个时代曾经提到当时国际分工形成的国际政治结果：“正像它使农村从属于城市一样，它使未开化和半开化的国家从属于文明的国家，使农民的民族从属于资产阶级的民族，使东方从属于西方”②。正是在强大的经济基础上，西方国家长期以来主宰着世界政治经济，塑造着一种全球性依附性生产关系。这种依附关系在历史上先以殖民体系为特征，以后呈现着金融控制形式，而现在更多地依靠技术的控制形式。③

从这个角度来观察近年来国际分工的变化，贸易交换的变化，中国可以发现“百年之未有大变局”潜在的物质基础。对外投资是一个国家是否在国际分工中处于引领位置的重要参考指标。过去长期以来都是西方发达国家（包括日本在内）由于对外投资处于世界的领先地位，成为国际分工的重要引领国。但是，自 2009 年开始，中国逐步进入了世界对外投资大国的行列（进入世界前五行列），近几年来一直处于前三行列。如果没有不是近两三年来西方国家对中国投资的限制，中国的排位可能还要进前；而且对外投资趋势来看，中国也是处于上升趋势，上升超越了名列世界投资大

---

① 《马克思恩格斯选集》第 1 卷，北京：人民出版社 1995 年版，第 32 页。

② 《马克思恩格斯选集》第 1 卷，北京：人民出版社 1995 年版，第 276—277 页。

③ Theotonio Dos Santos, “The Structure of Dependence,” in Marc Genest, ed., *Conflict and Cooperation: Evolving Theories of International Relations* (Beijing: Peking University Press, 2003), pp. 263-264. 虽然桑托斯是在 20 世纪 70 年代提出这一观点，但目前全球生产链中这种技术的控制并没有改变，反而更加突出。

国的美国与日本。这标志着，中国已经从长期以来的国际分工接受国，正在逐步进入国际分工引领国的行列。这是近百年来没有的现象。中国在世界经济中的引领作用还可以从中国的对外贸易以及中国对世界经济的拉动作用来印证。

从2005年开始，中国的对外出口（商品与服务）稳步上升，从2012起，除2016年外，一直居世界首位。[①] 同时，中国进口（商品与服务）从2010年起一直处于世界的第二位。而且，中国在进出口上的变化趋势上，是世界前三位贸易大国中上升趋势最大的。更重要的是，中国作为世界第二大经济体，近年来每年对世界经济增长的贡献率都在30%，[②] 超过第一大经济体美国。另外，在可能引发第四次工业革命的新一代通信技术设备上（5G），中国的企业已经在世界获得非常令人瞩目的成就。西方企业，特别是美国的企业，虽然依然能提供最先进的5G组件技术，但整体上中国公司已经处于领先状态。2017年4月，美国无线通信和互联网协会（CTIA）公布《全球5G竞争》，这份报告指出，美国不仅在5G整体准备方面落后于中国，还落后于韩国，仅排名第三。目前四家主导市场的、满足5G技术核心网络技术制造商（爱立信、诺基亚、华为、中兴）没有一家来自美国。未来核心网络设备商的选择将会在欧洲的安全合作伙伴和中国之中。[③]

衡量一个国家在经济地位中的地位只能是它在国际分工的作用，其他指标如GDP（包括人均GDP）以及购买力平价（PPP）指数都不足以体现国家在国际经济中的地位。在GDP指标中，服务业是一个重要构成，但服务业中存在着一些虚拟成分，不足以反映国家的实力，如美国律师业收费

---

① 具体数据可参见联合国贸易与发展会议数据库，https://unctadstat.unctad.org/wds/TableViewer/tableView.aspx。（登录时间：2019年3月1日）

② 《2017年中国经济对世界经济增长的贡献率34%左右》，来源：人民日报，新华网，2018年4月13日，http://www.xinhuanet.com/fortune/2018-04/13/c_1122674988.htm，文中还提到2013—2016年中国经济对世界经济增长贡献率超过30%。（登录时间：2019年3月1日）

③ 《美国人的5G战略》，搜狐网，2018年7月12日，https://www.sohu.com/a/240739041_611421。（登录时间：2018年12月19日）

很高，这使得服务业GDP收入在总GDP中占相当大的比重。这种收入其实不能体现国家财富实力真正状况；另外，汇率的变化也是影响国家间经济总量按GDP比较的因素，汇率的下降可能导致一国与另一国的经济实力比较失真。其他一些衡量标准比如人均GDP也不能正确反映一国在世界经济中的作用。如一些中东产油国人均GDP远远高于世界最发达国家，但没有人认为这些国家是世界现代化强国。以购买力平价来衡量，也存在着问题。如果单位本国货币购买的商品与服务较多，但质量低劣，同样也不能体现这个国家的经济实力。所以，一个国家在世界权力格局中地位，从根本上仍然要从它在国际分工体系中的地位来衡量。只有处于国际分工体系中的高端，引领国际分工，才能在国际生产关系中处于主导地位，才能真正算是一个现代化强国。因此，从上述的对外投资、进出口以及对世界经济增长的贡献率指标来看，中国在世界中的作用确实发生了重大变化，正在从世界经济的边缘走向中心。这是一个不争的事实。面对这种成就、这种骄人的实力，中国人民有理由为此自豪与骄傲。这是“百年未有之大变局”最根本的物质基础。

二、“百年未有之大变局”是怎样的变局

世界在变化，而且是正在发生重大变化，但这种变化是一种怎样的变化，这是构成“百年未有之大变局”内在的内容。它的变化属于“事件时间”的变化，还是“转折时间”的变化，或者“长时段”结构的变化？应当说，当前的“百年未有之大变局”是转折的变化。

从2008年金融危机及其之后世界变化，都是危机前所不曾预料的，特别是近年来在西方大国出现的一些变化更都是反传统的。一个个“黑天鹅”事件有时让人惊讶不已，甚至让当人都目瞪口呆。英国脱欧公投前，英国领导人以为这只是西式民主的形式，结果不会出乎预料，但公投的结果让

人大跌眼镜；2016 年美国总统大选，不曾被世界看好的特朗普却逆袭成功。特朗普上台之后的政策与过去的正统形成了鲜明的对比，“美国优先”使美国作为战后国际体制的领导者变成了破坏者，使美国为首的西方国家分歧增大。

在 2008 年以前，西方国家想颠覆发展中国家的政权，结果基本上没有悬念，被西方“妖魔化”的政权无一例外地被推翻，而且主导这种变更的国际力量都是以美国为首的西方国家。但在 2008 年之后，这一状况发生了一定的变化。2011 年颠覆利比亚卡扎菲政权是 2008 年后唯一一次成功的军事行动。但这一次行动已经与以往有所不同，充当先锋的是法国。美国在这一次行动中，反而处于一种辅助的角色；而且，时任美国总统奥巴马在致信国会领导人中称，美军正对利比亚采取的军事行动在定性、持续时间和规模上均有“限度”，并希望北约主导军事制裁利比亚。在颠覆中东叙利亚阿萨德政权的行动中，西方力图颠覆的政权至今仍然存在，而且还站稳了脚跟。在 2008 年之后，美国在改造别国政权问题上变得“低调”，与其深陷伊拉克、阿富汗战争泥潭有关；也与其逐步从经济危机中复苏，关注点转移有关。在 2008 年后，世界甚至出现反西方的“颜色革命”。吉尔吉斯斯坦 2010 年的“再颜色革命”标志着西方在中亚“颜色革命”的一次重大挫折，是冷战结束后中亚出现的首次反西方“颜色革命”，也是过去不曾发生过的。

世界出现转折，还可以从一些非西方大国的积极作为增强中体现出来。例如，2008 年夏，俄罗斯支持南奥塞梯地区从格鲁吉亚分裂出去；2014 年俄罗斯支持克里米亚脱离乌克兰，克里米亚脱乌后加入俄罗斯。这两个国家是原苏联境内，除波罗的海三沿岸国外，希望投身北约最积极配合的国家。这两次行动是俄对原苏联亲近西方的加盟共和国，以及对北约不断东扩的严重警告。这是苏联解体后，俄罗斯所采取的强硬行动。2015 年俄罗斯直接出兵帮助叙利亚政权稳定局面，导致西方推翻叙政权的企图落空，也是冷战结束以来俄罗斯采取的强硬行动。

除了俄罗斯，中国战略上的积极作为也是过去所不曾有的，只是中国不是以军事行为为特色。其表现如下：一是积极应对西方对中国周边的战略围堵；二是积极塑造新机制，修正过去完全在西方既有机制中行事的做法，从“亚投行”到“一带一路”倡议都体现出这一特点。自 2012 年美国正式提出“亚太再平衡”战略以来，开始把战略重点逐步转向亚洲。除了加强针对中国的军事联盟外，美国还伙同日本不断地挑动与激化一些国家与中国在领海问题上的纷争，企图从战略上制衡中国在亚太地区的影响。但这一切努力在 2016 年之后逐步被中国化解了。在 2008 年后，中国最重要的外交作为就是开始跳出原来西方经济治理模式，开始推出中国方案，例如，“亚投行”和“一带一路”倡议都是这种努力的重要体现，这一切正在为新的国际分工做着重要的铺垫。

2008 年以后，类似的反传统的事件也可以列举很多，如欧洲的难民危机、美国在世界“毁约”“退群”、搞保护主义和民族主义……这些事件反映了这样一个事实：新自由主义秩序处于衰落退潮之中，世界的力量对比出现了新的变化。反映了新自由主义的动能不足以及西方国家的实力下降；而非西方大国如中国的实力上升，西方实力下降造成的无法有效约束非西方国家，西方对某些国家如俄罗斯的无奈更多地体现在这一方面。因此，2008 年以后，世界正在经历一个转折变化。这个转折就是：过去西方主导的自由主义正在衰落，西方大国也处于相对的衰落之中，新兴经济体如中国、印度等逐渐从边缘走向世界舞台的中心。对中国来说，这确是一个“百年未有之大变局”。因为自鸦片战争之后，中国一直处于世界边缘，虽然 1949 年开始遏止了这势头，但真正走向世界舞台的中心仍在 2008 年之后。这是新自由主义秩序危机赐予的，也是中国自己努力奋力获取的。

然而，必须清醒认识到，在这种变局中全球秩序仍然是资本主义主导性质。因为从上述图 1、图 2 和图 3 的数据来看，资本主义大国仍然主导着国际分工、它们共同影响着世界经济。新兴经济体如中国、印度的崛起并不能彻底改变这种世界格局。因此，世界的变化仍然属于“一种温和节奏的历史，一种力量分化组合的历史”。这种变化没有法国大革命带来的欧洲革命的狂飙，也没有俄国十月革命产生的世界革命的浪潮。这种变化只是一个过去几十年被视为能为世界带来自由、安全、繁荣的秩序处于危机之中，一定程度呈现着秩序调整过程。在这种大变局下，世界体系主导的制度范式仍然是过去的：经济上是私有的、市场化，政治上是西方民主式的。没有法国大革命和俄国革命那样用一种替代性制度范式重塑世界体制范式的现象。更为重要的是，这种大变局更不是世界共产主义秩序的创始元年（有人把“人类命运共同体”与马克思的共产主义社会“自由人联合体”结合在一起）。替代性秩序的到来是一种“长时段”的变化，是经过人们无法计算的长时段才能实现。所以，“百年未有之大变局”就是东方的一个非资本主义国家正在崛起，正是成为世界的强国。新自由主义秩序危机使这个东方大国有了前所未有参与全球治理的机遇，可以前所未有地在国际舞台的中心发挥百年来未曾有过作用。但它的崛起和影响还未达到改变世界结构和属性的程度，在这个角度讲，“百年未有之大变局”是“一种温和节奏的历史，一种力量分化组合的历史”。

三、“百年未有之大变局”、国际秩序走向与中国的作用

“百年未有之大变局”的表现是原有的国际秩序面临危机，一种新的力量正在走近世界舞台中心，但这种力量目前并不足使国际秩序的政治经济转型，因为它的政治经济基础还仍待于发展，原有的仍然具有较为坚实的经济与社会基础。因此，在这种状态下，新旧力量都会努力促使国际秩序进行调整，力求使之国际秩序朝着有利于自己的方向发展。

历史的经验表现，国际秩序的变化总是发生一定的危机与实力对比之

后。但这种变化并不一定变化使的国际秩序朝着稳定、公正和进步的方向发展。社会生产组织方式的根本性变革会导致国际秩序的根本变化。而目前这种世界性变革并没有发生。从上述的分析来看“百年未有之大变局”只是世界战略力量的对比发生了一定的变化。世界资本主义大国仍在世界政治经济中发挥着重要的作用。在当下，这种节奏温和的历史变动并没有从经济上撼动整个国际秩序的物质基础。这一切使人回顾百年以来变化的世界历史。

百年之前，资本主义世界出现了空前的大危机，19 世纪，自由资本主义的放任导致世界秩序处于崩溃之中，第一次世界大战以及之后的世界经济大萧条为布尔什维克革命与世界革命带来了重大机遇，但后来的形势的发展并没有使世界革命顺利延续下去。在世界资本主义的危机下，各种势力都在努力创立有利于自己的国际新秩序。源起于意大利的法西斯主义开始在世界蔓延，在德、意、日形成一种改造国际秩序的极端力量。英美开始了资本主义的改良，形成了一种世界性资本主义的改良力量。以苏联为中心形成了变革国际秩序的革命力量，但在向世界推广后受挫，苏联转向了“一国建成社会主义”。这三种势力为之间在国际秩序中的博弈，以第二次世界大战的终结而告终。之后，世界分裂成产生成两大阵营——美国为首的资本主义阵营和苏联为首的社会主义阵营。前者以“嵌入式自由主义”(embedded liberalism) 经济为特征，后者以苏联“中央计划”经济为特征，但前者仍然在世界格局占据优势地位。战后资本主义秩序较自由资本主义放任秩序在社会公平上有所进步，其国家干预和国际协调的功能保证了世界资本主义的发展。而苏联体制虽然在战后赢得了长足的发展，力量得到了壮大，但是在世界资本主义的大背景下，由于没有及时有效地革旧鼎新，反而阻碍了生产力的发展。百年世界历史演变的经验以及之后的教训给人们一个重要的启示：历史的发展不是线性的，危机和力量对比的变化只是提供了机遇，不会自然地导致进步性的发展。

当下“百年未有之大变局”与百年前的“大变局”有着相似之处。现在新自由主义主导的国际秩序也出现了空前的危机，国际力量对比也发生了一些重大变化，以中国、印度等为代表的一些新兴力量走近世界舞台的中心，但这并不能保证历史的进步性变化。2008 年金融危机以后的世界正在发生了一定的嬗变，处于一种转折阶段，但仍处于不稳定的状态，当前还很难确定未来的走向。各种力量也都在酝酿着制度改良或改革，也正在为国际秩序的调整进行努力。

在西方就出现了两种改良或变革的倾向。

一是以特朗普为代表的右翼极端势力（包括西欧的一些极右翼势力），调动着民粹思潮和民族主义冲击着自由主义传统，力图重塑国际秩序；这种秩序以极端民族主义为基础，倡导“美国优先”，希望美国能继续能领导世界，应对新兴经济体的发展带来的冲击。这种势力背后是在经济全球化中受到经济与文化的冲击的白人阶层。他们力图以这种方式确保自己的传统地位。

二是以一种“再嵌入式自由主义”（Re-embedded Liberalism）秩序来重塑国际秩序，西方的知识与政治精英为主要代表。2017 年，慕尼黑欧洲安全会议上发出的“后真相、后西方、后秩序”声音，就是这种“再嵌入”模式典型声音。这种声音同样出现在西方社会之中。2017 年美国政治学年会上，美国政治学会主席戴维·莱克（David Lake）发表题为《国际合法性的丧失：“美国第一”下的规则与抵抗》的就职演讲，其强调的再入嵌自由主义观获得热烈掌声，一定程度上反映了西方社会的呼声。“再嵌入自由主义”就是在国内重拾罗斯福“新政”精髓，推行一种新新政（Neo-New Deal），以应对美国国内严峻的社会分化问题；在国际层面，继续重视“共享收益”（shared gains）和多边主义，在“新型国际协商”（New International Bargain）基础上挽救美国霸权的合法性，以应对新兴经济体崛起等一系列国际挑战。这是在新的历史条件下，重新塑造美国领导下的西方协调合作的秩序。

作为一个正在走向世界舞台中心的社会主义国家，对于塑造国际秩序，中国也有自己的主张，在“百年未有之大变局”中发挥其应有的作用。中国对的主张就是，推动国际关系向“相互尊重、公平正义、合作共赢”的方向发展，构建“人类命运共同体”。这一构想的核心在于塑造一个“建设持久和平、普遍安全、共同繁荣、开放包容、清洁美丽的世界”。这一主张没有“中国优先”的成分，更不是世界革命的宣言，而是立足于“共商、共建、共享”，照顾了世界各类发展程度不同、社会制度不同的国家的共同利益，顺应了全球化发展带来的相互依存的现实，也反映了世界绝大多数民众要求推动全球化健康发展，革除新自由主义秩序背后的经济范式和政治范式带来的多种弊端。中国发展与中国主张给世界上那些既希望加快发展又希望保持自身独立性的国家和民族提供了一种新的选择，为解决人类问题贡献了中国智慧和中国方案。

对于正在从“富起来”到“强起来”的中国，“百年未有之大变局”提供了一个重大的历史机遇，如何抓住这个机遇，实现自己的新时代目标，推动世界向安全、公平、进步方向发展，并不是“敲锣打鼓”自然实现的。它需要奋斗、需要实力、需要勇气，更需要实践。这个实力就是改革国际分工的实力。改革国际分工是塑造国际经济基础的之根本，是任何国际秩序赖以建立、发展的最重要物质基础。从国际秩序的建立和发展来看，英国、美国之所以能够塑造国际秩序，在于它们具备了引领国际分工的能力，这一能力是建立在国内制度创新带来的经济发展、科技发达、文化昌明的基础上。中国要在塑造新的国际秩序中发挥核心作用，就必须从国际分工的中低端走向中高端，就必须在科技发展上创造出中国的优势，在生产力方面走在世界的前列；就必须在国家治理上有更大的创新，制度上更加成熟更加定型，全面实现国家治理体系和治理能力现代化，使中国特色社会主义制度更加巩固并充分展现其优越性；就必须在继承传统文化基础上塑造出新型中华文化，新型中国文化应该在继承优秀传统文化基础上又有所创新，进而成为世界文化中的重要组成部分。在这些方面，中国还有一段很长的路要走，有许多事要做，推动中国经济的高质量发展、中国科技教育的内涵式发展、新型中华文化的深入人心，中国都存在着不少亟待改善之处，甚至是需要进行重大改革，以创新的机制创造新的制度优势。另外，作为一个构建“人类命运共同体”的实践平台，“一带一路”是中国塑造新的国际秩序的大胆尝试，如何行稳致远，既需要勇气，也需要智慧。没有勇气就不敢在各种困难面前，迎难而上；没有智慧就无法在纷繁复杂的局面中打开局面。

古今中外，大国的衰落一般都是“祸起萧墙”，更多的是自身失误导致的。例如，中国历史上，唐朝的“安史之乱”导致了盛唐由盛转衰，明朝的“土木之变”导致了明朝国运急转下；苏联解体，甚至近年来美国衰落，都是自身决策问题所造成的。这些古今中外的历史教训，让处于“百年未有之大变局”之中的中国必须要有强烈的危机意识、风险意识、底线思维意识，必须具有更多的清醒、冷静和审慎。这种危机意识、风险意识、底线思维、清醒、冷静和审慎需要中国既要考虑目前自身发展不平衡、不充分的各种因素，也来防范并化解国际上对中国发展抱有遏制、防范心理的势力。因此，在“百年未有之大变局”下，中国既不能有任何的自大、浮躁，也不能有任何的保守、懈怠。

进入新时代的中国正在走向世界舞台的中心，已经取得的成就为中国推动国际秩序向着公正、合理和进步的方向提供了一定的物质基础，一定的制度保障和一定的文化支撑，但是，真正要实现中国对国际秩序改革的目标还存在着一定的距离，仍需要不断地努力，进一步发展生产力，完善国家治理体系，在文化上推陈出新，这样，在第二个百年的战略目标实现之时，中国将会为世界作出更大贡献，为建立一个美好的国际秩序发挥更加建设性的作用。

全球大变局：中国的方位与出路*

刘贞晔

【内容提要】本文关注的问题是：面对全球大变局和世界发展大转折，中国如何与这个世界相处，如何理性应对其中复杂的国际国内变动因素，进而制定恰当的战略策略以实现自身的发展。作者首先剖析百年变局的特征，指出当前中国正在经历的全球大变局最引人注目的就是全球体系巨变，西方国家在全球体系中的主导地位面临挑战，新一轮工业化进程正在颠覆发达国家与发展中国家间“核心—边缘”区位，而国家主义治理的回归已经成为一个突出的特征。有鉴于此，作者建议中国要保持战略定力，不犯方向性错误；继续坚持对外开放，坚持多边主义和互利共赢的外交合作道路；抓住新一轮工业化的历史机遇，坚持推进和引领新一轮工业化发展；理性认知国家主义的回潮，既要坚定中国国家治理的道路自信，又要对国家主义的走偏保持警醒和警惕；理性认知全球化的逆转和进退，坚持引领全球化发展；积极发挥自身在发展领域的优势，着力推动构建发展能力共享的命运共同体。

【关 键 词】百年变局　西方国家　中国战略　对外开放

【作者简介】刘贞晔，中国政法大学全球化与全球问题研究所所长、教授。

---

* 本文发表于《探索与争鸣》2019年第1期，略有改动。

当今世界处于全球经济政治发展大变局之中，世界政治经济发展呈现前所未有的大转折。全球大变局中中国身在何处？又将走向何方？时代的大变局、大转折呼唤中国理性的认知和进取的变革精神。

一、全球大变局中中国身在何处

环顾当今时代的全球大变局，中国身在何处？全球体系结构和世界发展结构的巨变，西方国家在全球体系中的传统主导地位面临全新挑战，新一轮工业化进程对发达国家与发展中国家间“核心—边缘”区位的颠覆，全球化发展的大翻转，经历了长期的经济全球化和自由主义经济政策之后，国家主义治理范式强势回归，中美关系发展面临前所未有不确定性和历史性转折，等等。一个个历史惊雷般的大变局和大转折，等待着中国以超级理性的态度来把握和定位。

（一）全球体系结构和世界发展结构的巨变

当前中国正在经历的全球大变局最引人注目的就是全球体系巨变。这一巨变体现为这样几个方面。

一是全球体系发展总体趋势的巨变。有研究认为世界经济的重力点在1820年之前一直在亚洲，但是之后经过一百年的历程转移到了欧洲和大西洋，现在世界经济的重力点在2010年左右又重新回摆到亚欧边界，大约到2025年左右回摆到亚洲大陆腹地。[①]

二是经济总量的结构性变化。根据世界银行2018年7月发布的2017年世界各国GDP总量矫正数据，按照万亿美元为单位进行统计，排名前11

---

① Angus Maddison, “The World Economy: A Millenial Perspective,” OECD Publishing, 2001; Richard Dobbs, Jaana Remes, James Manyika, Charles Roxburgh, Sven Smit, and Fabian Schaer, *Urban world: Cities and the rise of the consuming class*, Mckinsey Global Institute Report, June 1, 2012, https://www.mckinsey.com/featured-insights/urbanization/urban-world-cities-and-the-rise-of-the-consuming-class.

位的国家分别为美国 19.39，中国 12.24，日本 4.87，德国 3.68，英国 2.62，印度 2.60，法国 2.58，巴西 2.06，意大利 1.93，加拿大 1.65，俄罗斯 1.58。回望 2007 年的世界经济，中国经济总量仅相当于美国 23.7%、日本的 75%，十年之后的中国经济总量则成长为美国的 63.13%、日本的 2.51 倍、德国的 3.33 倍，以及分别相当于英国的 4.67 倍、印度的 4.71 倍和法国的 4.74 倍，巴西的 5.94 倍，意大利的 6.34 倍，加拿大的 7.42，俄罗斯的 7.75 倍。同样引人注目的还有，印度和巴西经济总量在十年内迅速上升为世界第六和第八大经济体。按照世界银行统计，2007 年世界经济总量为 57.6 万亿美元，美国约占 24%，中国仅占 5.7%。但十年之后的 2017 年世界经济总量约为 80.68 万亿美元，美国所占比例基本没变，仍约为 24%，中国的比例则大幅上升为 15.2%。[①]

三是国际组织以购买力平价计算的世界经济结构变化。如果按照世界银行制定的购买力平价（PPP）指数计算的话，到 2014 年为止，美国经济总量可以说是自 1870 年以来首次被其他大国超越，这个超越美国的就是中国。[②] 国际货币基金组织的测算则声称从 2014 年到 2022 年，中国的经济份额按照购买力平价计算将由占世界经济总量的 16%快速上升到超过 20%，而美国则会下降到仅占 14%。[③]

四是全球发展领域的结构性变化。第一，发展中国家的经济总量已占到世界经济总量的 57%，占全球经济增长的 2/3 以上。[④] 发展中国家特别是新兴经济体开始成为全球发展融资、基础设施投资和外商直接投资的重要

---

① 参见 World Bank, "Data Bank," July 2018, September 2008, http://databank.worldbank.org/data/home.aspx。(2018 年 12 月 19 日登录)

② Paul K. MacDonald and Joseph M. Parent, "The Road to Recovery: How Once Great Powers Became Great Again," *The Washington Quarterly*, Vol. 41, No. 3, 2018, p. 21.

③ IMF, "World Economic Outlook Database," http://www.imf.org/en/Data.（2018 年 12 月 19 日登录）

④ 林毅夫、王燕：《超越发展援助：在一个多极世界中重构发展合作新理念》，北京：北京大学出版社 2016 年版，第 14—15 页。

来源。第二，发达国家在经历全球金融危机之后，提供援助的能力不断下降。长期以来，发达国家提供的官方发展援助占全球发展援助的比例维持在95%以上，但近年来，持续下降。[①] 2014年，经济合作与发展组织（OECD）国家提供的官方发展援助支出仅占其国民总收入的0.29%，远低于自身承诺的0.7%的目标，也低于20世纪90年代的援助水平，而且这一比例还在下降，其中2014年的援助支出就比上一年减少了16%。[②] 第三，发展中国家的发展资金来源已经彻底改变了对发达国家援助资金的依赖。在20世纪70年代发达国家向发展中国家提供的官方发展援助资金几乎相当于外商直接投资的4倍，可以说是发展中国家对发达国家的援助具有绝对依赖性。但是到2015年为止这种依赖关系彻底翻转，外来直接投资额已经超过发达国家提供的援助资金额4倍以上，由此带动的对外贸易额更是高达官方发展援助额的43倍以上，外来直接投资已经在绝对意义上替代发达国家的援助，成为发展中国家获得发展的根本推动力。[③]

（二）西方国家在全球体系中的主导地位面临挑战

自1500年以来，西方国家裹挟着工业化和军事征服的优势，一直推动着世界沿着西方中心化的趋势演进，但是这一趋势随着非西方国家的崛起而面临前所未有的挑战。面对这种挑战，西方学者提出了各种应对战略，如亨廷顿提出了保持自身文明独特性的文明孤立对策，基欧汉提出了维持制度霸权的战略，米尔斯海默提出了全球均势与遏制战略，等等。但这些战略对策好像都不能够有效应对这种全球性大变局带来的挑战。其根本原

---

① 姚帅：《国际发展援助的特点变化及未来趋势》，《国际经济合作》2017年第1期，第27—30页。

② 联合国贸易和发展会议：《贸易和发展报告2015：使国际金融构架有利于发展》，联合国，纽约和日内瓦，2015年，第155页，http://unctad.org/en/PublicationsLibrary/tdr2015_ch.pdf。

③ 郑宇：《援助有效性与新型发展合作模式构想》，《世界经济与政治》2017年第8期，第135—155页；黄超：《全球发展治理转型与中国的战略选择》，《国际展望》2018年第3期，第29—49页。

因可能就在于这种挑战的非对称性。

首先，这种挑战主要是非军事性的。当前非西方国家的崛起既非搞军备竞赛，也非与体系主导大国争夺势力范围，更没有哪个新兴崛起国提出争夺世界霸权的主张和行动。因此，西方体系主导大国的遏制策略较难找到用武之地，当然也就难以取得政策效果。

其次，这种挑战更像是一种非对称性经济挑战。新兴崛起大国与体系主导国和发达国家集团在人均 GDP 水平、人力资源禀赋、工业化主导性内涵以及商业模式竞争方面都不在一个竞争轨道上，但是却对发达国家和体系主导国形成了挑战。主要崛起中的新兴大国在人均 GDP 水平和人力资源禀赋方面总体上大大低于西方国家，但是却具有大量充足的制造业劳动力资源和非常低的福利支出压力的优势，使之能够在投资竞争和制造业竞争中获得了超过西方的优势。在工业化内涵方面，发展中国家接过了转移自发达国家的制造业，快速走上了制造业工业化的道路，其低成本优势对发达国家的制造业造成了极大冲击。再有就是新经济和新商业模式在中国等新兴大国的创新性成长，给发达国家传统商业模式带来巨大竞争压力和挑战。例如，中国的第三产业服务业本来就不发达，电子商业模式带来的冲击在经历一定的阵痛期之后已经慢慢被消化，西方国家具有优势的传统商业模式在中国很快就被新兴电子商业模式击溃。但是在西方发达国家，传统商业服务业占到国民经济的总量的 70%以上，甚至更高，新兴电子商业模式被人为抑制而难以获得发展的政策空间。于是，西方国家在新兴商业模式竞争中还没有感受到真正的挑战就已经落伍。

最后，西方国家面临的挑战不是体制外对抗，而是来自体制内挑战。当今的主要新兴大国全面加入了西方国家主导的全球贸易体制、金融体制和资本交易体制，以及全球气候治理等各种非传统安全治理机制。西方大国是在与新兴大国的合作而非对抗中迎来了新的挑战。

（三）新一轮工业化进程对发达国家与发展中国家间“核心—边缘”区位的颠覆

按照沃勒斯坦的“核心—边缘”理论，发达国家地区在世界经济中控制了生产、资本、技术和贸易，因而处于主导地位，成为核心区，发展中国家则成为依附于发达国家的边缘区，以便获得生产、资本、技术和贸易。但是，今天非西方国家的持续性发展和崛起为沃勒斯坦的理论带来了不同的解释：西方国家拥有太多的过剩资本需要寻找投资机会，其制造业因高昂的人力成本和福利成本需要产业转移，其发达的技术需要找到市场以换取市场价值，贸易商也需要找到贸易商机。而广大发展中国家的新一轮工业化浪潮恰好提供了这些机会和条件。

其一，发展中国家自 20 世纪五六十年代摆脱殖民统治获得独立之后，经过几十年的国家建设走上了政治稳定，并能够提供经济发展的基础条件，比如义务教育和交通等最起码的基础设施。合格而又廉价的劳动力只有在新兴工业化国家才能够找到，这是制造业产业和生产环节转移到发展中国家的重要原因。

其二，发展中国家的工业化带来了巨大的投资机会和广阔的市场需求，特别是工业化带来了庞大的资本需求、生产（原料、能源、设备、技术）需求、基础设施需求、贸易需求。尽管发展中国家的新一轮工业化主要还是以制造业为主的工业化，但是其所具有的人力优势，工业化起飞所造就的大规模生产和消费需求优势，工业需求和投资需求的优势等，将发展中国家打造成了世界经济中新一轮工业化的核心区、动力源和世界生产的核心需求区。

放眼全球经济来看，世界发展的工业化任务，包括制造业工业化的任务远未完成。目前，世界各国中除了经济合作与发展组织国家、部分实现了工业化的非经济合作与发展组织经济体和俄罗斯等少数转型国家之外，有130多个发展中国家，其国土面积和人口均占到世界的70%以上，它们亟待通过工业化实现经济增长和摆脱贫困，而由中国等一批新兴工业化国家所引领的新一轮工业化，正在由中国等国家向广大发展中国家持续扩散。可以毫不夸张地说，21世纪以来在发展中世界兴起的新一轮工业化范围之广，规模之大，程度之深，远超原发工业化和后发工业化时期，它是真正意义上的世界范围的群体性工业化和群体性崛起，也必将带来更根本的意义上的全球大变革。

据联合国贸发会议估计，每年发展中国家都将存在1.9万亿—3.1万亿美元的投资缺口，其中基础设施的投资缺口每年在1.6万亿—2.5万亿美元，粮食安全每年存在2600亿美元的投资缺口，社会基础设施每年存在约2500亿美元的缺口。

（四）国家主义治理范式的回归

自20世纪80年代以来，经济全球化和自由主义经济政策成为国际国内治理的潮流，但是当前中国正在经历的全球大变革中，国家主义治理的回归已经成为其中的一个突出特征。

首先，广大发展中国家的工业化主要是国家战略驱动的工业化不同于原发性工业化国家几百年所经历的自由资本主义和资产阶级为主的市民社会驱动的工业化，发展中国家的工业化具有强政府驱动的典型特征，有些国家甚至是以国家资本和政府部门为主导力量推动的新兴工业化，国家主义的治理特征最为典型。

其次，全球治理向国家治理的回归。许多关键性全球治理领域对资金的需求非常庞大，而治理投资的最大受益方仍是各个具体的主权国家。如全球气候治理要求有巨额资金推动国民经济向低碳经济转型，这种谁投资谁受益的巨大利益链条最终推动了《巴黎协定》的国家治理方案的生成；联合国千年发展目标、2015年后发展目标和2030年可持续发展议程，以发展、消除贫困和低碳减排为核心任务，兼顾了国家发展目标和全球共同利益诉求，但是，各个主权国家显然是其最主要、最直接的受益者，因此，无论千年发展目标还是2030年可持续发展议程，都是以国家方案为全球治理的核心方案。况且，全球气候治理和全球发展议程所要求的援助资金与需求之间存在天壤之别，即使微小的援助额要求，也始终没有得到落实和兑现。因此，全球治理回归国家治理方案也就在所必然。

最后，国家治理能力成为理论上和现实政治生活中被问责的对象。在理论上，弗朗西斯科·福山持续发表观点问责国家治理职能和能力，指出国家治理能力不足和国家治理职能错配已经成为全球治理的繁重负担的主要根源。在实践上，全球治理的任务最终要在国家治理中“落地”，国家治理能力既决定了自身的发展能力，也决定了全球治理的成效和目标的实现程度。而2008年的金融危机更是对国家治理能力的检验，全球范围内对国家应对金融危机责任的问责进一步推动“全球治理的内向化”——各国只愿意关注和履行与自身国内治理议程相重合的全球治理责任。

（五）全球化的大翻转

当前的全球大变局中最引人瞩目的可能就是全球化的翻转，各种逆全球化、去全球化、反全球化思潮在这场大变局中竭尽能事，全球化的发展的确面临几十年来前所未有的波折。甚至，当人们回顾第一次全球化高潮被第一次世界大战所打断时，会不自觉地怀疑这一轮全球化大翻转会否走向全球化的终结。

首先，这次全球化的逆转主要是来自全球底层和边缘“革命”的推动。经济全球化经过几十年的长期发展，在金融危机中其负面影响在某些国家内部被空前放大和扭曲，各种民粹主义、反全球化、贸易保护主义、极端民族主义和仇外排外主义纷纷出笼，全球化的确在逆转。

其次，全球化的长期发展所积累的矛盾必然要有一个调整期，这个调整期在遭遇全球金融危机时就变得异常激烈。其中全球化发展不平衡、全球贸易不平衡等矛盾更为突出，中美贸易不平衡和当前中美贸易争端更是这种激烈调整的典型写照。

最后，这次全球化的翻转因蔓延全球的极端反全球化政治思潮、政治运动、极端的国家去全球化政策和行动的叠加而显得更加激烈。本轮反全球化潮流的最突出特点就是将从根本上否定全球化的思潮与极端民族主义政治运动、政党政治、政治选举和国家的去全球化政策与行动（如英国脱欧）整个地贯穿起来，演变成为世界政治舞台上的全局性政治大变动。这必将对世界政治经济发展的走势产生深远的影响。

（六）中美关系发展的巨大不确定性和历史性转折

2018 年可以说是中美关系发生转折之年。这一大转折以两件重大事件为标志：一是美国特朗普政府挑起中美贸易争端。二是中国国内发展道路和战略的清晰化，以 2018 年全国人民代表会议的召开为标志，中国开启了道路自信的新探索。中美经济总量相加占到世界经济总量的接近 40%，相互贸易量占到世界贸易总额的 20% 以上，中美两国又分居世界其他国家第一大贸易伙伴的前两位，可以说中美贸易争端冲突直接影响到世界很多国家，成为影响全球化发展和世界贸易的关键性影响因素。中国国内发展道路和战略的清晰化，一方面将继续深刻影响中国国内政策的走势，另一方面也必将深刻地影响美国战略界对中国政治走向的判断，进而引发中美大战略上是合作还是对抗的走向。可以说，中美关系发展的历史性转折和巨大不确定性已经成为当今全球大变革中的巨大的系统性影响变量，甚至在某种程度上影响了未来世界政治经济格局的根本走势。

二、全球大变局中中国走向何方？

面对全球大变局和世界发展大转折，中国如何与这个世界相处？又如何理性应对其中复杂的国际国内变动因素，进而制定恰当的战略策略以实现自身的发展？大致来说，可以从以下六个方面来进行思考。

（一）保持战略定力，不犯方向性错误，中国的发展就不可阻挡

发展是头等大事，发展是硬道理。没有发展，社会主义就是死路一条。任何事业的发展都不能以牺牲发展为代价。有段时间舆论上出现个别声音，认为发展和以经济建设为中心强调得过头了，牺牲了其他方面的建设。总结中国改革开放40余年建设经验和苏联社会主义政权灭亡的历史教训，可以明确地得出结论，中国40余年社会主义改革开放建设的成功经验就是紧紧抓住了以经济建设为中心，实现了较好的发展；苏联社会主义政权灭亡的历史教训恰恰就是没能把经济建设好，苏联国家政权的核武库超级强大，苏联国家安全委员会“克格勃”也极为发达和健全，但是却没有能够保住社会主义革命的成果，根本原因就是没有很好地实现发展。因此，紧紧围绕发展这一核心任务不放松，社会主义建设事业就一定能够取得成就。

当然，在今天社会主义建设事业面临着复杂严峻的国际环境挑战，西方价值观和意识形态对中国的社会主义道路和建设事业的干扰并没有止步，各种意识形态上的敌对势力也并没有放弃对中国国内的各种渗透。但是只要中国的社会主义建设事业发展得好，中国以经济建设为中心的大战略不变并取得发展成就，只要中国的发展能够不断地满足人民对于美好生活的需要和期待，那任何势力和干扰因素都不能动摇得了中国走社会主义道路的根基和决心。因此，作为一个经济实力和综合国力居世界前几位的社会主义大国，只要中国在战略上不犯方向性错误，特别是只要中国不自我放弃以经济建设为中心的大战略，世界上就没有任何力量能够干扰得了中国的社会主义建设事业，也没有任何力量能够阻止中国的和平崛起。

（二）继续坚持对外开放，坚持多边主义和互利共赢的外交合作道路

总结40余年来改革开放的宝贵经验，就是中国顺应了国内国际的发展大势，对内搞改革，对外搞开放，把国内改革和对外开放统筹作为社会主义建设的基本立足点。这其中，对外开放具有重要的导引作用，通过对外开放，中国引进了先进技术，学到了先进管理经验，学会了在文化上吸收借鉴和更加包容，确立起了互利共赢的外交合作路线。总结中国40余年的对外开放史，成功的经验有很多，最宝贵的至少有两个方面。

一是对外开放是一个学习和借鉴吸收的过程。通过对外开放，中国秉持文明互鉴和多样包容的态度，积极学习人类文明创造的优秀成果。没有对外开放，没有向其他优秀的人类文明成果学习，中国就很容易陷入自我陶醉、故步自封、盲目自大的境地。

二是在对外开放中确立了和平、发展与合作的外交路线。通过外开放，中国更加坚定地放弃了以阶级斗争为纲、以“世界革命”为纲的“革命外交”路线，走上了理性认识社会主义与资本主义，并与其长期并存、和平共处、共同发展与合作的外交路线。在今天，中国党和国家领导人又将其发展为构建人类命运共同体的外交方略。外交是内政的延续，外交必须为内政服务，为国内以经济建设为中心的社会主义建设服务。40余年对外开放的经验说明，对外开放具有学习的功能和合作的功能，都是为了社会主义建设事业的发展。但是在向谁开放这一问题上，中国是吃过苦头的。社会主义建设事业需要中国向世界上最先进的技术和管理经验学习，向人类文明创造的一切优秀成果学习。本着这样的先进理念，中国在40余年的对外开放中，学会了与最发达的资本主义国家打交道，学会了与所有发达国家以及主要由发达国家主导的国际多边组织开展合作，学会了在不同的意识形态竞争中理性应对其中的复杂矛盾和挑战而没有走回头路。

今天，中国面临日益复杂的国际新形势，中美关系和中美贸易摩擦引发了国内众多争论，有些不够理性的声音过分强调了斗争手段的根本性，而忽视了通过合作实现发展这一目的。今天中国的社会主义事业面临的困难和挑战越艰巨，就越需要坚持和平、发展、合作的外交路线，越需要坚持倡导和推动人类命运共同体的构建。只要中国坚持对外开放，不断地向世界上最先进的科学技术和管理经验学习，就会博采众长，吸收和借鉴人类文明的一切优秀成果，中国的社会主义建设事业就能够取得新成就。

（三）抓住新一轮工业化的历史机遇，坚持推进和引领新一轮工业化发展

新一轮工业化在范围、程度和规模上颠覆了传统工业化的效应和发达国家在其中的支配和主导地位。有些经济学家把新一轮工业化引发的全球化模型称作“双回路”模型，即发达国家与中国等新兴经济体形成了较高技术、贸易和投资合作层级的回路，其中中国处于回路的较低层级。同时中国等新兴经济体又与其他大多数发展中国家形成了技术、贸易和投资回路，其中中国处于核心地位，位于较高层级。传统发达国家—发展中国家的“核心—边缘”格局在新一轮工业化和全球化中被颠覆和重构，说明了两点：一是中国与发达国家的技术、贸易和投资合作仍然是在工业化中获取自我提升的关键路径；二是中国现在新一轮工业化和全球化中所处的位置已经能够在南南合作中发挥引领作用。

中国具有与广大发展中国家共同推进传统制造业工业化的巨大历史机遇。只要中国在“一带一路”和亚投行建设中坚持符合中国国力承受能力和广大发展中国家工业化需要的合作道路，中国就能够在新一轮发展国家群体性工业化中发挥引领作用，只要发展中国家能够顺利步入群体性工业化道路，中国的引领作用就是无可置疑的。

当然，中国的这种引领作用和在南南合作中的关键地位根本上还要靠

自身在新一轮工业化中的技术、市场和资本优势，这些优势的获得很大限度上离不开与发达国家的贸易、投资与合作。因此，中国应该对中国在新一轮工业化和全球化中的引领角色有清晰的认知和定位，即中国的引领角色更多的是在南南合作的工业化和全球化中的引领乃至主导，中国在与发达国家的经贸合作中仍然是一个学习者、追赶者。

（四）理性认知国家主义的回潮，既要坚定中国国家治理的道路自信，又要对国家主义的走偏保持警醒和警惕

经济学界曾经流传着这样的一种说法，说是大约每隔二十年，就会有一次肯定或者否定国家主义的思潮，如今，国家主义以凶猛之势席卷而来。概括来说，这一波国家主义的回潮大致包含三股潮流：一是蔓延西方国家的民粹主义、反全球化和去全球化潮流；二是全球治理向国家治理方案的妥协和退却；三是新兴大国的国家主义治理道路取得成就并产生竞争性效应。在这三股潮流中，中国的国家治理样式可以说是产生了巨大的示范效应，中国在过去40余年的改革开放中取得了巨大成就，中国的国家治理呈现出比较典型的国家主义治理样式，吸引了世界上众多发展中国家甚至一些发达国家赞赏的目光，中国自身也大大增强了道路自信。发展道路本来就应该有许多种，长期以来，西方国家在国际上强行推销西方自由主义民主模式，但是这并不符合广大发展中国家的国情和发展需要，中国发展的成就为广大发展中国家提供了不同的选择。中国的发展经验和道路本应该得到世界各国包括发达国家的尊重和借鉴，而不是贬低和排斥。反观自身，中国也应该对自身的国家主义治理范式保持理性认知，在充分肯定自身发展成就和道路的同时，对国家主义可能的走偏保持警醒和警惕。

一段时间以来，国内部分学者对国家主义治理模式过度褒誉，盲目排斥其他治理方式的有益经验，甚至出现了否定市场经济和民营经济的错误言论。这都说明国家主义如果走偏，也必将动摇和破坏40余年来改革开放

取得重要成果。在社会主义的建设史上，中国也曾陷入过全面国家化和高度集权体制的泥潭，中国的社会主义政治经济体制改革就是要把国家治理从这种泥潭里拉出来，走向一种更加重视市场经济规律和充分发挥民间经济有益作用的社会主义市场经济体制上来。在实践上，中国的惯性思维很容易强调把国有经济做大做强，民营经济则被一些别有用心的人推上“原罪”的审判席。特别是在国际上普遍刮起国家主义和民族保护主义的潮流时，国家主义就与民族主义合流，再加上中国历史上“左”比右好的思维惯性，国家主义走偏的可能性就迅速增大。中华人民共和国70多年国家治理兴衰成败的历史教训告诉我们，必须对国家主义的走偏保持警惕，中国的社会主义建设事业才不至于走弯路，中华民族的伟大复兴才能走上正途。

（五）理性认知全球化的逆转和进退，坚持引领全球化发展

当今的全球大变革中，全球化的确正在经历大反转，但是，全球化大潮是否真的在退却，再也不复存在？鉴于改革开放40余年来中国的社会主义建设成就主要是在全球化发展的大背景下取得的，中国很有必要对于今天全球化发展的趋势保持理性的认知和判断，在此基础上坚持顺应全球化的发展。

对全球化发展的第一个理性认知就是要理性看待全球化发展的动力。全球化发展究竟是技术推动的，还是市场推动的，国家的经济全球化政策推动的？抑或是时代动力推动的？严格说来这四者都是推动全球化的动力。

技术动力层面。技术进步使得全球互联成为可能，无论是全球互联网还是全球交通技术，都推动了全球性联系。特别是全球网络技术和人工智能技术正在向深度发展的情况下，全球化也随着技术进步向深度发展，网络和智能技术将每一个具体的网络使用者变成了一个个全球化的微观终端，全球化在终端层走向了个体化，个体终端汇聚成了大数据，个体成了全球大数据的一个个最微小的节点，这也可以简称为全球化的“个体化”。

市场动力层面。全球市场借助国际分工和贸易将全球所有国家联结起来，更深层面是全球市场将全球生产链条和销售链条跨地区跨国家连接起来，形成了全球价值链。全球化由国家间的全球化向深度拓展到跨国公司间的全球化，进而再深化到跨国公司内部的全球化！全球价值链的产生是由跨国公司的利润最大化、经营成本最小化和一系列市场要素的价格成本以及组织成本决定的。市场以看不见的手在推动全球价值链向深度拓展，从而推动全球化向着公司内部的全球化深度拓展。

国家的经济全球化政策层面。国家的全球化政策既受到国家自身对全球化所带来的经济利益损益判断的影响，也受到国内利益集团政治压力的影响。特别是在2008年金融危机以来，全球化弊端充分暴露，全球金融危机到来并没有一个全球政府进行整体性治理和施救，危难之中的国家只能靠自身施救，因此国家主义回潮就成为各国救治危机的必然反应。反思国家在全球化中穿上的“金色紧身衣”，重新找回经济治理政策的合法性和自主权，这是当今时代国家主义回潮和去全球化政策盛行的最重要原因。当然，西方主要国家由反思全球化弊端走向民粹主义、极端民族主义乃至仇视全球化，进而推行极端的去全球化政策，这是与技术和市场推动的全球化总体趋势相逆而行的。

还有一个层面就是时代动力。今天的全球化发展还恰逢发展中国家的群体性工业化浪潮，众多发展中国家自20世纪七八十年代以来纷纷走上了工业化道路，特别是21世纪以来，发展中国家的群体性工业化推动了新兴国家的群体性崛起，借助全球化力量走向高潮。因此，全球化在发展中国家群体中沿着群体性工业化的道路，向着紧密的全球化方向拓展。

在以上四个方面中，除国家政策层面外，其他三个层面都继续推动全球化向深度拓展。在理性认识全球化的过程中，中国需要站在全球化发展的历史大趋势中，充分发挥自身优势，顺应全球化发展。

对全球化发展的第二个理性认知就是战略上藐视各种去全球化政策，

战术上重视其带来的挑战，积极应对，以推进自身的改革化解风险。

以美国特朗普政府为代表的新一轮去全球化政策制定者其实并不是真正地反全球化，而是要推行由其主导的全球化，其在《美墨加协定》和《美韩自由贸易协定》中推行的高标准市场规则给中国很多非市场化领域带来了新的规则挑战。在挑战面前，中国既要坚持自身的制度自信，也要顺应大势，站在市场经济发展的总规律角度重新审视自己，进一步推进市场经济的深层改革。必须承认，改革开放40余年来，很多领域沉疴难治，已经日益固化为部门利益和特殊利益的堡垒，对这些领域的改革必须当作一场革命。多年来，中国期待能够推行改革的强有力政治权威，期待最高领导层能够有魄力强力推动改革的顶层设计。改革之路如逆水行舟，中国不能等到沉疴蔓延，改革的推行就更加困难了。由此，改革更需要中国奋发有为地推行下去。

（六）积极发挥自身在发展领域的优势，着力推动构建发展能力共享的命运共同体

在今天全球大变局和世界发展的转折时刻，发展问题要比历史上任何时期都更引人注目。长期以来，发展中国家的发展问题被西方国家界定为一个民主化问题，是向西方国家的政治制度、意识形态和价值观靠拢并趋同的问题。但是，发展问题是一个综合性的复杂工程，西方式民主化并没有给发展中国家带来真正意义上的发展，发展中国家的发展问题只有靠自己结合自身国情不断探索，才能够找到自身的发展道路。改革开放40余年来，中国将国内改革与对外开放结合起来，找到了适合自己的发展道路，实现了传统制造业的工业化，并奋力挺进新型工业化的进程中。政府主导的国家治理进程，通过改革建立和完善社会主义市场经济体制，通过对外开放实施进口替代和出口替代战略，经济社会发展的基础设施先行，工业化园区建设，与广大发展中国家开展的发展投资与发展合作，等等。这是

40余年来中国发展的主要经济和取得成就的秘诀。今天，中国通过倡导“一带一路”建设和建立新型发展融资机制，将自身的发展经验和发展能力与世界各国分享，通过各种形式的发展融资和发展合作，与广大发展中国家结成发展能力共享的共同体；甚至通过发展平等的全球伙伴关系，与发达国家形成发展能力共享的命运共同体，真正推动实现全球范围内的共同发展，共同繁荣。

百年变局与中国方案

庞金友

【内容提要】 受第四次工业革命颠覆性发展、人工智能的革命性升级、全球秩序格局结构性变迁、政治传播跨越性变革、公民价值观念根本性扭转等诸多因素的影响，当代世界处于近百年来从未经历的大变局。进入21世纪，欧美各国的民主政治遭遇重重危机：政党政治乱象横生，极端政治普遍流行，多元文化主义陷入困境，社会分裂危机加剧，国家极化趋势明显。面对百年以来最好的发展时期，当前中国必须坚持稳中求进、改革开放、科技兴国、大国外交等战略，积极谋求自身发展，主动参与全球治理，全面提升综合实力，全力打造大国形象。

【关 键 词】 百年未有之大变局　中国方案　经济全球化　地缘政治　全球治理

【作者简介】 庞金友，中国政法大学政治与公共管理学院副院长、教授。

当今世界，风云际会，矛盾丛生，热点问题此起彼伏、持续不断，新现象新问题层出不穷。一方面，市场化、资本化、民主化、自媒体化、反全球化等暗流涌动；另一方面，民粹主义、保守主义、激进主义、后物质主义、孤立主义等推波助澜。经济全球化、政治多极化、文化多元化、科技智能化、信息碎片化等前所未有地同时存在。从国内发展到地缘政治再到全球秩序，不稳定性、不确定性和不可预见性俯拾即是，渐成常态。“不稳定性、不确定性因素增多固然意味着风险挑战加大，但也意味着世界发展出现新趋势、面临新机遇”[①]。国与国之间，联系中有竞争，竞争中有合作，合作中有交锋。这些新变化是过去的百年甚至数百年里的人们从未经历，也无从想象的。然而，这恰是当下世界的真实场景与如实写照。2018年6月22日召开的中央外事工作会议上，习近平总书记提出，“当前中国处于近代以来最好的发展时期，世界处于百年未有之大变局，两者同步交织、相互激荡”[②]。此后，习近平总书记又在一些重要会议和重要场合多次强调“百年未有之大变局”。如何全面理解百年变局的内涵与缘起，准确把握百年变局中国内政治、区域发展和国际格局的动向与趋势，正确看待当代欧美民主政治的危机与困境，从而合理谋划新时代中国特色大国外交的风格与特征，积极参与未来全球治理体系的调适与重组，既是一个重大的理论问题，也是一个紧迫的现实议题。

一、百年未有的时代变革

“百年未有之大变局”这一科学论断至少意味着三层意涵：第一，当前的国内形势和国际环境是百年中国从未经历、从未遭遇过的；第二，当前的变革是内容广泛、意义重大、影响深远的“大变革”；第三，当前的变革将中国与世界同境同框，在机遇与挑战面前，各国一律平等。毫无疑问，从经济到政治，从文化到科技，从信息到技术，从观念到制度，从国内到国际，这场大变局涵盖之广，影响之深，前所未有。

---

① 张蕴岭：《在大变局中把握发展趋势》，《人民日报》2019年3月15日，第6版。

② 《习近平：努力开创中国特色大国外交新局面》，新华网，2018年6月23日，http://www.xinhuanet.com/2018-06/23/c_1123025806.htm。（2019年4月12日登录）

第一，第四次工业革命的颠覆性发展。科学技术的发展和升级是人类文明持续进步和现代世界不断前行的根本动力。自16世纪末以来，人类社会进入空前的创新时代。在科技革命的推动下，生产力的解放程度，生产水平的提升幅度，生产关系的变革力度，从根本上影响着工业革命的内容和形式，决定着人类社会的方向和轨迹。近千年来的文明起落、大国兴衰无不验证着这一逻辑。近代英国以科技为先导，首开工业革命，率先挺进蒸汽时代，最终成就“日不落帝国”的辉煌；当代美国则抓住了第二次工业革命的契机，在科技、信息、产业等领域实现了全方位突破，迅速赶超英国成为世界第一。进入21世纪后，互联网+、工业4.0、3D打印、大数据、人工智能等重大颠覆性技术不断涌现，新一轮科技革命、产业革命和工业革命已蓄势待发。伴随着后工业化水平的迅猛升级，资本、技术、劳动力等生产性要素在全球范围内的流通加速，劳动力密集型产业和传统劳资结构被迫转型，“高消费—知识附加值”的经济运行模式应运而生。这些全新的变化，对世界各国来说，既是历史机遇，也是严峻挑战。谁能在以科技智能化为核心，以人工智能、区块链、量子科技、大数据、物联网为特征和载体的第四次工业革命中取得领先地位，谁就能抢得先机，占据优势。

第二，人工智能的革命性升级。人类正在昂首迈入一个由互联网、大数据和人工智能共同型构的数字时代。“三者共同标志着人类新时代的三个侧面，共同构成了新的社会时代。网络侧重于描述人类社会乃至与物理社会广泛连接的状态，大数据侧重描述新社会状态下的内容形态和数字本位状态，人工智能则描述了新的社会创造物和广泛的机器介入的社会状态”①。而其中的人工智能可谓近百年来最深刻、最具影响力的革命性进步。人工智能不仅彻底改变了传统产业模式和经济关系，也深度影响了当

① 何哲：《通向人工智能时代》，《电子政务》2016年第12期，第3页。

代人的生产和生活。一些在人们看来习以为常、司空见惯的观念、价值、规则、信条、机制面临着空前的危机和困境。近百年的发展进程中，人工智能无时无刻不在突飞猛进。20世纪40年代，计算机走入寻常百姓家，数字时代到来。50年代，网络技术迅速升级。60年代，芯片、激光和通信技术不断突破，互联网络、数据处理和智能机器飞速发展。到了90年代，作为沟通平台和组织原则的互联网开始大范围普及。人类的交往、交换和交流逐渐借助和围绕网络展开，传统的生产模式和生活方式不得不面对网络的强势解构、重构和再构。网络时代宣告到来。伴随传感器技术、数据存储技术、新型通信技术的深度开发和广泛利用，社会生活的数据规模呈几何级上升。2010年左右，大数据时代序幕拉开。以大数据为轴心，人类的数据处理、分析、应用能力大幅提升，随着超级运算技术的广泛应用，新式算法的横空出世，人工智能领域的革命性进展让人目不暇接。一个全新的人工智能时代正在迎面走来。可以预见，智能机器将在未来的人类生活中扮演越来越重要的角色，承担越来越多的功能，参与越来越多的关乎政治、法律和伦理的决策和行动。一旦人工智能突破奇点，成长为有独立判断、自我约束、自主行动的行为主体，那么人与机器的内涵与边界就要重新界定和书写。对于人类来说，这无疑是一个重大的时代性命题。“人工智能领域是当前人类所面对的最为重要的深刻技术和社会变革，是网络时代、大数据时代之后的新的人类社会形态在社会主体层面维度的反映。人工智能在深刻改变人类物质生产体系的同时，也将深刻改变人类的社会关系与社会行为”①。如何面对人工智能的冲击和挑战，如何解决人工智能正在或即将引发的一系列社会难题和治理困境，从而确立人工智能时代的社会生活和政治秩序，这既是重大的理论课题，也是迫切的现实难题。

第三，全球秩序格局的结构性变迁。首先，国家间联系的空前紧密。

① 何哲：《通向人工智能时代》，《电子政务》2016年第12期，第9页。

近百年来，世界发达国家之间由战争转向合作，发达国家与发展中国家之间由倾轧转向协同，发展中国家之间则由相互竞争转向共同发展，国与国之间相互依赖、共存共荣的趋势日益明显。在应对诸如贸易规则、环境保护、气候变化、反毒防恐等具有复杂性、长期性和突发性的全球性议题时，任何一个国家都已无法独自承担，独立面对，必须联手协作，共同处理。尤其是覆盖全球的自由贸易体系使市场化、商品化、资本化和全球化达到了前所未有的高度、深度和广度，发达国家与发展中国家互为市场，双向投资，同时为彼此的原料供应地和产品经销地。“企业间、国家间的紧密联系和彼此依赖达到唇亡齿寒的程度”[①]。其次，新兴国家的强势崛起。100年前，老牌资本主义国家凭借强大的经济、政治和军事实力，借助殖民体系和贸易规则，牢牢占据着国际秩序格局的中心地位，掌控着全球生产总额、贸易总额和投资总额的绝大部分，亚、非、拉的发展中国家一直处于受剥削、受压迫的从属地位。二战后，殖民体系土崩瓦解，广大发展中国家获得政治和经济的独立权，从此踏上了自主发展的康庄大道。进入21世纪后，新兴发展中国家实现了跨越性发展，全球经济占比持续提升。截至2018年7月，新兴市场国家和发展中国家对世界经济的贡献率已达80%，经济总量占世界总额的40%左右。据国务院发展研究中心2018年12月的报告预测，到2035年，发展中国家的GDP总额有望赶超发达国家，接近全球比重的60%。这意味着，全球经济发展的重心将从欧美地区转移到亚洲及其他发展中国家和地区。最后，全球治理体系的重大改型。百年来的全球现代化进程，一直以西方发达国家为主导。重要规则、制度、组织和机制，都是在发达国家的主持和领导下制定、颁布并实施。进入21世纪后，随着新兴市场国家和经济体的迅猛发展，国际力量对比发生重要扭转，对传统全球治理体系和治理格局提出了挑战。正如习近平总书记提出的，

① 王俊生、秦升：《从“百年未有之大变局”中把握机遇》，《红旗文稿》2019年第7期，第14—17页。

“随着全球性挑战增多，加强全球治理、推进全球治理体制变革已是大势所趋”①。成员更多、涵盖面更广、代表性更强的G20（二十国集团）的贸易总额占全球的80%，GDP总额更占全球的90%，已然是最具影响力的全球治理体制，甚至大有取代G7（七国集团）的发展态势。与此同时，“金砖国家集团、上海合作组织等，对全球地缘和地缘经济格局正在产生重大影响”②。一切都在表明，全球治理体系正在由发达国家完全主导转向发达国家与新兴国家联手共治的新型格局。

第四，政治传播的跨越性变革。进入21世纪，互联技术深度升级，社交平台开始普遍流行，信息技术和新型算法取得突破性进展，以信息共享、智能分发和大数据为特征的自媒体时代到来，政治传播的内容与形式也随之发生了跨越性的转变。首先，传播主体发生了变化。自启蒙时代以来，政治精英一直是时代的领军人物，他们高瞻远瞩，目光远大，广大民众则是被引领、被启蒙和被教化的对象。随着选举权、话语权的转移，广大民众由政治的边缘和外围开始进入核心地带，逐渐占据甚至取代部分精英角色和功能。精英与民众的力量对比，发生了翻天覆地的扭转。2016年，英国脱欧、美国大选、欧陆民粹崛起三场“黑天鹅事件”就是明证。其次，传播格局发生了变化。长期以来，主流媒体一直占据中心地位，思想启蒙、观念转型和信息传播，全仰仗主流媒体自上而下的单向传递。然而，自媒体的出现打破了这一格局。每个人都是信息发布者，每条信息都是全球即时发布。一个水平无限延展、彼此趋近平等、多中心甚至无中心的媒体格局业已形成。这种传播格局更廉价，更亲民，更灵活，更富草根色彩，更具民意基础。再次，传播效果发生了变化。作为政治秩序建构的重要渠道

---

① 《习近平：为建设更加美好的地球家园贡献智慧和力量——在中法全球治理论坛闭幕式上的讲话（2019年3月26日，巴黎）》，人民网，2019年3月27日，http://jhsjk.people.cn/article/30998648。（2019年4月12日登录）

② 王俊生、秦升：《从“百年未有之大变局”中把握机遇》，《红旗文稿》2019年第7期，第14—17页。

和手段，政治传播的革命性变革，必将对传统政治秩序造成实质性的冲击，对政治秩序的形成、确立和转型影响深远。置身于信息时代的现代人，每天面对海量级的信息，根本无法全部阅读、吸收，只能依赖自己既有观念、价值偏好，借助智能推送、熟人网络等有限渠道被动获取信息，对于已获取的信息又无法辨别真伪，这种信息窘境使现代人越来越倾向同质化、封闭化、偏执化和极端化，“社交网络的使用者通过一系列对相异观点的筛选和过滤，进而通过在线社交网络的朋友建构机制，寻找与自己政见相同者，最终塑造了一个以自己为中心的观点极化的社会网络”①。人们突然发现自己正在被当代政治传播推向一个高度便捷又极度危险的政治场景：轻松获取政治信息、自由选择政治社群的同时，自身的认知偏见、极端立场被不断强化和放大。最后，传播策略发生了变化。为了宣扬、引导和说服，各媒体在宣传内容上往往有所侧重，有所取舍，在传播策略上也难免有所选择，有所回避。一些媒体为了实现利润最大化，追求信息的时效性，迎合受众的各色口味，有时不惜牺牲新闻的真实性和报道的客观性，甚至为了吸引眼球，故意捏造介于真相与谎言之间的“第三种现实”。这就形成了一种“后真相”现象。在后真相政治的框架下，事实和真相不再是媒体报道的中心，立场、观点、情感乃至情绪则粉墨登场并渐成主角。对于候选人来说，谁更有热情，更富创见，更具感召力，就会拥有更多的民众支持。后真相政治的水平越高，政治信任的危机越重，左右阵营的分化和对抗程度就越强，对现代政治和社会生活的危害就越大。从某种程度来讲，后真相政治营造出的立场优先、话语专断、情感压制理性的舆论背景，与肆意喧嚣的底层民意、立场极端的社会氛围和偏执激进的利益表达相互纠葛，是推动当代以民粹主义为代表的激进思潮疯狂生长和野蛮扩张的重要因素。

第五，公民价值观念的根本性扭转。科学主义、技术主义和物质主义

---

① 陈福平、许丹红：《观点与链接：在线社交网络中的群体政治极化——一个微观行为的解释框架》，《社会》2017 年第 4 期，第 231 页。

是现代西方文明的三大支柱。三者彼此依凭，相互促进。随着科学和技术的高速发展和迅猛升级，欧美各国的物质生产能力和物质生活水平达到了前所未有的高度和水平。作为物质空前繁荣的必然结果，自20世纪60年代起，一个全新的“后物质主义”随即出现。“后物质主义”既是一个社会形态，也是一种生活方式，更是一套价值观念。在后物质主义者看来，人身安全、经济发展和物质财富虽然必不可少，但相比而言，生活质量、精神价值和自我实现更为重要。他们将对权力和权威的追逐和敬畏、对家庭和宗教的维护和坚守、对传统文化和主流价值的传承和捍卫视为古老而陈旧的传统价值，他们更关注少数族群和外来移民的权利，更在意性别差异与伦理道理的界限，更看重生态环境和工作氛围的质量，更青睐生活方式的自我选择和社会关系的和谐美满。这种从物质主义向后物质主义价值观的转变，对西方文明影响甚巨。首先，对西方文明来说，“后物质主义”意味着它必须解决西方文明与非西方文明、现代文明与后现代文明甚至前现代文明同框同步的复杂境遇。西方发达国家率先开启现代化进程，也率先跨入后现代化阶段。物质生活越富足，精神生活越丰裕，观念意识越多元，伦理道德就越宽容。结果是：人们对现代主义、西方文明越来越苛刻，反思与批判声络绎不绝，对非西方文明甚至前现代文明反而越来越宽容，同情与理解声不断泛滥。对此，有学者评论道：“后现代主义与现代主义为敌，但却向前现代文化伸出橄榄枝”①。这一反常逻辑在当下欧洲表现得淋漓尽致。宣扬多元、倡导宽容的欧洲人接纳了民族意识强烈、宗教信仰虔诚的某些移民群体，现在这些外来者开始无法容忍、难以接受欧洲本地人了。其次，对西方各国政府来说，“后物质主义”意味着它要同时满足物质和精神两个层面的公民需求。后物质主义的精神需求是在物质需求高度满足的基础上提出的。一个好的政府要在两个层面同时发力，任何一个层面

① 丛日云：《西方文明的困境——后物质主义如何应对全球化的挑战》，《探索与争鸣》2018年第1期，第37页。

的需要得不到满足，就会招致公民的不满。在全球经济动荡、竞争愈加激烈的时代背景下，这项任务即便对于传统发达国家也不易完成，更何况发展中国家？最后，对选民来说，“后物质主义”意味着他们对千篇一律的主流价值观和含混模糊的施政纲领不再感冒，他们更倾向那些立场鲜明、取向坚决、不拖泥带水的政党和主张。这就在更大程度上助长了政治极化的氛围和环境。

这场“百年未有之大变局”是多维的，是立体的，是全球的。不论发展阶段、发达程度、经济形态、制度类型，各国全部覆盖，无不身处变局之中。“当今世界正处于新旧秩序交替的过渡期，世界秩序重塑潜伏着失序乃至无序的风险，中国新时代遭遇世界大变局，外部挑战更趋复杂多变”①。当然，变局虽同，受上述差异因素影响，各国的影响后果、呈现形式、应对策略自然不尽相同。

二、困境重重的欧美政局

百年回眸，当代欧美各国在前半个世纪始终在萧条、动荡和战乱中挣扎而行。二战后，复苏与重建的大幕终于拉开，现代化进程得以重启。不到30年的时间，欧美各国的经济、政治和文化突飞猛进，发展神速。作为现代化进程的先行者，欧美各国的经济规则、政治制度和文化观念对后发现代化国家影响深远，一度甚至是广大发展中国家学习和模仿的典范和模板。然而，好景不长。20世纪90年代后，随着冷战格局的结束，市场化、资本化、民主化和全球化的深入，欧美各国开始遭遇困境：从福利国家危机到合法性危机，从政治信任危机到分配正义危机，危机此起彼伏，几乎覆盖了从国内政治到地缘政治再到全球政治的所有层面。进入21世纪后，

① 陈向阳：《世界大变局与中国的应对思考》，《现代国际关系》2018年第11期，第2页。

危机继续升级。政党政治、议会政治问题不断，激进政治、极端政治强势兴起，多元文化主义的政策危机在加剧精英对抗、社会分裂趋势的同时，更引发更大范围的国家极化现象。

第一，政党政治乱象横生。政党格局是政治生态的晴雨表。20 世纪 80 年代以来，欧美各国的政党格局可谓跌宕起伏，变幻莫测。一些持温和中间立场的主流政党逐渐式微，风光锐减，一些持极端激进立场的新兴政党迅速崛起，风头日盛，一些持摇摆模糊立场的中间党派则动作频频，伺机而起。在美国，共和党与民主党之间的冲突和对抗持续升级，“一党赞同的必遭另一党反对”渐成常态。“政治对峙在美国创建的时候就被纳入了国家体制之中，但近年来在华盛顿越演越烈”①。参众两院的议员们一改往日的谦和审慎，要么明确支持自由主义，要么坚决固守保守主义，中间路线及立场则越来越不受欢迎。无论是民主党的保守派，还是共和党的自由派，在近期数轮投票中均惨遭清洗。共和党和民主党的两极分化已达“有史以来的最大值”②。左右两翼阵营的扩大，必然以中间阵营的萎缩为代价，其结果只能是，“这两个政党的议员基本上分别组成了左翼自由派阵营和右翼保守派阵营，而 20 世纪 50 年代和 60 年代时期比较常见的自由主义共和党人和保守主义民主党人至 2005 年前后变得相当罕见”③。在欧洲，进入 21 世纪后，极左政党与极右政党同步崛起，开始形成相对稳定的政党联盟。寄希望于增加福利以赢取选民支持的“欧洲左翼党”和试图通过彻底断绝与整个资本主义体系往来以摆脱全球经济危机的“欧洲反资本主义左翼”开始在擅长的议会斗争和街头运动中大展手脚。右翼民粹主义政党则将矛

---

① ［美］约瑟夫·奈：《美国世纪结束了吗?》（邵杜罔译），北京：北京联合出版公司 2016 年版，第 104 页。

② ［美］诺兰·麦卡蒂、基思·T. 普尔、霍华德·罗森塔尔：《政治泡沫：金融危机与美国民主制度的挫折》（贾拥民译），北京：华夏出版社 2017 年版，第 39 页。

③ 周琪、王欢：《值得关注的美国政治“极化”趋势》，《当代世界》2011 年第 4 期，第 24 页。

头指向伊斯兰教和穆斯林移民，将其视为当前一切社会矛盾的根源，并在意大利、法国、奥地利、荷兰和丹麦政坛稳扎稳打，积极参政。与此同时，以德国新纳粹党为代表的激进派崇尚暴力手段与恐怖主义，仇视现存体制与规则，拒斥现行民主规则和政治体制；以德国国家民主党、意大利社会运动党和英国国家党为首的温和派则采取温和策略，将重点放在稳步占据地方议会选举，争夺欧洲议会席位。这些都为欧盟政治的进一步分裂和极化埋下了致命隐患。

第二，极端政治普遍流行。所谓极端政治是指“在政治竞争中采取不妥协的立场，追求一种极端化的目标”① 的政治形态。在这种政治情境下，偏执、激进和暴力是王道，分歧、矛盾、敌对是主旋律，妥协、让步与协商只是无奈之举。不同的政党和候选人，在选举政治中，只是代表路线与策略的差异，彼此之间只是优胜劣汰的竞争关系，而在极端政治中，则代表权力与命运的终极对决，是你死我活的敌对关系。例如，分歧、对抗本是美国两党制度的题中应有之义。但当前共和党和民主党势同水火的格局、对立持续升级的趋势、党派利益高于国家利益的动向已远远突破美国建国者们的初衷与底线。奥巴马的经济刺激计划、医疗改革方案屡遭共和党阻击，而特朗普的移民政策和边境墙计划则在民主党的压力下几近流产。特朗普为了兑现他的竞选承诺，履行他的保守主义使命，迎合底层选民的不满情绪和变革心理，不管是在其竞选策略，还是在其施政纲领中，都毫不掩饰自己对民主党的激进派、共和党中的建制派甚至包括整个联邦政府在内的官僚体制的失望与抱怨，毫不担心自己的过激言论和极端主张可能加剧意识形态的直接对立、激进立场的普遍蔓延和社会文化的深度裂化。在特朗普主义的刺激下，共和党与民主党对抗持续加剧。仅 2018 年，美国联邦政府就被迫停摆三次，从而创下自建国以来年均停摆次数最多、时间最

① 王希：《特朗普为何当选？——对 2016 年美国总统大选的历史反思》，《美国研究》2017 年第 3 期，第 17 页。

长的纪录。“政府停摆”导致联邦政府的国土安全部、运输部、内政部、农业部、国务院和司法部等 9 大内阁级部门以及数十个附属机构停止运行。为了摆脱困境，2019 年 1 月 15 日，特朗普突然祭出“撒手锏”，宣布美国进入“国家紧急状态”，借以绕过国会调用更多经费修建边境墙。此举不仅将两党对抗推上了新的层级，更将政党政治引向新一轮的“宪法危机”。这种极端政治的持续发展，加剧了政党政治的极化，瓦解了共识政治的根基，诱发了否决型政体的出现，对总统的行政权威、国会的立法效率、选民的参政信心构成了致命的打击。

第三，多元文化主义陷入困境。以宽容、理解和吸纳为基本原则的多元文化主义一度被欧美各多族群国家视为解决族群问题的妙计良方。[①] 未曾想，进入 21 世纪不久，多元文化主义的理论和实践遭遇困境。从理论的角度，多元文化主义本身存在无法回避的内在矛盾。这种内在矛盾集中体现为族群认同与国家认同的对立与冲突。一旦少数族群意识到与主流族群的差异，族群认同就会被反向放大和加强；一旦族群认同被强化，与国家认同的疏离、隔膜就会越来越严重。日益增强的族群认同，会将多族群国家推向一个两难困境：若强行同化少数族群，势必遭到少数族群的反对甚至对抗，而若放任自流，后果更加不堪设想。[②] 随着外来移民的大量涌入、移民群体与本土居民的矛盾激化，多元文化主义的这一内在缺陷日益突出而明显。从现实的角度，当前的多元文化主义政策，引来了以移民群体为代表的少数族群越来越多的不满和抱怨。无论是追求权利平等的英国，还是侧重文化认同的法国，抑或是关注社会福利的德国，大多通过法律和政策以确保外来族群的权利，但文化、种族、信仰或心理上的差异难以兼顾，被排斥、遭歧视的现象多有发生，游行、示威和街头运动此起彼伏。移民

---

① ［美］盖尔斯敦：《自由多元主义》（佟德志、庞金友译），南京：江苏人民出版社 2008 年版，第 136—144 页。

② ［美］哈里森：《多元文化主义的终结》（王乐洋译），北京：新华出版社 2017 年版，绪论，第 3 页。

群体普遍的不满，移民数量的急剧增加，居高不下的生育率，以及此起彼伏的恐怖主义事件，引发了欧洲社会各阶层对特定移民群体的深度忧虑和担心，沉寂已久的民族主义、种族主义甚至国家主义被反向唤醒、激活，恐怖心理和排外心理不断强化。[①] 虽然还不能断言多元文化主义在欧美的彻底失败，但至少可以说，多元文化主义的合法性和正当性正在渐渐流失。一些持温和或多元立场的知识分子群体，也开始对这一政策失去信心。一些激进政党更是打着维护欧洲传统和文化的旗号，刻意强调异质文化和宗教之间的冲突，将特定移民群体视为欧洲价值和民主制度的敌人。

第四，社会分裂危机加剧。在选举政治的框架下，社会民众与政治精英之间处于合作、协同的和谐关系。[②] 20 世纪 90 年代后，选民忠诚度开始下滑，政治冷漠逐渐流行。越来越多的选民选择冷眼旁观，放弃政治参与。随着选举政治的功利化、政党政治的世俗化和新兴媒体的普及化，欧洲各国主流政党“越来越只代表少数在经济全球化和新自由主义中获益的大资产阶级、少数跨国公司资本家的利益，西欧政治转变为精英统治、富人民主”[③]。政党领袖们大多出身豪门，家世显赫。出于追逐权力和获取选票的目的，往往忽略甚至无视普通民众的利益诉求。2008 年全球金融危机在重创欧盟经济、引发主权债务危机的同时，引发了大规模的社会矛盾、分歧和动荡。为应对危机，欧美各国或推出巨额援助计划，或实行经济紧缩政策，但无法兼顾中下层民众的生活质量和就业问题。这些最终都促成了大众与精英的隔阂和对立。在欧洲，一体化进程和移民问题成为瓦解欧洲政治共识、加速欧洲社会分裂的直接诱因。被老一辈欧洲人无比珍视的一体

---

① 鲍永玲：《欧洲难民潮冲击下的多元文化主义政策危机》，《国外社会科学》2016 年第 6 期，第 70 页。

② Alan I. Abramowitz, Kyle L. Saunders, “Ideological Realignment in the U. S. Electorate,” *The Journal of Politics*, Vol. 60, No. 3, 1998, pp. 634-652.

③ 张莉：《极右与极左：欧洲政治惊爆“极化”现象》，《世界知识》2011 年第 18 期，第 38 页。

化进程，对于年轻人来说只是一种旧日情怀。代际断裂乃至背后的价值分歧与文化冲突成为一体化的终极杀手。是否支持移民群体的不断涌入，如何看待穆斯林等特定族群，各国政府、政党派别、社会群体之间产生了重大的分歧，是加剧欧洲政治分裂、引发社会民众分化的又一重量议题。人们越来越担心，这种分歧、分裂、分化持续发展，欧洲社会将被撕裂到何种程度？

第五，国家极化趋势明显。国家极化是指当代欧美因利益分配长期失衡造成贫富阶层两极分化，政治精英对峙决裂，政治观念对立冲突，政治行为极端激进，进而导致意识形态分歧加剧，社会群体裂痕扩大，大众文化对抗升级，地区合作和国际关系逐渐孤立化和紧张化的政治发展形态。国家极化是当代欧美民主发展的最新趋势，是理解当前欧美政治危机的症结所在。它既是经济极化和政治极化的深度扩张，更是社会极化和文化极化的双重累加，呈现简单而线性的演进逻辑和复合而显著的现实特征。“在矛盾叠加的情况下，越来越多的个体或群体对所处现状和政治制度日益不满，倾向于接受和支持意识形态光谱中处于左右两端的思想，并不断分化，包括政党之间的极化、政治精英和普通民众的极化、不同族群的极化等”①。国家极化现象的演进逻辑是：分配失衡和收入差距首先造成贫富阶层的两极分化，在民主制度的框架内，这种经济极化容易精英分化、政党分化和意识形态分化，最终导致社会的分裂和文化的冲突。当前欧美各国国家极化现象虽然程度不同，形态各异，但整体来看，由经济到政治，再到社会和文化的多维度、多层级的复合性极化是当前国家极化的显著特征。国家极化内含强大的破坏力、解构力和重塑力，对欧美国内政治形势、国际关系格局和未来政治走向影响深远。

当代欧美民主政治的危机与乱象，既不意味着以普选、代议和多数原

---

① 史志钦：《多重危机下的欧洲政治社会极化趋势研究》，《学术前沿》2017 年第 2 期（上），第 7 页。

则为核心特征的西式民主的彻底失败，也不代表着非西式民主的任何追寻和探索都必然成功。盘点这些危机与乱象的意义在于：第一，当前欧美民主政治呈现典型的“后现代主义”政治特性，民主越发达，问题越多，危机越严重。换句话说，民粹主义、新保守主义和多元文化主义等思潮是现代西方民主的“富贵病”。第二，现代西方民主若不反思，不调整，依旧沿着当前的路线和方向走下去，会遇到更多的问题，甚至可能走不通。第三，欧美的民主实践不是实现现代政治价值的唯一路径和制度形式，探索不同于当代欧美的现代化路径和民主模式，是完全可能的。

三、应对百年变局的中国方案

过去的百年间，中国的发展和进步绝对是天翻地覆的。在党和国家的领导下，全国各族人民同心协力，不懈努力，促使中国在经济、贸易、国防、科技、信息等领域实现了重大突破，国家综合实力跃居世界前列，国际地位和国际影响力不断提高，中国特色社会主义进入了新时代，党、国家、人民、军队的面貌都发生了前所未有的变化，中华民族正以崭新姿态屹立于世界舞台。改革开放短短40年，中国以空前的经济发展速度和科技创新程度，实现了全方位的迎头赶上和特定领域的弯道超车，向全世界展示了中国道路的可行和中国模式的可靠。中国业已成为全球治理体系的建设者、参与者和贡献者，努力推动国际体系向更合理、更公正、更规范的方向发展，向国际社会积极展现一个负责任的发展中大国应承担的责任和义务。“我们前所未有地靠近世界舞台中心，前所未有地接近实现中华民族伟大复兴的目标，前所未有地具有实现这个目标的能力和信心”①。“三个

① 习近平：《在省部级主要领导干部专题研讨班开班式上的重要讲话》，人民网，2017年8月8日，http://politics.people.com.cn/n1/2017/0808/c1001-29457729.html。（2019年4月12日登录）

前所未有”清晰地描绘了中国面对百年未有之大变局时的历史定位和时代基点。面对百年未有之大变局，当代中国又该如何走好发展之路呢？

第一，坚持稳中求进战略，积极谋求自身发展。作为后发现代化国家，中国的发展同时面临现代化与后现代化、物质主义与后物质主义两套发展体系的冲击与挑战，必须解决更集中、更错综复杂的矛盾与难题。改革开放40年来，中国在经济、政治、文化和国际交往领域取得了世人瞩目的成就，但居安思危，未雨绸缪，在全球经济普遍下滑，世界发展不确定因素增多的时代背景下，确保经济发展稳定、维持经济发展安全是必要而紧迫的。当前中国经济增长平稳、有序，就业、物价、投资、金融等领域未见大幅波动，高杠杆和泡沫化类经济风险有较大缓解，只要保持忧患意识，精准研判，妥善应对，保持经济发展在合理区间内是没有问题的。只有维持市场经济的持续深化，社会变革的稳步推行，文化生活的繁荣发展，走稳中求进、稳中谋发展的战略，才能为未来中国的发展提供坚实的基础，才能更从容地应对大变革时代的到来。

第二，坚持科技兴国战略，全面提升综合实力。科技就是动力，科技就是实力。一个国家的科技发展水平与层次，直接决定着一个国家的经济、政治和军事实力乃至国家的前途命运。未来中国是否可以实现“两个百年目标”，关键在于拥有强大的经济基础，而这个经济基础直接取决于生产力的水平和能力，取决于科技创新的力度和幅度。习近平总书记曾指出：“中国要强盛、要复兴，就一定要大力发展科学技术，努力成为世界主要科学中心和创新高地”①。当今世界，科技发展战略是各国的核心发展战略，每个国家都在不遗余力地发展科技。中国能否在新科技革命中拔得头筹，力挽狂澜，就要看科技发展战略是否定位准确，科技创新机制是否行之有效，科技人才队伍是否配置合理。

---

① 《习近平：瞄准世界科技前沿引领科技发展方向　抢占先机迎难而上建设世界科技强国》，人民网，2018年5月29日，http://jhsjk.people.cn/article/30019361。（2019年4月12日登录）

第三，坚持改革开放战略，主动参与全球治理。当今世界是一个紧密联通、相互依存的一体化进程。2018 年 9 月 3 日，习近平总书记在中非合作论坛北京峰会开幕式上指出："当今世界正在经历百年未有之大变局。世界多极化、经济全球化、社会信息化、文化多样化深入发展，全球治理体系和国际秩序变革加速推进，新兴市场国家和发展中国家快速崛起，国际力量对比更趋均衡，世界各国人民的命运从未像今天这样紧紧相连"①。中国的发展离不开世界，世界的发展也离不开中国。没有改革开放，就没有今日之中国，更没有明日之中国。改革开放决定着当代中国的未来命运，是推动当代中国发展的动力之源，是实现中华民族伟大复兴的必由之路。因此，必须在坚持四项基本原则的前提下，坚持改革开放路线不动摇。即便前行道路上必遇艰难险阻、诸多困境，深层次矛盾和结构性难题也会层出不穷，外界甚至对中国的崛起猜疑不断，阻力重重，但中国仍要坚持全面深化改革，继续扩大开放。欧美发达国家曾是经济全球化的首倡者。但在过去的几十年间，欧美在全球商品和贸易体系中的领先优势丧失，相对利益受损，而新兴市场经济国家和经济体则成为最大的获益者。为了改变这一窘境，以美国为首的发达国家纷纷掀起反全球化或逆全球化浪潮，以单边主义代替多边主义，以贸易保持主义代替自由贸易原则，不断退出各类国际组织，甚至威胁退出世界贸易组织。在这样的情境下，中国必须有所作为，有所担当，推动全球治理体系继续向有利于经济全球化的方向发展，加强与世界各国的政策沟通与经济合作，主动为全球经济发展提供力所能及的公共服务和公共产品。在此基础上，通过有意识、有计划地调整和完善国际规则，积极构建面对未来的战略机遇期，从而以更开放、更主动的姿态融入并带动新一轮经济全球化的大潮。与此同时，面对世界形势"百年未有之大变局"，中国必须采取积极战略，积极推动"人类命运共同

① 习近平：《携手共命运同心促发展——在 2018 年中非合作论坛北京峰会开幕式上的主旨讲话》，人民网，2018 年 9 月 4 日，http://jhsjk.people.cn/article/30269703。（2019 年 4 月 12 日登录）

体”“一带一路”“自由贸易区”等新一轮高端倡议的筹备与实施，科学统筹国内国际两个大局，深度开发国内国际两个市场，充分利用国内国际两种资源，努力加强与世界各国在多边框架下合作，努力推动贸易自由化和投资便利化，努力建构更高层次、更高规格、更高目标的经济开放体系，推动经济全球化向更加开放和包容，更加普惠和共赢，更加平衡和规范的方向发展，从而为全球治理体系贡献中国智慧，提供中国方案。

第四，坚持大国外交战略，全力打造大国形象。随着中国的综合国力、对外影响力的稳步提升，中国的塑造力和感召力也在日益增长，随之而来的，就是世界各国对中国的迅速崛起也开始有所疑虑、有所怀疑、有所戒备。中国现在是推动全球化和多极化的积极力量，但当今世界的地缘政治博弈较之过去更趋复杂，大国之间竞争加剧，国际协调的难度不断加大。再加上，当前欧美各国奉行单边主义，反全球化浪潮暗流涌动，民粹主义、孤立主义、保护主义风头日盛，全球治理呈现明显无序化与碎片化。对此，中国必须充分认识到自己国际角色的变化，既要保持战略谨慎，又要拥有足够自信，既不能急躁冒进，也不能瞻前顾后。这就要求中国必须坚持新时代的大国外交，全力打造新型大国形象。

综上所述，当代中国的发展之路，比以往世界上任何一个大国的崛起都更复杂，更艰难，更具挑战性。作为新兴发展中大国，要想谋求更大的发展空间和更高的发展目标，必然面临既定规则、传统格局和老牌大国的压制和束缚。既要保持和平和稳定的发展环境，又要避开大国竞争的“修昔底德陷阱”；既要维持主权的独立性和民族的认同感，又要面临国际组织和跨国公司的强势发展和分权倾向。这是一种前所未有的复杂形势，中国人必须主动谋局，积极筹划。对于国内发展，要全力发展经济，加大开放力度，继承传统文化，强化科技强国战略；对于地缘政治，要加强沟通与往来，打消相邻诸国的担忧和顾虑，建立互利共享的发展机制；对于国际政治，要立足长远，合理布局，妥善处理与老牌大国和传统强国的关系，求同存异，以最大公约数原则调整、完善国际规则，构建新型国际秩序和治理体系，为最终建设人类命运共同体贡献中国智慧和中国方案。唯有如此，才能在旧局中寻找破局之法，在乱局中谋求解局之道，在变局中筑造新局之路。习近平总书记在2019年新年贺词中再次指出，“放眼全球，我们正面临百年未有之大变局”。当“学习大国”，是应对这一“大变局”的最佳方案。这既是对国际变局新动向、新趋势的跟踪与把握，更是对国家治理新现象、新问题的回应与对策。面对百年变局，新时代的中国人任重而道远。

国际秩序转型、全球化反思与中国新一轮对外开放的外部约束

刘洪钟

【内容提要】 自全球金融危机爆发开始，全球经济政治秩序进入漫长的大衰退和大转型时代。以中美贸易争端为标志的发达国家与新兴崛起大国的博弈深刻反映了这一转型进程的艰难和不可预测性。全球秩序的衰退与转型缘起于新兴大国与守成大国国力的兴衰交替，新自由主义与经济全球化的逆转，以及多边主义进程的停滞。从未来的发展趋势看，国际秩序转型具有极大的不确定性，其中一个核心问题是西方国家日益加剧的右翼民粹主义。本质上看右翼民粹主义是20世纪80年代以来新自由主义、技术变化和全球化快速发展和共同作用下发达国家国内政策没有能够及时进行适应性调整而导致的结果，但在非理性选举政治和所谓公平贸易的鼓噪下，主要针对新兴国家的反全球化不幸成了一切问题的根源和民粹主义的替罪羊。作为经济全球化受益者和推动者的中国，在新一轮的改革开放进程中，需要转变传统的增长主义和国家主义的发展观，更加重视本国经济增长的外溢效应，以此推动国家之间和各国内部的包容性增长，最终实现共建人类命运共同体的历史使命。

【关 键 词】 国际秩序　全球化　改革开放　中国战略

【作者简介】 刘洪钟，辽宁大学国际关系学院教授。

一、引言

自特朗普上台以来，全球经济政治秩序进入剧烈的震荡期。2018 年由美方首先发起的对华贸易争端在把中美两国经济关系推向“脱钩”边缘的同时，也对全球经济形成巨大冲击。9 月 15 日，国际货币基金组织（IMF）连续第五次下调世界经济增速预期，甚至预测 2019 年增长率将降至金融危机以来十年间的最低水平。中美贸易争端是当前紧张、动荡的国际政治经济关系的一个缩影。在未来很长一段时间内，世界各国都将在这种风云变幻的国际大背景下做出各种艰难的战略与政策选择。究竟是如特朗普般不断走向孤立主义和与他国对抗，还是携手合作共同战胜横亘在各国面前的种种困难，将决定世界能否重现和平的未来。

中美贸易争端既是一个双边问题，在某种程度上也是一个多边问题。从对抗的主体看，中美贸易争端自然只是两国之间的矛盾与纷争。然而，自 2018 年中美贸易开战以来，观察其他西方国家对其所普遍抱有的两边下注和隔岸观火的矛盾态度，中国又能从中窥见中美贸易争端所具有的多边特征。一方面，基于自身与美国的摩擦不断、对美国单边主义的不满以及中国巨大国内市场的吸引力，这些国家不得不高举多边主义和全球化的旗帜，主张中美贸易争端能够尽快平息下来，以免“大象相争、小草受伤”；另一方面，全球金融危机以来，在中国国际（经济）影响力不断上升的同时，许多欧洲国家却出现了经济发展空间被挤压的挫败感，究其原因，这些国家普遍认为是中国不透明的政策支持和制度安排导致了中国企业（特别是国有企业）国际竞争力的快速增强，而这对于西方基于自由竞争市场规则的国家和企业来说显然是不公平的，因此，对美国发动对华贸易争端，这些国家存在着不同程度的幸灾乐祸的心态。

中国与以美国为代表的西方国家的矛盾深刻反映了正在发生的国际经

济政治秩序的转型。20世纪90年代以来，在经济全球化和新自由主义的浪潮下，以中国为代表的新兴经济体充分利用本国的比较优势加入国际分工，实现了经济的高速增长以及在全球产业链上分工地位的不断提升，与此同时，作为全球化发起者和主导者的西方发达国家，却在新自由主义达到鼎盛时期的90年代逐渐迷失了方向，它们以为自己已经找到了一劳永逸地解决金融危机的办法，就像美联储前主席伯南克为新自由主义代表人物弗里德曼的《大衰退1929—1933》一书作的序言中所说，“我想借用一下我作为美联储官方代表的身份，对弗里德曼和施瓦茨说，‘在大衰退的问题上，你们的看法是正确的。我们问心有愧，感谢你们的指正，我们不会再次犯错了’”，[①] 但正是这种自满导致了国内政策在诸多层面的失败，其结果是国内贫富差距不断拉大，社会福利缩水，金融资本泛滥并最终导致金融危机的爆发。2008年以后，在各种因素的累积下，发达国家的经济危机开始向社会危机转变，并逐渐向全球扩散最终导致了全球化危机和新自由主义危机并行的双重危机的出现，英国脱欧、特朗普胜选以及欧洲右翼政党的崛起标志着这种危机正在进入高潮阶段，而且前景暗淡，看不到发展的方向。

那么，这一切究竟是怎么发生的？这些问题的出现对于当前的全球秩序来说究竟意味着什么？五年、十年或二十年后，中国将站在哪里？在美国政府将对华贸易摩擦作为掩盖其国内问题以及其他西方国家两方下注的情况下，中国又该如何选择？本文将对上述问题展开讨论。

---

① ［美］弗里德曼、施瓦茨：《大衰退1929—1933》（雨珂译），北京：中信出版社2008年版，序言部分。

二、世界秩序的瓦解与重构：从“大缓和”到“大转型”

当前，在百年未有之大变局中，国际秩序正在从“大缓和”走向“大转型”，旧的世界秩序正在瓦解，新的世界秩序正在重构。

（一）世界秩序如何从“大缓和”走向了“大转型”？

“一个世界秩序瓦解时，对它的反思便开始了”。这是《我们时代的精神状况》一书的开篇之语。① 在这本集中了全球 12 个国家的 15 位大学教授、政治评论家以及专栏作家的精彩文集中，对自 2015 年以来发生的一系列事件（叙利亚冲突引发的欧洲难民危机、英国脱欧、德国另类选择党的崛起、特朗普胜选等）所引发的全球化危机和新自由主义危机进行了发人深省的讨论。在作者们看来，正是由于全球化危机和新自由主义危机的共同作用，全球已经进入所谓的“大衰退”状态，即“由于对全球的相互依赖关系缺乏政治上的调节而产生的这些问题，遭遇到在制度上和文化上都缺乏准备的社会”②。

1.“大缓和”时代的国际秩序（冷战结束至 2007 年）

经济学家们通常用“大缓和”（Great Moderation）来形容 20 世纪 80 年代中期至 2007 年这段时期全球经济的特征，主要表现为中心国家高产出、低通胀，经济波动下降，经济危机基本发生在外围国家。实际上，90 年代至 2007 年的国际秩序也具有“大缓和”的特点，尽管也爆发过前南斯拉夫战争、“9 · 11”恐怖袭击和伊拉克战争等重大国际危机，但从国际政治格

---

① ［美］海因里希 · 盖瑟尔伯格：《我们时代的精神状况》（孙柏等译），上海：上海人民出版社 2018 年版。

② ［美］海因里希 · 盖瑟尔伯格：《我们时代的精神状况》（孙柏等译），上海：上海人民出版社 2018 年版，第 9 页。

局的变迁角度看，冷战结束开启了一段相对稳定的国际秩序安全期。总体来看，这一时期国际秩序的特点具有两个特征：一是美国主导下一超多强的国际体系。随着东欧剧变和苏联解体，世界逐渐走出冷战阴霾。这一时期，欧洲一体化进程加速发展但总体实力难与美国抗衡，新兴大国国际地位开始上升但依然远远落后于西方国家，美国成为国际体系中唯一的超级大国，一超多强的霸权结构构成了金字塔型的国际体系特征。二是新自由主义与经济全球化成为世界经济的主导态势。80年代发起于美欧发达国家的新自由主义，在90年代伴随着冷战结束、技术进步和全球化的快速发展而进入了鼎盛时期，东亚、拉美及中东欧转型国家无论主动还是被动，都被新自由主义所裹挟而加入到了全球化的浪潮。华盛顿共识成为这一时期解决一切问题的万能良药。从冷战结束到2008年全球金融危机爆发，尽管也出现了诸如东亚金融危机、美国互联网泡沫破灭等一系列大大小小的经济危机，但总体来看，这一阶段西方发达国家和新兴经济体所创造的财富是史无前例的，足以与20世纪20年代的“奔腾时代”以及五六十年代的“黄金二十年”相媲美。

2.“大转型”时代的来临（全球金融危机以来）

全球金融危机爆发的2008年注定会成为改变世界格局的转折之年。危机把世界范围内发达国家和新兴国家之间以及发达国家内部富人（资本）和穷人（劳动）的增长与发展失衡问题以一种巨大破坏和分裂的形式充分地暴露出来。回头来看，上面提到的2015年以来出现的一系列看起来匪夷所思的事件都可以从中找到问题的答案。海因里希·盖瑟尔伯格用全球化危机和新自由主义危机共同作用导致“大衰退”来概括全球金融危机以来的世界状态。① 如果与匈牙利裔经济史学家卡尔·波兰尼在他1944年问世的经典著作《大转型》中对欧洲文明从前工业时代到工业化时代的大转变

---

① ［美］海因里希·盖瑟尔伯格：《我们时代的精神状况》（孙柏等译），上海：上海人民出版社2018年版，第9页。

相比，我们可以发现两个时期具有惊人相似的特点：自由市场体系的破产、社会基本价值（充分就业、摆脱贫困、社会安全等）与自发调节市场的意识形态之间存在的断裂。[①]“大衰退”的来临也就意味着“大转型”时代的开始，在此进程中，三个领域的变化将对国际秩序的变迁产生深远而又至关重要的影响。

第一，新兴大国与守成大国的兴衰交替。保罗·肯尼迪在《大国的兴衰》一书前言中概述该书的主要论点时指出，一流国家在世界事务中的相对地位总是不断变化的，主要有两个原因：一是各国国力的增长速度不同；二是技术突破和组织形式的变革可使一国比另一国获得更大的优势。[②] 根据乔治·莫德尔斯基的近现代世界政治大循环理论，公元1500年以来世界政治中先后出现过四个领导者，即占有压倒性的洲际“权势投射能力”并多少主持规定世界政治基本规范的国家，它们分别是16世纪的葡萄牙，17世纪的荷兰，18世纪和19世纪的英国，以及20世纪的美国。[③] 虽然肯尼迪并未给出一国国力的确切内涵，但经济总量无疑是其最基础、最重要的指标。大量的研究表明，20世纪末以来，世界正走向另一个大国兴衰交替的时代。如果单从国别的角度看，中美两国相对国力的变化正朝着有利于中国的一方发展。但如果从深刻影响全球秩序结构变迁的更为广泛的角度看，整体考察新兴国家与发达国家经济相对实力的更替无疑具有更加长远的意义。图1显示，由于增长速度的差异，20世纪90年代以来，在全球GDP中新兴市场及发展中经济体的占比不断提升，从1990年21.8%上升至2018年的40%，提高了将近一倍；相应地，同期发达国家的占比则从78.2%下

① ［英］卡尔·波兰尼：《大转型》（冯钢、刘阳译），杭州：浙江人民出版社2007年版，第8页。

② ［英］保罗·肯尼迪：《大国的兴衰》（陈景彪等译），北京：国际文化传播公司2006年版，第35页。

③ 王之明：《最后的大国》，载［英］保罗·肯尼迪：《大国的兴衰》（陈景彪等译），北京：国际文化传播公司2006年版，推荐序二。

降至60%。尽管从总体上，新兴国家与发达国家的经济实力相比还存在一定差距，但缺口正在迅速缩小。仅看中国，每年为全球新增GDP的贡献率就超过了30%。新兴国家相对实力的不断上升，无疑会对全球秩序产生重要的影响。新的全球治理能否适应国际格局的变化，在某种程度上将决定未来国际秩序的调整能否平稳推进，从而最终确保世界的和平发展。

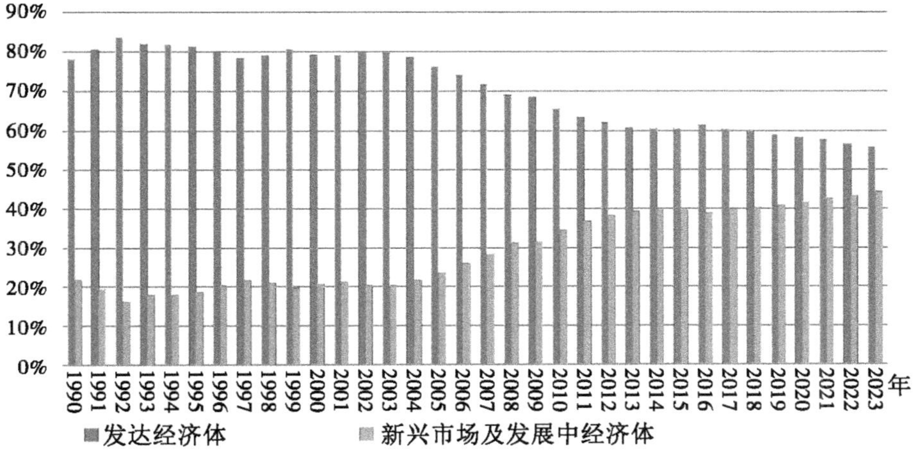

图1　全球GDP中发达经济体和新兴市场及发展中经济体的占比比较[①]

第二，新自由主义与经济全球化不是停滞，而是逆转。20世纪80年代以来，新自由主义和经济全球化是一对齐头并进的孪生兄弟，从撒切尔夫人和里根进行经济改革开始，在信息技术革命推动的经济全球化的助力下，新自由主义一路高歌猛进，在全世界范围内取得了胜利。然而，新自由主义和经济全球化并未能够实现其思想理论鼻祖米塞斯、哈耶克及其衣钵传承者米尔顿·弗里德曼所宣称的、能带来普遍繁荣的美好愿望。在自由理念和逐利资本的席卷之下，新自由主义和经济全球化给国际分工和世界经济带来了许多深刻的结构性转变，比如制造业的离岸外包，将大企业重组为小公司的全球价值链的形成，减税以收缩政府，公共服务私有化，以及

① 数据来源：IMF World Economic Outlook Database, April 2018。

日常生活的金融化，等等。[①] 这些结构性变化在使资本大攫其利的同时，也逐渐摧毁了工人和其他劳动阶层的舒适而体面的中产生活。按照汉斯彼得·克里西的总结，全球化所造成的分类将获益者和失意者截然分离开来，“全球化的获益者可能包括参与国际竞争的企业家和相关部门的合格雇员，还有世界公民。相反，全球化的失意者则是处在传统上受保护部门的企业家和合格雇员、所有的低技术员工，还有对自己的国家有着强烈认同的公民”。[②]

新自由主义和经济全球化所造成的社会分裂，最终在 2008 年全球金融危机爆发的冲击下，反过来摧毁了自己，陷入了严重的“双重危机”。从 2011 年的“阿拉伯之春”和“占领华尔街”运动，到 2015 年之后不断出现的“黑天鹅事件”，如 2016 年英国脱欧、特朗普上台，新自由主义和经济全球化不断遭受各类被波兰尼称为“反向运动”（countermovement）的冲击，新自由主义已处于崩溃的边缘，全球化也满目疮痍。从发展的趋势看，按照保罗·美森的说法，除非我们放弃新自由主义，否则全球化将分崩离析。而且非常明确的是，这一分崩离析的进程现在已经开始。[③] 然而，新自由主义的替代者是什么？威权式民粹主义在欧洲和美国的兴起，给未来的世界发展和全球秩序转型带来了极大的不确定性。

第三，多边主义严重受阻。二战即将结束之时，美国总统富兰克林·D. 罗斯福及其同僚为使从战争中崛起的美国持久成为世界上最强大的领袖国家，他们决心创建一种既能提升自身财富和权势又能将其价值观推展到世界任何角落的国际秩序，最终，作为霸权国的美国选择了一种对于战后全

① ［美］海因里希·盖瑟尔伯格：《我们时代的精神状况》（孙柏等译），上海：上海人民出版社 2018 年版，第 150—151 页。

② ［美］海因里希·盖瑟尔伯格：《我们时代的精神状况》（孙柏等译），上海：上海人民出版社 2018 年版，第 61 页。

③ 保罗·美森：《克服对自由的恐惧》，载［美］海因里希·盖瑟尔伯格：《我们时代的精神状况》（孙柏等译），上海：上海人民出版社 2018 年版，第 157 页。

球秩序重构来说具有非凡历史意义的“要求很高的制度形式”，即被罗伯特·基欧汉定义为“在三个或三个以上国家间协调国家政策的实践活动”的多边主义。[①] 美国牵头构筑的一整套国际制度体系涵盖了包括世界政治、经济和安全在内的几乎所有领域，在此框架性下联合国、世界银行、国际货币基金组织等一系列多边主义的制度设计，为二战后的世界和平与经济增长，为国家间的合作与发展奠定了坚实的制度基础。冷战结束后，尽管美国的单极霸权达到了顶峰，但在多边主义已成为全球治理基本范式的背景下，美国的霸权外交仍会受到一定的掣肘和约束，无法为所欲为。换句话说，多边主义经过几十年的自我强化已经获得了强大的生命力和活力，对包括美国在内的任何试图行使霸权和单边主义的国家来说都是一种无形和有形的制约力量。

然而，随着国际经济政治形势加速深刻演变，不确定性、不稳定性凸显，全球治理中的多边主义基础开始遭遇前所未有的挑战。主要表现为：一是全球治理体系改革步履维艰，无法反映国际政治和经济权力结构的深刻变化。比如，2001 年已经开始启动的世界贸易组织多哈回合谈判陷入困境，完全看不到希望；国际货币基金组织的份额改革走走停停，中国等新兴大国的份额占比与其经济实力完全不对等，GDP 规模已超过日本两倍之多的中国，在经过长达五年才最终于 2016 年通过的国际货币基金组织份额改革后的占比（6.41%）竟然还低于日本（6.48%）。而原本在当年 10 月召开的国际货币基金组织秋季年会上计划完成第 15 次份额改革，此次份额改革若完成，可使中国在国际货币基金组织的份额和投票权从第三名上升至第二名。但最终，由于部分发达国家的阻挠，本次份额改革计划胎死腹中。二是单边主义、保护主义和民粹主义的盛行极大动摇了多边主义治理体系的根基。美国是战后多边主义得以稳定发展的最重要基石。自特朗普

① 马昌乐：《冷战后美国多边主义刍议》，《国际政治研究》2007 年第 1 期，第 170—181 页。

上台以来，在高举美国优先的执政原则大旗下，美国“退群”成瘾，先后退出《跨太平洋伙伴关系协定》《巴黎协定》、伊核协议、联合国教科文组织和人权理事会等，甚至还扬言要退出世界贸易组织和联合国。美国的单边主义政策成为影响多边主义未来发展的最大不确定因素，在国际范围内产生了诸多不良的影响，如卡塔尔退出石油输出国组织（OPEC）、日本退出国际捕鲸委员会等。

3. **未来的世界秩序会如何演进？**

在经济学领域，许多经济学家——从保罗·克鲁格曼到约瑟夫·斯蒂格利茨，从丹尼·罗德里克到托马斯·皮凯蒂——都进行了大量研究来抨击现存经济发展范式的弊端，与此同时，针对当前失序的国际和国内经济，他们也提出了许多促进时代进步的方案。他们强调政府的作用和收入分配公平对经济发展的重要性，着重指出过多的、不受约束的国际竞争会对经济增长构成抑制作用。

然而，世界秩序已经遭到系统性破坏，与波兰尼所定义的20世纪初的“大转型”特征极为相似的新的世界秩序转型时代已经再次开启。那么，未来世界秩序会向何方发展？英国利兹大学和波兰华沙大学社会学教授齐格蒙特·鲍曼借用奥地利作家卡夫卡在小说《启程》中的一段话形象地概括了当前我们的世界所面对的迷茫：“远方传来了号角声，我问仆人，这是什么意思。他一无所知，也一无所闻。在大门口，他拦住了我，问道：‘主人，你上哪儿去？’‘我不知道’。我说，‘我只想离开此地，只想离开此地。只是要离开此地，只有这样，才能达到我的目标’。‘那么你知道你的目标？’他问。‘是的’，我回答他，‘我方才不是已经说了么：离开此地。这就是我的目标’”①。德国社会学家沃尔夫冈·施特雷克则主张用安东尼奥·葛兰西提出的“空位期”概念来描述这一阶段，即这是一段不确定长

① ［美］海因里希·盖瑟尔伯格：《我们时代的精神状况》（孙柏等译），上海：上海人民出版社2018年版，第32页。

度的时期，旧的秩序已被摧毁，新的还未建立。旧秩序就是2016年在民粹主义野蛮人的冲锋下崩塌的全球资本主义世界；而至于新的、有待建立的秩序是个什么样子，那就如同空位期一词的本质所言——还不确定。按照葛兰西的观点，在新秩序建立起来之前，将会出现“五花八门的病理学现象”①。

（二）“大转型”时代的核心问题：民粹主义的兴起

民粹主义的兴起是“大转型”时代的核心问题之一。

1. 何谓民粹主义

“民粹主义”是一个宽泛的标签，包含了一系列不同的运动。这个词起源于19世纪末，其时在美国有一个农民、工人和矿工形成的联盟，他们联合起来反对金本位制和东北银行及金融机构。当今的民粹主义涉及广泛的政治运动，包括欧洲的反欧元和反移民政党，希腊的激进左翼联盟和西班牙的“我们可以党”，美国的特朗普贸易本土主义，拉丁美洲的查韦斯经济民粹主义，以及其他许多介于两者之间的民粹主义。这些不同类型的民粹主义，拥有一种共同的特征，就是所谓的反建制倾向，他们声称是人民的代言人，反对精英，反对自由主义经济学和全球化，也常常显示出对专制极权治理的偏好。②

民粹主义最重要的两种形式是右翼民粹主义和左翼民粹主义。右翼民粹主义通常主要强调文化分裂、民族、宗教，或人民的文化身份，并据此反对外部团体，认为他们对民意构成了威胁。目前这种民粹主义主要存在于欧洲和美国。在欧洲，右翼民粹主义者把穆斯林移民、少数民族（吉普赛人或犹太人）等描绘成“其他人”。在美国，特朗普则多次妖魔化墨西

---

① ［美］海因里希·盖瑟尔伯格：《我们时代的精神状况》（孙柏等译），上海：上海人民出版社2018年版，第256页。

② Dani Rodrik, “Populism and the Economics of Globalization,” *NBER Working Paper*, No. 23559, 2017.

哥人、中国人和穆斯林。左翼民粹主义则在很大限度上是因为经济分裂而产生，这种分裂主要体现为控制经济并定义其规则的富有群体（少数精英阶层）与那些没有权力的低收入群体（多数平民阶层）的区分。这种民粹主义主要存在于拉丁美洲，全球金融危机后在美国也开始泛滥。在拉美，低收入群体主要是受到了快速的贸易开放、金融危机以及外国公司进入敏感国内行业（如采矿业或公共事业）的巨大冲击，这些因素激起了他们的不满与愤怒。在美国，则主要是由于20世纪80年代以来，在新自由主义的巨大冲击下，日益加剧的收入分配失衡使得国内的中产阶级规模越来越小，哑铃社会结构逐渐向金字塔型结构演变，最终在2008年美国金融危机爆发后，由于政府使用纳税人的钱挽救危机始作俑者——华尔街的金融机构，最终导致“占领华尔街”运动的爆发。

2. 民粹主义的根源

当前日益加剧的民粹主义，特别是右翼民粹主义，是20世纪80年代以来新自由主义、技术变化和全球化快速发展和共同作用下国内政策没有能够及时进行适应性调整而导致的结果。以鼓吹市场原教旨主义为特征的新自由主义给各国带来的是私有化，解除劳动力市场管制，取消工人保护措施，侵占土地，以及金融资本市场的全面放开等。以网络和信息技术为主要内容的第四次技术革命则真正把世界变成了一个“地球村”。新自由主义和技术进步的结合，有力助推了经济全球化的迅猛发展，金融资本席卷全球，赢者通吃，输者则被彻底淘汰。正如2005年英国的工党大会上首相托尼·布莱尔曾警告的，关于全球化的辩论，就像是辩论过了夏天是否就是秋天一样。“这个变化中的世界的性质与传统无关。用不着去体谅任何脆弱。不用去尊敬过去的荣誉。这里没有习惯或惯例可言。它充满了机会，但这些机会只为那些迅速适应现状而不怎么抱怨的人准备，他们观念开放，愿意且能够做出改变”[①]。

新自由主义的鼓吹者坚信，通过所谓涓流经济学（trickle-down economics）中的渗透效应，包括穷人在内的所有人都会从增长中受益。但波兰尼的研究表明，这一结论根本得不到历史事实的支持。[②] 21 世纪以来广泛存在的国家之间以及国家内部的不平等发展再次印证了波兰尼的结论，被新自由主义和全球化浪潮裹挟并被抛弃的广大劳动者阶层逐渐“成为自己国家的陌生人”。正如齐格蒙·鲍曼所言，“曾几何时，人们认为未来意味着更为舒适和快捷，可现如今，人们视这个想法为可怕的威胁，担心自己会被鉴定、归类为既没有能力也不适合担当未来之重任者，丢失价值和尊严，由此被边缘化、被排斥、被遗弃”[③]。要想更加全面地理解民粹主义如何在美国兴起以及特朗普如何上台，中国可以从三位作者的书中找到答案。曾任美国政治学协会主席的哈佛大学政治学家罗伯特·帕特南在《我们的孩子》一书中，通过大量的统计数据和案例事实描述了当今美国社会贫富分化严重，寒门子弟上升通道几乎关闭，阶级鸿沟不断扩大，20 世纪初的美国梦化为泡影的现象。[④] 担任投资公司高级管理者的作者 J. D. 万斯，在其《乡下人的悲歌》一书中，则以个人的亲身经历真实讲述了美国社会、地区和阶层衰落会给一生下来就深陷其中的人带来什么样的影响。他是一个幸运儿，从一个充满着药物滥用、酗酒、贫穷和精神创伤的底层白人蓝领家族中冲了出来，最终成了一名投资公司的高级管理者。但他的成功对于底层的美国白人蓝领来说，实在是屈指可数。因为他们中的大多数摆脱不了世

---

① ［美］海因里希·盖瑟尔伯格：《我们时代的精神状况》（孙柏等译），上海：上海人民出版社 2018 年版，第 153 页。

② ［匈牙利］卡尔·波兰尼：《大转型》（冯钢、刘阳译），杭州：浙江人民出版社 2007 年版，第 1 页。

③ ［英］齐格蒙·鲍曼：《寻找目标与命名的症状》，载［美］海因里希·盖瑟尔伯格：《我们时代的精神状况》（孙柏等译），上海：上海人民出版社 2018 年版，第 33 页。

④ ［美］罗伯特·帕特南：《我们的孩子》（田雷、宋昕译），北京：中国政法大学出版社 2018 年版。

袭的贫穷与困顿，仿佛是一条与生俱来的枷锁，牢牢套在他们的脖子上。生而贫穷“就如原罪一般，终身困扰着当地人”①。美国著名地缘政治专家罗伯特·卡普兰的著作《荒野帝国》，作者则从美国中部的圣路易斯走到西部的波特兰，从北部的加拿大边境走到南部的墨西哥边境，结果在旅行中发现了一个在种族、阶层、教育、地理上充满了区隔和断裂的美国。这个美国，财富在迅速增加，但贫富差距也在拉大；传统的信念已经逝去，而新的信念仅仅处于萌芽状态。作者的结论是：这个世界上最成功的国家已经进入了其历史的最后一个阶段，也是高度未知的阶段。②

（三）全球化如何成了民粹主义的替罪羊？

美国哈佛大学教授杰弗里·弗里登曾说，“全球化是一种选择，而不是一个事实”③。他透过整个20世纪全球资本主义的兴衰表明，现代许多人所认为的全球化是必然的和不可逆转的论断是完全错误的。事实上，全球化是一把“双刃剑”，一方面，它大大增加了各国出口商、跨国公司、投资者和国际银行的机会，使得全球贸易和投资大量增加，在增进发达国家经济利益的同时，也帮助一些后发国家通过融入世界产业分工，带来了经济的迅速增长和贫困的减少；另一方面，如果缺乏有效的管理，全球化也会成为一个破坏者，一个传统稳定有效秩序的解构者。

1. 全球经济失衡与国内经济失衡同时出现，并不断相互加强

新自由主义和信息网络技术革命助推下的全球化浪潮，给全球经济和各国经济带来的最大的两个“负面遗产”是全球经济失衡和国内经济失衡

---

① ［美］J. D. 万斯：《乡下人的悲歌》（刘晓同、庄逸抒译），南京：江苏凤凰文艺出版社2017年版。

② ［美］罗伯特·D. 卡普兰：《荒野帝国：走入美国未来的旅行》（何泳杉译），北京：中央编译出版社2018年版。

③ ［美］杰弗里·弗里登：《20世纪全球资本主义的兴衰》（杨宇光等译），上海人民出版社2009年版，第1页。

的同时出现。

全球经济失衡。2003年，国际货币基金组织第一次发出了全球经济失衡的警告，指出以中国为代表的新兴经济体与以美国为代表的发达经济体之间已经出现令人担忧的贸易失衡，这种失衡将会给全球经济的未来发展带来极大的不确定性，成为世界经济发展的隐患。但全球经济失衡并未因国际货币基金组织的警告而有所缓解，相反，此后依然不断扩大，直到全球金融危机的爆发。

全球经济失衡不只助推了全球金融危机的爆发，更加严重的是，它会导致失衡贸易相关国家的冲突。美国经济学家戈莫里和鲍莫尔对此进行了深入的分析，他们提出并分析了这样一个问题，就是在现代世界经济中，一国生产能力的提高通常会损坏他国的整体福利，国际贸易有可能导致各贸易国之间的重大利益冲突。两位作者研究认为，在全球范围内，决定一个国家福利水平大小的有两个因素："蛋糕"的大小和所占的份额。所以，国与国之间既相互依赖（一起把蛋糕做大），又彼此冲突（谁能获得更高的份额）。对A国的最优均衡，对B国来说，则很可能是次优均衡。国际贸易究竟是互惠的，还是一方获益、另一方受损的，取决于贸易伙伴的构成与选择。戈莫里和鲍莫尔从理论和实证上论证了贸易从共赢到冲突的动态变化的逻辑。他们的结论显示，在两国模型中当一国所占份额超过70%，而另一国所占份额不足30%的时候，贸易大国降低份额，将有助于把蛋糕做大。即使其分得的份额较小，总福利仍然是改善的，这是一种双赢的局面，所以是互利的。但是当一国所占份额处在30%—70%的时候，贸易伙伴之间常常就会发生冲突。[①] 现实中，数字并不一定如模型中那么精确，但其本质含义是，后发国家在追赶的过程中，随着经济体量越来越大，其与守成大国的贸易关系，将大概率会从互惠变为冲突。无论是20世纪80年

① ［美］拉尔夫·戈莫里、威廉·鲍莫尔：《全球贸易和国家利益冲突》（文爽、乔羽译），北京：中信出版社2003年版。

代的美日贸易争端还是2018年以来的中美贸易争端，都在一定程度上印证了上述结论。

国内经济失衡。在国内政策没有与时俱变的情况下，国际经济的不平衡发展也会带来国内经济的失衡。著名的斯托尔珀-萨缪尔森定理（Stolper-Samuelson Theorem）就认为，贸易开放会导致非常剧烈的分配影响。具体地说，在一个有两种商品和两种生产要素的模型中，各要素具有充分的部门间流动性，那么其中一种要素的所有者必然会因贸易开放而受到损害。那些被可进口商品广泛使用的要素，其实际收益必然会下降。皮凯蒂则是通过对资本回报率（r）与经济增长率（g）的比较，证明了20世纪80年代以来新自由主义背景下不加约束的资本主义如何导致了一国内部收入不平等的形成与扩大。他的研究表明，资本回报率总是倾向于高于经济增长率，而普通人的工资收入通常与GDP同步增长，因此，随着经济的持续增长，资本与劳动之间的收入差距就会不断扩大。①

2. "公平贸易"成了贸易保护主义的护身符

不加管理的自由贸易会导致国家之间的经济失衡，而如果贸易带来的再分配问题与不公平贸易挂钩时，就会带来更大的问题，比如汇率操纵、国有企业问题、政府补贴、产权问题等被用来作为攻击的目标时，尤其会引起大众的反对。换句话说，大众反对的不是不平等本身，而是被视为不公平。特朗普政府发起对华贸易争端的根本理由就是，中国在两国贸易中占了美国的大便宜，而之所以能够达到这一点，他认为正是由于中国采取了不公平的产业和贸易政策。

关于上述观点，三位心理学家最近的一项研究为此提供了有趣的支持。② 他们的思想实验是这样的。假设哈里和约翰拥有两家互相竞争的公

---

① ［法］托马斯·皮凯蒂：《21世纪资本论》（余江等译），北京：中信出版社2014年版。

② Christina Starmans, Mark Sheskin, and Paul Bloom, "Why People Prefer Unequal Societies," *Nature: Human Behaviour*, Vol. 1, 2017, p. 82.

司。在每一场比赛中，哈里都超过了约翰，导致约翰和他的员工失去了工作。在这一情景下，作者们给参与实验者提出的问题是让他们对下面的每一种情况表达自己的感受：（1）哈里努力工作，储蓄和投资很多，并提出了新的技术和产品，而约翰则落在后面；（2）哈里在德国找到了一个更便宜（或更高质量）的供应商；（3）哈里在孟加拉国的一家供应商提供外包服务，该供应商在每天12小时的轮班和危险的条件下雇用工人；（4）哈里以临时合同的形式将孟加拉工人带到美国，并让他们在违反国内劳工、环境和安全法的条件下工作。实验的结果表明，尽管在每种情况下，哈里的收益都大于约翰的损失，但大多数观众对他们的反应却非常不同。很少有人对情景（1）或情景（2）有异议，这些情景被认为是可接受的市场结果，即使是有输家。但是，他们对场景（3）和（4）的反应却非常负面，认为是不公平的，必须予以阻止。这一研究很大程度上能够解释特朗普政府之所以敢发起对华贸易争端的民众基础。他采用的301调查就起到了这个作用，尽管攻击的是另外一些东西，比如国企补贴、产业政策、窃取知识产权、强制技术转移、规则不透明等，但实质其实是一样的。

3. 全球化成了一切问题产生的根源

全球化并非摧毁现有社会契约的唯一冲击。正如上文分析，是新自由主义、技术变化、全球化以及发达国家国内政策的失败共同导致了民粹主义的兴起。而根据罗德里克的观点，事实上从各方面来看，自动化和新数字技术在去工业化和空间及收入不平等方面发挥了更大的作用。① 但来自发达国家的右翼民粹主义者之所以没有攻击技术进步，而把矛头集中在全球化上，主要就是因为全球化失意者认为他们的失利并不是由于他们在市场竞争中运气不好，而是因为全球化的规则以及贸易伙伴的行为是不公平的。

---

① Dani Rodrik, "Populism and the Economics of Globalization," *NBER Working Paper*, No. 23559, 2017.

与此同时，当全球化的冲击主要是以贸易、金融和外国投资的形式出现时，发达国家的那些民粹主义政客就可以轻松地将可识别的外国人——中国人或墨西哥人——作为问题的根源，同时也可更加容易地根据收入/社会阶层、我们/他们的划分而进行社会动员，于是全球化就成为一种方便的替罪羊。

三、中国新一轮对外开放的必由之路：推进世界经济的包容性增长

中国是经济全球化的受益者，也是经济全球化继续前进的捍卫者和有力推动者。过去40余年，中国正是通过改革开放积极融入经济全球化，开启了不断创造经济奇迹的进程。如今，中国经济总量已稳居全球第二，从低收入国家迈入中等偏上收入国家行列，国力大幅提升，产业结构不断优化，基础设施建设跨越式发展，教育、科技、居民生活和营商环境等均取得大幅进步。全球范围内，中国已经成为世界经济增长的最大贡献者，2008年金融危机以来每年对全球GDP的贡献率基本都在30%以上。

然而，正如上文分析，中国经济的迅速增长确实又带来了全球范围内的担忧。在一些民粹主义精英和不怀好意的西方媒体的鼓噪下，中国成了西方国家失业增加、工人工资和福利下降的始作俑者，而以美国麻省理工学院的戴维·奥特尔和达龙·阿西莫格鲁、加利福尼亚大学圣地亚哥分校的戈登·汉森等人为代表的有关中国冲击的实证研究，则进一步加剧了西

方社会对中国的恐惧。① 因此，上述有关发达国家国内社会危机的分析，尽管原因多元、复杂，但最后呈现在世界面前的，却是被简单化为了对全球化的指责和反抗。在这其中，中国则成了不二的替罪羊。

这种情况下，面对日益复杂的国际形势，中国必须清醒地认识到，传统的发展道路已不再适用。为实现百年复兴之大计，中国必须开启新一轮的改革开放。这既是解决新时代中国社会主要矛盾已转变为人民日益增长的美好生活需要和不平衡不充分的发展之间的矛盾的需要，同时也是化解国际矛盾、推动经济全球化回到正常轨道的需要。循着前面分析的逻辑，本文从发展目标、发展理念和开放路径三个方面对中国新一轮的改革开放提出几点思考。

发展目标。2013 年 3 月 23 日，习近平当选国家主席后首次出访，在莫斯科国际关系学院的演讲中，他首次提出人类命运共同体的理念和倡议，此后又有大量论述。在 2017 年中国共产党与世界政党高层对话会开幕式的讲话中，习近平主席具体诠释了人类命运共同体的内涵，他指出，所谓“人类命运共同体，顾名思义，就是每个民族、每个国家的前途命运都紧紧联系在一起，应该风雨同舟，荣辱与共，努力把我们生于斯、长于斯的这个星球建成一个和睦的大家庭，把世界各国人民对美好生活的向往变成现实”。在国际经济政治秩序风云激荡的当下，习主席的倡议无疑指明了世界未来的发展方向。但如何让世界上更多的国家和民众接受这一倡议，需要

① 奥特尔等人的研究显示，1990—2007 年间，来自中国的进口竞争导致了美国进口竞争制造业部门的失业增加，参与率的减少和工人工资的下降，可参见 David H. Autor, David Dorn, and Gordon H. Hanson, “The China Syndrome: Local Labor Market Effects of Import Competition in the United States, ”*American Economic Review*, Vol. 6, No. 103, pp. 2121-2168；以及 David H. Autor, David Dorn, and Gordon H. Hanson, “The China Shock: Learning from Labor Market Adjustment to Large Changes in Trade, ” *NBER Working Paper*, No. 21906, 2013；2014 年阿西莫格鲁也加入上述研究团队，他们的合作研究进一步显示，由于来自中国的进口增加，1999—2011 年美国的就业岗位在制造业减少了 98.5 万个，在全部产业减少了 200 万—240 万个。参见 Daron Acemoglu, Autor David H. , David Dorn, and Gordon H. Hanson, “Import Competition and the Great US Employment Sag of the 2000s, ” *Journal of Labor Economics*, 2014。

中国更加系统地诠释这一概念，并努力将中国的发展倡议逐渐变为一种各国都接受并愿意共同努力为之奋斗的行动纲领和指南。

发展理念。构建人类命运共同体的倡议说明中国新一轮改革开放的时代背景已与40年前出现本质不同。在以美国为主的西方国家主导的全球化和新自由主义时期，中国通过改革开放融入世界经济，是一种后进国家顺应时代潮流自觉的道路选择，也是一种后进大国借助有利的国际环境在全球体系中实现从边缘国家向中心国家的身份转变的过程。在此阶段，中国更多考虑的是本国的增长与发展问题，本国经济发展对他国的经济溢出效应是自然的交流结果，其具体的增长和分配通常都是他国的内部事情，中国并不关心。经过40余年的发展，中国经济创造了人类历史上的发展奇迹，不但推动中国走入世界舞台的中心，也超越美国成为世界经济增长最重要的发动机。2014年，中国已经成为世界120多个国家最大的贸易伙伴，对各国经济的影响与日俱增。在此情况下，中国的政策选择就需要突破传统上“事不关己，高高挂起”的相对独立框架，而把本国经济发展与他国经济发展紧密连接起来，充分考虑本国政策的溢出效应，特别是对贸易伙伴国的国内分配效应，以此努力实现国家之间以及各国内部的包容性增长。具体来看，新一轮的改革开放中国必须持有两大发展理念：一是从只重视国家整体收益向也关心社会与个人收益转变；二是从只注重经济增长向也关心收入分配转变。换句话说，不但要关注国家与国家的整体利益平衡，还要关心国家与国家的群体利益的分配再平衡。事实上，国内有关中美贸易摩擦的争论，都是基于以中国为中心的增长主义和国家主义。构成国家的个体以及增长后的分配则遭到了严重的忽视，而这恰恰是当今国际经济体系裂变的一个重要原因。美国政府挑起对华贸易争端，固然是以特朗普为代表的美国右翼民粹主义的仇外及机会主义行为，但中国仍然必须看到其背后所具有的较为广泛的社会基础。正如美国一些底层民众所相信的，尽管由于中美贸易摩擦他们遭受了大量的就业和收益损失，但他们仍然愿意忍受暂时的痛苦而支持特朗普的贸易保护主义政策，因为长期来看他们终将获益。[①] 因此，在这种“一荣俱荣、一损俱损”的全球化时代，中国作为世界经济增长的新的贡献者，就需要在制定本国政策时尽可能考虑其所产生的广泛的国内和国际后果，否则，在经贸伙伴国国内政策未能有效调整而使得本国陷入困境时，中国对外经贸发展就有可能形成的是负面冲击，最终则又会反过来伤及自身。所以中国的政策选择就需要有更大的国际包容性，中国左右不了他国对中国的战略走向，但中国可以自身的调整去影响他们的战略选择。

开放路径。新一轮改革开放的最终目的是转变中国传统的粗放式经济增长方式，推动结构转型，实现经济的稳定可持续增长，与此同时，不断提升世界各国对中国发展模式的认同感，逐步消解西方国家右翼民粹主义的滋生与蔓延，推动经济全球化重回正常轨道。为此，对外开放的路径选择要超越以前以商品和要素自由流动为主要特征的政策模式，朝着规则制度型开放的方向发展。从 2018 年以来不断出台的政策措施（如《外商投资法》）来看，中国的确在朝着国际先进的规则和制度体系大步迈进，从世界银行发布的 2019 年和 2020 年营商环境报告，我们可以看出中国的开放措施所取得的显著成果。根据报告，2018 年中国营商环境排全球第 46 位，较上年度大幅提高 32 名，被列为 2018 年营商环境改善最为显著的十大国家之一，也是亚太地区唯一的入选者。2019 年中国营商环境的全球排名再次大幅上升 15 位，位列全球第 31 名，实现了跨越式的发展。营商环境的改变能够彰显中国对外开放的决心，也有助于增强外国企业对中国经济发展的信心，从而舒缓国际层面近年来不断抬头的对中国营商环境的不满情绪。最后，“一带一路”是中国主动发起的开展区域与国际合作的宏大倡议，建设六年来取得了举世瞩目的成就，已经成为中国为国际社会提供制

① Alex Kotlowit, “The Small Town Cost of Donald Trump’s Trade Wars,” *The New Yorker*, December 20, 2018.

度性公共产品，与沿线国家携手打造利益共同体、责任共同体和命运共同体的最佳实践。为进一步推动“一带一路”倡议的包容性和长期可持续性，未来发展过程中，中国需要在两个方面更加重视，一是要充分认清“一带一路”建设的历史性、系统性、开放性、共赢性的特征，是世界各国和国际组织秉承开放原则，覆盖各领域的共同参与、共享成果的国际合作，因此，建设过程中中国尤其要强调参与的广泛性，特别是大力推进“一带一路”的第三方合作，以此将“一带一路”打造成为一个区域乃至全球性的高质量高水平合作平台；二是要直面前期建设中出现的一些突出问题，更加关注沿线国家的现实需求，重视项目建设与经贸合作对沿线国家普通百姓的福利提升，把“一带一路”建设成为一个惠及更多国家、更多百姓的共享式合作与发展平台。

中国战略机遇期的维护与塑造

牢牢把握并主动创造中国重要战略机遇期

胡鞍钢

【内容提要】 从现在起到2050年，中国发展仍处于并将长期处于重要战略机遇期。中国已具备创新驱动发展、加快建设现代化经济体系、建设世界强大国内市场、拥有世界最大的人力资源、人才资源基础等基本条件，也拥有了前所未有的战略机遇期。与此同时，主动为世界创造中国重要战略机遇：中国市场、中国游客、中国创新、中国绿色能源、中国投资、中国发展援助、中国全球治理方案、中国和平外交。首次为实现第二个百年奋斗目标与共同构建人类命运共同体创造良好的天时、地利、人和。

【关 键 词】 战略机遇期　战略决策　中国研究

【作者简介】 胡鞍钢，清华大学国情研究院院长、教授。

重大战略决策的成功是最大的成功。作出重大战略性决策的前提条件就是全面准确判断战略机遇期。这就需要观大势、谋大局，深刻分析国内外发展环境的机遇和挑战，坚持统筹国内国外两个大局，如期实现两个百年奋斗目标。中国特色社会主义进入新时代，挑战与机遇并存。党的十九大报告明确指出：当前，国内外形势正在发生深刻复杂变化，我国发展仍处于重要战略机遇期，前景十分光明，挑战也十分严峻。中国需要“安而不忘危，存而不忘亡，治而不忘乱”[①]。2018 年中央经济工作会议再次指出：我国发展仍处于并将长期处于重要战略机遇期。世界面临百年未有之大变局，大变局中危和机同生并存，这给中华民族伟大复兴带来重大机遇。要善于化危为机、转危为安，紧扣重要战略机遇新内涵，加快经济结构优化升级，提升科技创新能力，深化改革开放，加快绿色发展，参与全球经济治理体系变革，变压力为加快推动经济高质量发展的动力。[②]

如何理解重要战略机遇期的新内涵？如何牢牢把握和创造我国发展重要战略机遇期？如何积极应对重大挑战并将之转化为重大机遇？本质上就是为实现两个百年奋斗目标与共同构建人类命运共同体创造“天时地利人和”。本文围绕牢牢把握主动创造中国重要战略机遇期这一主题进行分析。全文为四个部分：第一部分分析和总结党的十六大提出的第一个百年奋斗目标与 21 世纪头 20 年战略机遇期的成功案例和启示；第二部分分析第二个百年奋斗目标与未来 30 年战略机遇期的国内外条件和基础；第三部分进一步提出如何主动为世界创造中国机遇；第四部分从中国现代化应战与挑战模式，讨论未来中国如何更好地主动应对国内外各种重大挑战，并转化为重要机遇。

一、第一个百年目标与战略机遇期

进入 21 世纪，党中央首次做出战略机遇期重大判断，提出 2020 年的战略目标，并成为战略研判、战略实施的成功案例。

2002 年党的十六大报告指出，“综观全局，21 世纪头二十年，对我国

---

① 胡鞍钢、张巍：《我国新时代面临的重大挑战与主动应对》，《北京交通大学学报》2018 年第 1 期，第 1—8 页。

② 《中央经济工作会议在北京举行习近平李克强作重要讲话》，来源：新华社，中国政府网，2015 年 12 月 21 日，http://www.gov.cn/xinwen/2015-12/21/content_5026332.htm。（2018 年 12 月 26 日登录）

来说，是一个必须紧紧抓住并且可以大有作为的重要战略机遇期”。基于这一重大判断，报告提出第一个百年奋斗目标即全面建设小康社会。国内生产总值到2020年比2000年翻两番，综合国力和国际竞争力明显增强，基本实现工业化。为此，时任国家发展计划委员会主任曾培炎提出三个重要指标：2020年我国人均国内生产总值达到3000美元以上，城镇化率超过50%，农业从业人员比重降至30%左右。[①]

现在回过头来看，几届党中央的确紧紧抓住和充分用好了这一重要战略机遇期，战胜一系列重大内外部挑战，妥善处理一系列突发事件，化危为机、转危为安，在国内外十分复杂的背景下，经受住各种严峻的考验，参与全球的公开国际竞争，如同接力棒赛，一届接着一届干下来，一棒接着一棒跑下去，离第一个百年目标只有一步之遥。

从实际结果看，2016年提前四年实现了党的十六大提出的GDP翻两番目标，2017年又提前三年实现了党的十七大提出的人均GDP翻两番目标；从三个重要指标看全部提前实现，2017年我国人均国内生产总值达到8827美元（现价）。正因如此，国家《“十三五”规划纲要》根据党的十八大又提出更高发展目标和指标，从实施规划中期评估看，各项目标任务进展顺利，主要目标指标进展总体符合预期。《“十三五”规划纲要》提出的七大目标实施进展良好，经济社会发展25项主要指标总体进展顺利，2项指标提前完成，19项指标达到预期进度，4个指标（服务业增加值占GDP比重、研发投入强度、新增建设用地规模、地表水劣V类水体比例）未达到要求。[②]

当前是全面建成小康社会的关键之年。行百里者半九十，越到紧要关头，越要坚定必胜的信念。可以预期，我国即将全面实现第一个百年奋斗

① 曾培炎：《新世纪头二十年经济建设和改革的主要任务》，载《十六大报告辅导读本》，北京：人民出版社2002年版，第79—80页。

② 《中期评估报告显示“十三五”目标任务总体进展顺利》，《经济日报》2018年12月25日，第1版。

目标。这使得拥有十三亿多人口的中国，又一次站在了更高、更坚实的历史起点上，整装待发，即将开启实现第二个百年奋斗目标的新征程。

习近平总书记指出，把握国际形势要树立正确的历史观、大局观、角色观。所谓正确历史观，就是不仅要看现在国际形势什么样，而且要端起历史望远镜回顾过去、总结历史规律，展望未来、把握历史前进大势。

从国际视角看，进入 21 世纪中国迅速崛起带动南方国家的经济起飞，进而引发了世界百年未有之大变局，反过来世界大变局又为中国提供了大机遇。世界经济格局正在经历从北方国家（指经济合作与发展组织国家）主导转变为南方国家主导的大变迁。世界银行数据库统计显示，2000—2017 年间，南方国家经济增长率达到 5.3%，正处在经济起飞过程中，北方国家经济增长率仅为 1.79%，大大低于南方国家，也低于世界平均增长率（3.7%）。这就直接导致南方国家占世界总量比重从 2000 年的 39.9% 上升至 2017 年的 55.8%，提高了 15.9 个百分点，其中我国的比重从 7.4% 上升至 18.2%，提高了 10.8 个百分点；与此相反，北方国家 GDP 占世界总量比重从 60.1%下降至 44.2%，其中美国的比重从 20.5%下降至 15.2%，减少了 5.3 个百分点。南方国家工业建筑业增加值（2010 年美元价格）占世界总量比重从 2000 年的 30.9%上升至 2016 年的 49.0%，提高了 18.1 个百分点，其中我国占世界比重从 6.8%提高至 20.4%，提高了 13.6 个百分点；与此相反，北方国家占世界总量比重从 69.1% 下降至 51.0%，其中美国占世界比重从 20.4%下降至 14.9%，减少了 5.5 个百分点。世界科技格局也正在经历南北国家大变迁。以本国居民专利申请量为例，1990 年北方国家处于压倒性优势，97.1%的专利由北方国家申请，到 2015 年中国成为世界最大的专利申请国，占世界总量比重达到 46.8%，带动整个南方国家在专利申请量占世界总量比重上超过北方国家。2000 年北方国家研发投入占世界总量比重高达三分之二，南方国家仅占三分之一，到 2015 年南方国家与北方国家持平。主要原因就是中国研发投入占世界研发投入比重大幅度提高，从2000年的3.3%提高至2015年的17.1%，成为仅次于美国的世界第二大研发经费支出大国。

这就根本改变了世界百年经济科技大格局，其中中国成为最重要的内生变量和核心动力之一。无论是我国的经济起飞，还是“一带一路”倡议，都会主动顺应并大力推动南方国家进入经济起飞时代、经济全球化时代，也标志着世界进入南北大趋同时代，根本改变了200多年来南北大趋异的历史格局，是21世纪最重大的历史事件，也为未来30年提供了极其难得的战略机遇期。诚如习近平总书记所判断：当前，我国处于近代以来最好的发展时期，世界处于百年未有之大变局，两者同步交织、相互激荡。

二、第二个百年目标与新的战略机遇期

党的十九大提出第二个百年奋斗目标，从2020年到21世纪中叶的30年，全面建成社会主义现代化强国。对此作出分两个阶段的战略安排。

从现在起到2050年的30年，对我国来说，仍是一个必须紧紧抓住、主动创造、大有作为的重要战略机遇期，即从兴国时代进入强国时代，实现第二个百年奋斗目标。如何理解这一机遇期？它不只是短期而是中长期机遇，至少是30多年的时间；不是一般的机遇，而是影响全局性战略机遇；不仅是中国的机遇，也为世界特别是为南方国家提供“中国机遇”。为此，我们可以从国内与国际两个视角分析新的战略机遇期。

从国内视角看，我国正由高速增长阶段转向高质量发展阶段，具备诸多的有利条件和发展机会。我国经济规模、产业规模、市场规模、技术规模、人力资源规模等已位居世界前列，从规模迅速扩张转向结构不断优化、产业不断升级、消费更加多元化个性化、创新前沿重大突破、人力与人才资源高效利用、生态环境质量明显改善。与此同时，长期积累的矛盾与新问题、新挑战交织叠加，经济面临下行压力。

我国具备了相对比较雄厚的物质资本基础，正在进入创新驱动发展的战略机遇期。我国国内储蓄率高，2017 年高达 47.0%，大大高于世界平均水平（24.5%），国内储蓄额 2008 年超过美国，2016 年相当于美国的 1.52 倍。1982—2017 年间，全社会固定资产投资年均增速达到 20.7%（近几年来下降至 10% 以下），我国资本形成总额（2010 年不变价美元）2006 年超过日本，2009 年超过美国，2012 年超过欧盟，我国资本形成总额占世界总额比重从 2000 年的 5.5%上升至 2016 年的 22.7%，提高了 17.2 个百分点。长期制约我国经济发展的科技、能源、交通瓶颈正在成为高质量发展的新动能、新优势。例如，1995—2017 年全国研发经费支出年均增长率达到 19.5%，研发支出占 GDP 比重从 0.57% 上升至 2.13%，我国研发支出（2011 年国际元）相对美国比重从 2000 年的 12.3% 已提高至 2017 年的 90.6%，提高了 78.3 个百分点，平均每年提高 4.6 个百分点，预计 2020 年将接近或超过美国，极大地推动我国步入科技创新特别是自主创新爆发期。① 科技进步贡献率明显提升，从 2005—2015 年的 50.9%上升至 2005—2020 年的 60%。同时我们也看到，我国基础科学研究短板依然突出，重大原创性成果缺乏，关键核心技术受制于人的局面没有得到根本性改变。②

我国具备了全世界独立的、完整的、开放的现代产业体系，成为加快建设现代化经济体系的战略机遇。经过 70 年的工业化，我国已建立的工业体系拥有 39 个工业大类、191 个中类、525 个小类，成为全世界唯一拥有联合国产业分类中全部工业门类的国家。我国已经成为世界最大制造业生产国，占世界制造业增加值比重从 2004 年的 8.7% 提高至 2016 年的 26.4%，累计提高 17.7 个百分点，平均每年提高 1.5 个百分点，相当于美

---

① 国家统计局编：《新中国六十年统计资料汇编》，北京：中国统计出版社 2010 年版，第 77 页；国家统计局编：《2018 中国统计年鉴》，北京：中国统计出版社 2018 年版，第 171 页。

② 习近平：《在中国科学院第十九次院士大会、中国工程院第十四次院士大会上的讲话》，《人民日报》2018 年 5 月 28 日，第 1 版。

国占世界比重的1.49倍。[①] 根据美国国家科学基金会的数据库计算，2000年我国高技术产业增加值占世界比重为3.16%，2015年升至29.08%，超过美国比重（28.94%）居世界第一。[②] 最重要的是，经过40多年的对外开放，我国既形成了比较独立（自主）的产业体系，也成为与世界产业链、价值链、物流链、创新链一体化的开放竞争创新创业的现代产业体系，还成为世界上发展最快的新技术、新服务业态、新组织形式、新产业集群，正在重塑中国和世界现代产业体系。同时，我们也看到，我国制造业仍处在全球价值链的中低端，与美国相比，我国服务业还有很大差距，2016年美国服务业增加值占世界比重为29.6%，我国为11.9%，这正是我国现代产业体系的最大短板，也为未来现代产业提供发展的巨大空间。

我国具备了世界级的消费市场基础，成为建设世界强大国内市场的战略机遇。我国市场规模位居世界前列，今后潜力更大。目前，我国社会消费品零售总额已与美国大体相当，已经成为世界最大的国内市场之一。从以投资为主转向以消费为主、从以生产者的主权转向以消费者主权，将是未来的基本趋势，才能更好满足十三亿多人民日益增长的美好生活需要。我国已经成为世界最大的中等收入人群国家，也正处在国内消费持续升级的新阶段，不仅消费能力巨大，而且消费结构不断优化。从消费市场来看，以商品消费为主转向以服务消费为主，也是未来基本趋势，特别是与13亿多人民相关的教育（从幼儿教育到高等教育）、信息消费（14.17亿移动电话用户）、网络消费（7.72亿网民）、养老（2.5亿以上人口）、医疗（全国医疗卫生机构诊疗81.8亿人次）、文化、旅游（2017年国内旅游已达到50亿人次）等服务消费，具有巨大的发展潜力，又具有多层次、多样化、

---

① 参见 https://data.worldbank.org/indicator/NV.IND.MANF.CD?locations=CN-US。（2019年5月2日登录）

② 胡鞍钢、任皓：《中国高技术产业如何赶超美国》，《中国科学院院刊》2016年第12期，第1355—1365页。

个性化的消费需求特征，在主要领域都有建成世界最大的消费市场，并向世界释放更大的进口市场的潜力。同时，我们也看到，我国最终消费支出占世界比重2016年为8.4%，与美国（25.0%）、欧盟（24.8%）相比，还有很大的差距，[1] 也显示未来时期我国在总消费市场具有巨大的发展潜力，至少有几倍的增长空间。

我国具备了世界最大规模的人力资源、人才资源基础，成为推动长期发展第一资源的战略机遇。我国劳动力资源十分丰富，2017年我国劳动力为7.87亿人，占世界总数比重为22.8%，相当于印度劳动力（5.20亿人）占世界比重（15.1%）的1.51倍，主要原因是我国女性劳动力比例高达43.6%，而印度这一比例仅为24.5%。我国就业人数为7.76亿人，未来时期将保持这一规模，非农就业人数为5.67亿人，还会持续增长，而农业就业人数还会持续下降，劳动力人均物质资本、人力资本水平不断增长，有助于持续提高劳动生产率，仍具有长期比较优势。我国人才资源总量已达到1.75亿人，形成新的人才资源竞争优势。全国高等教育在校生总规模达到3779万人；全国主要劳动年龄人口受过高等教育的比例达到16.9%，超过1.7亿是受过高等教育或拥有专业技能的人才；新增劳动力平均受教育年限达到13年左右；我国拥有4200多万工程科技人才，从事研发人员全时当量超过400万人年，相当于美国的近3倍；全国市场主体法人登记户超过了1亿户，是世界最大的企业家王国；各类学成回国留学人员累计超过300万人，占已完成学业留学生人数的83.73%，已形成我国特有的超大规模的国际人才资源优势，真正成为我国经济社会发展的第一资源，是创造未来最宝贵的资源。同时，我们也应看到，我国还缺少世界一流的顶尖人才和团队，还需要大力培养造就一大批具有全球视野和国际水平的战略

① 世界银行数据库：https://data.worldbank.org.cn/indicator/NE.CON.TOTL.KD?end=2017&locations=CN-1W-US-EU&start=1990。（2019年5月2日登录）

科技人才、科技领军人才、青年科技人才和高水平创新团队。[①]

从国际视角看，经济全球化仍是当今世界经济发展的主流，贸易自由化、投资自由化、服务便利化仍是大势所趋。尽管世界贸易额占 GDP 比例有所下降，从 2011 年的 60.5% 下降至 2016 年的 56.2%，但仍反映了世界经济活动有一半以上是与国际贸易相关的。[②] 从长期趋势来看，世界贸易额占 GDP 比重是逐步上升的，其中我国作为世界最大的贸易国将发挥关键性作用。尽管受到国际金融危机的严重冲击，2010 年之后世界服务贸易占 GDP 比重持续上升，到 2017 年上升至 12.8%，但是中国这一比重太低，只有 5.5%，这正是中国加速发展现代服务业、服务贸易、服务强国的巨大潜力和机遇。

新一轮科技革命和产业变革引发深刻变化，新的工业革命是 21 世纪世界产业科技发展的大势所趋，深刻重塑世界经济和人类社会，同时也带来各种新的技术风险和挑战。因此，科学发展是硬道理。

三、为世界创造中国机遇：得道多助

未来，我国在世界上扮演何种角色，发挥什么作用？对此，习近平总书记作了明确的回答：所谓正确角色观，就是不仅要冷静分析各种国际现象，而且要把自己摆进去，在我国同世界的关系中看问题，弄清楚在世界格局演变中我国的地位和作用，科学制定我国对外方针政策。[③]

从国际视角看，今后就要为实现第二个百年奋斗目标，创造“天时地利”，具备了许多前所未有的新机遇，最重要的关键因素和机遇，就是我国

---

① 习近平：《在中国科学院第十九次院士大会、中国工程院第十四次院士大会上的讲话》，《人民日报》2018 年 5 月 28 日，第 1 版。

② 世界银行数据库：https://data.worldbank.org.cn/indicator/NE.CON.TOTL.KD?end=2017&locations=CN-1W-US-EU&start=1990。（2019 年 5 月 2 日登录）

③ 习近平：《在中央外事工作会议上的讲话》，《人民日报》2018 年 6 月 22 日，第 1 版。

接近了世界舞台中心，成为世界大变局的内生因素和内生动力。不只是世界发展机遇的搭车者，更是世界发展机遇的创造者，为实现“人类命运共同体”创造中国机遇。

第一，为世界创造“中国市场”。在经济全球化、贸易投资自由化便利化的大趋势大背景下，买家是赢家，最大的买家是最大的赢家。我国始终处于有利主动的地位，世界及各国对我国进出口市场等方面的依赖全面上升，已经成为世界第二大货物和服务进出口国，年进口值占全球的10%左右。

今后五年，我国将提供超过10万亿美元的货物和服务进口，争取成为世界第一大货物和服务贸易进口国，不仅成为世界最大的赢家，也让世界200多个贸易体成为赢家。例如，中国已经成为非洲最大的贸易伙伴，2000年中国与非洲国家贸易额为100亿美元，到2014年增至2200亿美元，之后由于世界贸易额持续下降，直接影响中非贸易额下降。据中国海关统计，2017年，中国与非洲进出口总额约为1697.5亿美元，占非洲进出口总额比重为17.9%，其中，中国从非洲进口额约为752.5亿美元，占非洲进口总额比重为14.1%。为此，我国还需要继续降低名义关税总水平，从目前的7.5%降至5%以下，今后争取降至2%左右，使其绝大部分商品服务税目实行零关税。极为成功的做法就是我国对最不发达国家实行97%税目产品零关税，极大地促进这些国家对中国的出口。这一做法可以分步骤分阶段推广到低收入国家（约7.3亿人）、下中等收入国家（29.7亿人），提升通关便利化水平，削减进口环节制度性成本，加快跨境电子商务等新业态新模式发展，使我国成为大多数发展中国家最大的出口市场。2018年举办的首届中国国际进口博览会是一个成功的案例，吸引了172个国家、地区和国际组织参会，3600多家境外企业参展，成交额近600亿美元，表明了中国主动向世界开放市场、让各方分享发展机遇的诚意和实际行动。中国继续积极推动经济全球化朝着更加开放、包容、普惠、平衡、共赢的方向发展。

第二，为世界创造“中国旅游增长点”。旅游业是世界最大的服务业之一，我国进入旅游黄金发展期，也成为世界第一大出境旅游人数和旅游消费国，“中国游客”成为我国新名片、新买家，大幅度提升了我国国际地位和影响力。根据世界旅游组织统计，2017 年，世界旅游总收入为 1.34 万亿美元，其中我国游客出境花费 2577 亿美元，占全球旅游总收入的 19.2%。实际我国公民因私出境为 1.3 亿人次，成为各国相互竞争的游客，但仍不足全国总人口比重的 10%，还没有达到 15%大众消费门槛，国际旅游业已进入大众化、产业化发展的新阶段，旅游贸易也成为服务贸易的重要支柱，中国旅游占服务贸易进口比重从 2000 年的 36%提高至 2017 年的 55%，提高了 19 个百分点，其比例明显地高于世界和美国平均水平（均为 25%），极大地推动了世界旅游业的发展，特别是带动了东亚及太平洋地区国际旅游业的爆发性增长，旅游占服务贸易总进口比重从 2000 年的 26%提高至 2017 年的 34%，与此同时也带动了航空交通等服务贸易。其中“中国邮轮”成为国际旅游的新亮点、新增长点。2006 年以来中国邮轮旅客运输量年均增长都在 40%以上，中国已在沿海地区建立了 11 个邮轮港口，2017 年共接待邮轮 1180 多艘次，邮轮旅客出入境达到了 4900 多万人次，仅占全国总人口的 3.5%，属于奢侈型消费，还仅限于亚洲邻国地区，未来发展空间巨大。这就需要通过双边和多边合作进一步扩大服务便利化，尤其是继续推动各国家和地区给予我国公民落地签证或免签入。

第三，为世界提供“中国创新”。我国已经成为世界最大的专利申请国，专利申请量占世界总量比重从 2000 年的 3.08% 提高至 2016 年的 56.58%；我国已经超过美国成为世界最大的科技知识生产国，科技期刊文章占世界总量比重从 2003 年的 7.30%提高至 2016 年的 18.56%；我国已经成为世界最大的商标国，本国居民商标申请量从 2005 年占世界商标总量的 27.23%上升至 2016 年的 48.26%；我国已成为世界最大的高技术出口国，高技术出口占世界比重从 2000 年的 3.60%提高至 2014 年的 26.03%；我国在超级杂交水稻、纳米材料、载人航天、探月工程、量子科学、超级计算、北斗卫星等取得重大原创性成果将造福人类，导航、电子商务、移动支付、共享经济等正在引领世界潮流。这些都成为我国走向世界、融入世界、贡献世界最大的新优势，也为世界经济增长动能转换提供最大的新动力。鼓励和支持我国企业“走出去”，特别是到南方国家投资，拓展新的市场，带动中国工程、中国技术、中国装备、中国建造、中国标准、中国品牌、中国服务“走出去”，成为创新应用、创新扩散、创新分享的“中国名片”。我国已经有能力、有条件为开启世界第四次工业革命与新一轮产业革命、科技革命同步同向，从发达国家科技跟随者、模仿者转向世界科技创新者、引领者和共享者。

第四，为世界创造“中国绿色能源”。我国在世界绿色能源新领域占据重要地位，已经成为世界最大的绿色能源之国。根据英国石油公司（BP）《世界能源统计》，我国可再生能源占世界比重从2000年的1.45%提高至2016年的20.5%，成为世界第一大绿色能源之国；我国太阳能占世界总量比重从2000年的0到2016年的19.9%，居世界第一；我国风能占世界总量比重从2000年的1.87%提高至2016年的25.1%，跃居世界第一。据《全球可再生能源现状报告2018》，2017年我国对可再生能源投资占全球的45%。我国正在经历前所未有的绿色发展和绿色转型，绿色能源装机容量占发电机发电装机容量的比重从2010年的26.56%上升至2017年的37.76%。2017年我国电动汽车、新能源汽车销售量已达到77万辆，保有量超过160万辆，占世界总量比重一半。我国正在加快绿色发展，节能减排取得重大进展，加大生态文明建设力度，积极参与和引导应对气候变化国际合作。

第五，为世界提供“中国投资”。2000年中国提出“走出去”战略，对外直接投资进入快速发展时期，我国对外直接投资额从2002年的27亿美元到2017年达到1246亿美元，成为全球第三大对外投资国，居美国、日本之后。2017 年末，我国对外直接投资存量 1.48 万亿美元，境外企业资产总额超过 5 万亿美元。2015—2017 年，我国流向装备制造业的对外投资 351 亿美元，占制造业投资的 51.6%，成为中国装备制造“走出去”国家名片，如中国高铁、中国核电、中国电力等。各国都在学习借鉴“中国加工区”“中国开发区”“中国保税区”等经验，积极吸引“中国投资”“中国制造”。

第六，为世界创造“中国发展援助”。中国改革开放之后就成为国际发展援助的受援国，获得的净官方援助额从 1978 年的 1685 万美元到 1995 年达到最高峰为 38.41 亿美元，占国民总收入（GNI）的 0.482%，人均额为 2.9 美元，后两项指标都是世界最低的国家，而后这两指标持续下降，到 2011 年转为净援助国。我国在接受国际发展援助的同时，为 120 多个发展中国家提供了对外发展援助，根据《中国的对外援助（2014）》白皮书，2010—2012 年，中国对外援助金额为 893.4 亿元人民币。若按 3 年加权平均汇率计算（1 美元相当于 6.5136 元人民币），约合 137.16 亿美元，平均每年为 45.72 亿美元。我国对外援助遍布世界发展中国家。受援国地理分布涉及亚洲、非洲、拉丁美洲、加勒比、大洋洲和东欧等地区的大部分发展中国家，对于其中最不发达国家（占 52.1%）和其他低收入国家的援助比重始终保持在 2/3 左右。

2015 年 9 月，习近平主席在联合国大会上承诺，中国将设立“南南合作援助基金”，首期提供 20 亿美元，支持发展中国家落实 2015 年后发展议程，将免除对有关最不发达国家、内陆发展中国家截至 2015 年底到期未还的政府间无息贷款债务。中国将继续增加对最不发达国家投资，力争 2030 年达到 120 亿美元。[①] 我国对外援助领域很广泛，覆盖了最不发达国家和其他低收入国家的经济基础设施、社会公共基础设施、人力资源开发、贸易

---

① 习近平：《落实 2015 后发展议程实现各国共同发展》，《人民日报》2015 年 9 月 27 日，第 1 版。

发展、环境保护、人道主义以及物资等社会经济发展的方方面面，为这些国家减少贫困和改善民生作出了实实在在的贡献。积极承担与我国国际地位相匹配的国际责任，得到受援国和国际社会的高度评价。党的十九大报告首次提出，加大对发展中国家特别是最不发达国家援助力度，促进缩小南北发展差距。为此，我国正式建立了国家国际发展合作署，根据我国外交大政方针制定对外援助发展规划以及年度实施计划指南。今后我国将继续扩大对外援助规模，拓宽援助领域，提升援助水平和质量，尤其是为发展中国家提供更多的免费人力资源、发展规划、经济等方面的咨询培训。例如，2017 年外国来华留学生 49 万人，跃居世界第三位，国家正在提高对发展中国家留学生的政府奖学金资助标准，出台学位研究生毕业后在华工作的相关政策。进一步扩大对外援助规模，更多地资助发展中国家人力资源开发，以及来华培训各类专门人才，国家和各方资助近百万外国专家和各类专业人员来华工作（超过 90 天）和几百万来华访问、交流、考察（小于 90 天）。

第七，为世界提供“中国全球治理方案”。我们要发挥负责任大国作用，支持广大发展中国家发展，积极参与全球治理体系改革和建设。最典型的案例就是共建“一带一路”倡议，已有 100 多个国家和国际组织同我国政府签订了共建“一带一路”合作协议，成为我国给世界提供的基础性、公共性产品，促进世界“五通”，即政策沟通、设施联通、贸易畅通、资金融通、民心相通，促进世界互联互通，重塑世界经济地理，加强第三方市场合作，在更大范围实现互利共赢。我国前所未有地深入参与和引领全球治理，如支持加强联合国系统作为全球治理核心平台的地位，主动与世界银行、国际货币基金组织、二十国集团等合作，加强全球经济治理和宏观政策协调；维护世界贸易组织规则，支持多边贸易体制，推动建设开放型世界经济；支持国际社会共同推进 2030 年可持续发展议程，推动气候变化《巴黎协定》生效落实；主动建立发展中国家合作网络，如“金砖+”合作模式、上海合作组织、中国与非洲等对话机制，为新兴经济国家和发展中国家参与全球治理提供重要平台。重中之重是全力助推南方国家经济起飞，实行“南方友好型”的全球化战略路线，成为全球特别是南方发展的贡献者。

第八，为世界创造“中国和平外交”。和平与发展仍然是当今世界时代主题，求和平、谋发展、促合作仍然是时代主流。我国将充分利用这一和平发展时代的红利，始终坚持独立自主的和平外交政策，始终不渝走和平发展道路，旗帜鲜明反对霸权主义和强权政治。我国无论发展到什么程度都永远不称霸，我国强大起来就会大大增强世界制止战争的和平力量，也是维护世界和平最重要的力量。最重要的是为世界和平与发展不断贡献中国智慧、中国方案、中国力量，成为国际社会公认的世界和平的建设者。

总之，当我国日益走近世界舞台中央，始终坚持共赢主义，“得道多助”。中国从来都不是世界和平的破坏者、全球发展的危机者、国际秩序的破坏者，而是国际社会公认的世界和平的建设者、全球发展的贡献者、国际秩序的维护者。

四、中国现代化挑战与应战模式

从40年改革开放的历史看，我国属于典型的现代化“挑战与应战”模式，始终面临着可预见或不可预见的国内外重大挑战，有时还会相互作用并交织在一起，越是经济一体化，越是受到深刻影响，如亚洲金融危机、国际金融危机，这是不以人们的主观意志为转移的，既需要随时准备、全面研判和及时应对重大挑战或危机，更要将重大危机转变为难得的发展机遇，化危为机，转危为安。以2008年爆发的国际金融危机为例，尽管对我国产生重大外部冲击和严重影响，但却是难得的机遇，中美经济实力、科技实力、综合国力发生了根本性的变化，对我国而言，这场危机虽是坏事，但却变成了好事。

未来时期，我国具有前所未有的发展机遇，也面临前所未有的发展挑战。牢牢把握主动创造战略机遇期的关键性环节，将前所未有的发展挑战变成前所未有的发展机遇。这些挑战和风险的发生具有很大的差异性，既有可预见的“灰犀牛”事件，更有不可预见的“黑天鹅事件”，既有类似的，如经济危机、金融危机，更有非类似的，如特大自然灾害，既有内部挑战，又有外部挑战，往往内外交织在一起，越是经济一体化，越是受到深刻影响，如亚洲金融危机、国际金融危机，不以人们的主观意志为转移。

从国内挑战看，主要是与我国社会主要矛盾发生重大转化有关，更加突出的问题反映在发展不平衡不充分上，这已经成为满足人民日益增长的美好生活需要的主要制约因素。这与我国的基本国情和发展阶段极其相关，从发展不平衡的突出问题看，我国仍然是世界上城乡区域发展差距最大的国家之一，无论是人均收入水平、消费支出水平，还是基本公共服务水平、基本社会保障水平，依然相对差距较大，走向趋同、实现均等化仍需要花上很长的时间。从发展不充分的突出问题看，我国还有大量相对落后的社会生产力，尤其是农业劳动生产率比较低，实际供养人口也比较低，2017年每个农业劳动者仅供养6.6人（包括自身）；到2020年我国将消除现行农村贫困标准下的绝对贫困人口，但是按照世界银行国际贫困线高标准（人均每日支出5.5美元），2015年我国还有贫困人口3.73亿人，比同年的美国总人口（3.21亿人）还要多，这就需要再花十几年的时间，到2030年才能基本消除。特别是老少边穷地区经济社会文化生态等发展极不充分、水平还很落后。我国始终面临突出的问题是如何为7.8亿人提供高质量的就业、为2亿人提供高质量的教育、为14亿人提供高质量的医疗卫生服务、为9亿人提供基本养老保险、为14亿人实现全民医疗保险，建立世界上最大规模的社会保障安全网，都是人类历史上前所未有的发展挑战，也是巨大的发展机会。从我国基本国情看，人与自然的矛盾十分突出，既突出了发展不平衡问题，也突出了发展不充分问题，我国人口众多、主要资源相对紧缺、生态环境比较脆弱，节约资源、保护生态环境任重道远。我国是世界第一大能源消费国、二氧化碳排放国，早日达到碳排放标准既是中国对世界的最大承诺，也是最大的挑战，还为创新绿色现代化生态文明建设提供巨大的发展空间。我国正处在前所未有的社会进步与社会转型过程中，各类社会矛盾和问题交织叠加，对全面建设和谐社会主义社会既形成发展挑战，也提供了发展机遇。

从国际挑战看，世界面临的不稳定性、不确定性突出，世界经济增长动能不足，贫富分化日益严重，地区热点问题此起彼伏，恐怖主义、网络安全、重大传染性疾病、气候变化等非传统安全威胁持续蔓延，人类面临许多共同挑战。随着中国高速发展，引发了中美经济实力、科技实力、国防实力、综合国力格局的重大变化，① 为确保世界霸权地位，美国基于"美国第一"的思维，将中国与美国的关系定位由"合作伙伴"转变为"战略竞争对手"，随后对中国公开挑起贸易争端。这如同 20 世纪 80 年代末 90 年代初美国带头对中国进行经济制裁，美国再次成为中国最大的国际挑战者，当年，在邓小平的支持下，以江泽民为核心的党中央抵御住了来自以美国为首的西方国家的经济制裁和政治压力。历史是最好的教科书，也为中国领导人把握战略大局、保持战略定力、有效处理中美关系，提供了极其丰富的国际政治经验。中国的综合国力已今非昔比，完全有能力、有智慧应对美方的严峻挑战。我们需要保持战略定力，采取正确策略，积极有效应对，包括作出必要的让步和妥协，赢得时间、赢得人心、赢得主动，妥善处理随时可能爆发的冲突与危机。"实力是硬道理"，我国综合国力越强，应对美国等挑战能力就越强，创造的战略机遇期就越长。

未来时期，机遇与挑战同生并存，总体判断机遇大于挑战，关键是我

---

① 胡鞍钢等：《大国兴衰与中国机遇：国家综合国力评估》，《经济导刊》2017 年第 3 期，第 14—25 页。

们紧紧抓住、充分利用、主动创造我国发展的重要战略机遇期，化危为机、转危为安，变压力为动力，变挑战为机遇。这是因为“我国拥有独特的制度优势，我们有党的坚强领导，有集中力量办大事的政治优势”，[①] 关键是全面增强我国经济实力、科技实力、国防实力、综合国力以及软实力。我们有能力、有条件、有信心，紧紧抓住、主动创造和充分利用战略机遇期，我们咬定青山不放松，风雨无阻朝着第二个百年奋斗目标前进。

---

① 习近平：《在民营企业座谈会上的讲话》，《人民日报》2018 年 11 月 1 日，第 1 版。

共建“一带一路”
昭示构建人类命运共同体的真谛

陈须隆

【内容提要】 本文深入分析人类命运共同体思想，提出其衡量指标可包括互联互通程度、利益共享程度、发展对接程度、安全共筑程度、责任共担程度、文化共兴程度、价值观认同程度、共同行动程度、国际支撑程度（国际法）等。中国是“人类命运共同体”的有机组成部分和具体体现，构建人类命运共同体是一个系统工程，中国要确立宏伟蓝图、指导原则、基本遵循、总布局总路径，把共商共建共享和共生共进共赢作为携手构建人类命运共同体的“金科玉律”。作者认为“一带一路”建设是人类命运共同体理念的重要实践平台，共建“一带一路”合作取得的早期收获为各国和世界经济增长开辟了更多空间，为加强国际合作打造了平台，为构建人类命运共同体作出了巨大贡献，昭示着构建人类命运共同体的真谛。

【关 键 词】 人类命运共同体　一带一路　中国智慧

【作者简介】 陈须隆，中国国际问题研究院国际战略研究所所长、研究员。

一、对于构建人类命运共同体的几点理论认识

构建人类命运共同体涉及一系列理论问题。其中主要包括：什么是人

类命运共同体？“我”（中国）与人类命运共同体是什么关系？为什么要构建人类命运共同体？该怎样构建人类命运共同体？

（一）什么是人类命运共同体

在2017年12月举办的中国共产党与世界政党高层对话会上，中国国家主席习近平在主旨演讲中首次给人类命运共同体作出了一个权威定义。习主席指出，人类命运共同体，顾名思义，就是每个民族、每个国家的前途命运都紧紧联系在一起，应该风雨同舟，荣辱与共，努力把我们生于斯、长于斯的这个星球建成一个和睦的大家庭，把世界各国人民对美好生活的向往变成现实。① 此定义具有两个十分重要的内涵：一是强烈的地球家园意识；一个是以人民为中心的思想。二是皆易获得国内国际认同，宜不断强化深化。

从理论上讲，人类命运共同体应该是“实然”（客观）和“应然”（主观）的统一，是世界观和方法论的统一，是继承和创新的统一。

“实然”是指实际怎么样，客观事实与趋势是什么。其主要内涵是，人类生活在同一个地球村里，生活在历史和现实交汇的同一个时空里，“每个民族、每个国家的前途都紧紧联系在一起”，国际相互依存日益加深，越来越成为你中有我、我中有你的命运共同体。“实然”告诉我们，构建人类命运共同体，是有客观现实和物质条件为依托的，也是人类社会和国际关系发展的大势所趋，是不以人的意志为转移的。因此，不能把“人类命运共同体”理解为仅是主观愿望、长远构想或愿景。

“应然”是指应该怎么样，该怎么去做。其主要内涵是，牢固树立人类命运共同体意识并使之在全世界落地生根，各方携手努力，坚持“风雨同舟，荣辱与共，努力把我们生于斯、长于斯的这个星球建成一个和睦的大

① 习近平：《携手建设更加美好的世界——在中国共产党与世界政党高层对话会上的主旨讲话》，《人民日报》2017年12月2日，第2版。

家庭，把世界各国人民对美好生活的向往变成现实”。换言之，构建人类命运共同体，应该在人们的思想意识和实际行动上均有所体现，需要作出主观努力，并将主观和客观统一起来，顺势而为，增量提质，加快进程，迈上高阶，普惠大众。

“世界观”是指，从“实然”和“应然”两个视角把整个世界看作一个各国人民休戚与共的人类命运共同体，把自身看作人类命运共同体中的一员和有机组成部分。

“方法论”是指，深刻认识和把握“实然”的规律，并从“实然”出发，强化“应然”的意识与作为，各国同心协力，共同呵护地球家园，把地球村建设成一个和睦的大家庭，建设持久和平、普遍安全、共同繁荣、开放包容、清洁美丽的世界。

“继承”是指，人类命运共同体的构建要继承中外优秀思想文化和光辉实践。对中国而言，就是要继承和平共处五项原则、建立国际政治经济新秩序、和平发展道路、构建和谐世界等先进思想与实践。同时，也要吸收一切人类文明优秀成果，传承好“和平、发展、公平、正义、民主、自由”的全人类共同价值观。

“创新”就是要与时俱进，根据国际形势的发展与人类文明的进步，提出新思想新战略，采取新举措新行动。对中国而言，党的十八大以来，以习近平为核心的党中央积极推进外交理论与实践创新，提出了“一带一路”倡议、全球治理观、安全观、发展观、正确义利观、正确“三观”（历史观、大局观、角色观）、全球化观等一系列新理念新主张，在开创中国特色大国外交新局面的伟大实践中形成了以“十个坚持”为核心要义和总体框架的习近平外交思想。构建人类命运共同体思想作为习近平总书记外交思想的核心和精髓，已成为新时代坚持和发展中国特色社会主义的外交方略，[①] 实现了中国外交思想的重大创新，已经并将继续指导中国外交实践的创新和发展。

进言之，构建人类命运共同体还是历史必然性与自主选择性、整体性与个别性、同一性与多样性、多元性与主体性、前进性与曲折性的统一。

人类发展势必逐步走向人类命运共同体，有其历史必然性。但如何认识和把握“人类命运”，如何建设“共同体”，要建设一个什么样的人类命运共同体，以怎样的方式、速度和成效进行构建，则具有很强的自主选择性。

“人类命运”既可以看作一个整体概念，有其整体性、同一性要求，有其固有的核心内涵。又要看到，这一概念是多要素、多向度的，其要由多层次、多领域、多疆域、多方位、多主体的各自命运表现出来，必将显示多元性、多样性、主体性和差异性。

“人类命运”必然随着历史进步的车轮而滚滚向前，前途是光明的，展现其不可阻挡的前进性。同时，其前进的道路必然是漫长而曲折的，也必然会受到发展不平衡规律的支配，展现其长期性、曲折性与不平衡性。

人类命运共同体发展必然呈现进程特征，理论上可以分为初级阶段、中级阶段和高级阶段。其衡量指标应包括：互联互通程度、利益共享程度、发展对接程度、安全共筑程度、责任共担程度、文化共兴程度、价值观认同程度、共同行动程度、国际支撑程度（国际法）等。

（二）“我”（中国）与“人类命运共同体”是什么关系

在讲清“人类命运共同体”是什么的同时，还应科学界定“我”（中国）与“人类命运共同体”的关系。

一个最基本的逻辑关系是，“我”是“人类命运共同体”的有机组成

① 杨洁篪：《推动构建人类命运共同体》，载《党的十九大报告辅导读本》，北京：人民出版社 2017 年版，第 94 页。

部分和具体体现。“我”之命运与“人类命运”密切相关、息息相通，不可分割，但并不等同，也未必完全同步。“我”与更多其他各方结成命运共同体，其范围越大、程度越高，就越能反映和推动构建人类命运共同体的发展，越能体现“我”之贡献和价值。

从主体作用看，“我”可以是“人类命运共同体”的倡导者、参与者、建设者、贡献者和引领者。

“人类命运共同体”概念还把“我和你”以及“你、我、他”变成了“我们”。正如“地球村”概念把各国人民都变成了“村民”，遍及全球的互联网把各国人民都变成了“网民”。同时，这一概念必然会强化“地球村”“人类家园”和“大共同体”（greater community）意识。

（三）为何要构建人类命运共同体

党的十九大报告指出：“我们生活的世界充满希望，也充满挑战。我们不能因现实复杂而放弃梦想，不能因理想遥远而放弃追求。没有哪个国家能够独自应对人类面临的各种挑战，也没有哪个国家能够退回到自我封闭的孤岛。”这表明，构建人类命运共同体体现了中国共产党的使命担当，是中国的梦想和追求，也是各国联合应对人类面临的各种挑战所亟须，纵使面临复杂挑战，中国也不会放弃。

从理论上讲，构建人类命运共同体确有必要。其必要性是由人类发展的客观需要和人类的自主选择性及主观能动性决定的。各行为体唯有乘势而为，团结协作，才能达成最大共识，形成最大合力，以最优化的方式，建设一个最符合人类共同愿望与美好理想的人类命运共同体。

从理论上讲，构建人类命运共同体也确实可行。其可行性是由人类社会发展的现实基础、未来积极趋势和各行为体的政策选择与实践决定的。这包括：一是人类和平、发展与进步的共同愿望，这种愿望非常强烈，生生不息；二是日益紧密联系和交汇的共同时空，世界变得“又热又挤又平”，各国人民拥有并需呵护承载“人类命运”的共同家园——地球村；三是随着世界多极化、经济全球化、社会信息化和文化多样化深入发展，各国之间的相互联系、相互依赖不断加深，共同利益拓展与深化、共同体的扩大与交融势不可当；四是作为各国对外政策工具与目标的伙伴关系大行其道，呈现全面化、全球化、战略化、网络化、持久化趋势；五是（次）区域化与一体化不断发展，为构建地区命运共同体和人类命运共同体提供动力和基石；六是将天下“一网打尽”的网络空间，使得构建网络空间命运共同体成为时代命题，并具有了现实需要和基础；七是联合国、世界贸易组织等为构建人类命运共同体提供了通行的原则、精神和机制支撑。

（四）该怎样构建人类命运共同体

对于如何构建人类命运共同体，习近平主席在联合国纽约总部和日内瓦总部的两次重要演讲已提供了很好的答案。党的十九报告明确提出了推动构建人类命运共同体的基本方略、总目标和总路径。

构建人类命运共同体是一个系统工程。我们要确立宏伟蓝图、指导原则、基本遵循、总布局总路径等。尤其要牢牢把握构建人类命运共同体思想的“五位一体”内涵，并以此作为基本的行动指南。

我们要对攸关人类前途命运的重视现实问题和全球性挑战作出积极回应，指明世界发展和人类未来的前进方向，其核心是要和平不要战争，要发展不要贫穷，要合作不要对抗，要共赢不要独占。

我们要进行具有开创性、示范性和全局性影响的伟大实践，并且推广其成功经验，比如不断推动“一带一路”进展。

我们要把握并运用好其整体特征、要素特征、层面特征、领域特征、疆域特征、进程特征、主体特征和多元特征，综合施策，全面推进，有的放矢，寻求突破。要强化整体性，增大一致性，体现自主性，尊重差异性，保护多样性。

我们要及时对接构建人类命运共同体的具体理论与实践，比如人类共同体、世界共同体、全球共同体等概念，世界主义、全球治理等理论，地区共同体建设与发展的理论与实践。

我们要提倡“大共同体”思维，让共同体变得更大，朝着开放、包容、共赢、普惠方向不断迈进。当然，也不要急于求成，要重视提质增效，把握好扩大共同体的时机和节奏。

有识之士还指出，我们应该布局构建开放共享、质优价廉、普惠全球的人工智能技术和应用平台，配合“一带一路”建设，让“智能红利”助推共建人类命运共同体。

需要特别指出的是，要把共商共建共享和共生共进共赢作为携手构建人类命运共同体的“金科玉律”。它应该是放之四海而皆准的。

综合起来看，构建人类命运共同体的实践，要依据不同地区、不同国别、不同国家的发展状况，以互联互通和伙伴关系为抓手，以多领域、多层面、多方位、多空间、多速率进行。多领域包括政治、安全、经济、文化、生态等；多层面包括全球、地区、次区域、双边、国家、国内地方等；多方位包括大国、周边、发展中国家、多边等；多空间包括陆、海、空、外空、深海、极地和网络空间等；多速率是指根据各国各地区不同发展状况，有的快、有的慢，要帮助和关照弱小国家、弱势群体，确保其不掉队，体现包容、共赢、普惠理念。中国推动构建人类命运共同体的外交努力也正在如此展开，尤其注重着力周边和本地区，充分利用“一带一路”巨大合作平台，并努力使多层面、多领域、多方位、多空间的命运共同体落地生根。

须指出，构建人类命运共同体并不否认矛盾和斗争，必要时要同反动思想和势力进行毫不妥协的坚决斗争。要清醒地看到，在构建人类命运共同体的伟大进程中，免不了矛盾和冲突，要求我们用勇气、智慧和力量去应对。对于国与国之间的矛盾和竞争，要善于化解和管控；对于违背根本原则和重大利益的行为，则要坚决斗争。斗争的根本目的，在于捍卫正当利益、维护世界和平、伸张国际正义、促进共同发展。从某种意义上讲，中国坚持不懈地推动构建人类命运共同体的过程，也是在国际上进行具有许多新的历史特点的伟大斗争的过程。在进行必要斗争的同时，要力避新老大国陷入冲突的“修昔底德陷阱”和“新冷战陷阱”。

二、“一带一路”倡议
体现了推动构建人类命运共同体的核心理念

“一带一路”建设是习近平总书记深刻思考人类前途命运以及中国和世界发展大势，为促进全球共同繁荣、打造人类命运共同体所提出的宏伟构想和中国方案，是习近平新时代中国特色社会主义思想和习近平外交思想的有机组成部分，开辟了我国参与和引领全球开放合作的新境界。

“一带一路”建设是纵贯古今、统筹陆海的世纪蓝图，是“百年大计”，具有十分重要和深远的意义。“一带一路”建设，是我国今后相当长时期对外开放和对外合作的管总规划，也是人类命运共同体理念的重要实践平台。

在“一带一路”建设国际合作框架内，各方秉持共商、共建、共享原则，携手应对世界经济面临的挑战，开创发展新机遇，谋求发展新动力，拓展发展新空间，实现优势互补、互利共赢，不断朝着人类命运共同体方向迈进。这是习近平总书记提出这一倡议的初衷，也是希望通过这一倡议实现的最高目标。

人类命运共同体理念融入了利益共生、情感共鸣、价值共识、责任共担、发展共赢等内涵。共建“一带一路”主张守望相助、讲平等、重感情，坚持求同存异、包容互谅、沟通对话、平等交往，把别人发展看成自己机遇，推进中国同沿线各国乃至世界发展机遇相结合，实现发展成果惠及合

作双方、各方。

共建“一带一路”跨越不同国家地域、不同发展阶段、不同历史传统、不同文化宗教、不同风俗习惯，是和平发展、经济合作倡议，不是搞地缘政治联盟或军事同盟；是开放包容、共同发展进程，不是要关起门来搞小圈子或者“中国俱乐部”；不以意识形态划界，不搞零和游戏，只要各国有意愿，都欢迎参与。

共建“一带一路”倡议以共商共建共享为原则，以和平合作、开放包容、互学互鉴、互利共赢的丝绸之路精神为指引，以政策沟通、设施联通、贸易畅通、资金融通、民心相通为重点。通过共建“一带一路”，中国与世界各国共同打造政治互信、经济融合、文化包容的利益共同体、责任共同体和命运共同体。

习近平主席在首届“一带一路”国际合作高峰论坛上指出，要将“一带一路”建成和平之路、繁荣之路、开放之路、创新之路、文明之路。这是各国共同推进“一带一路”建设的美好愿景，与推动构建人类命运共同体的理念高度契合。

三、共建“一带一路”为推动构建人类命运共同体作出巨大贡献

在各参与方共同努力下，共建“一带一路”从倡议变为行动，从理念转化为实践，硕果累累，已成为当今世界规模最大的国际合作平台和各方普遍欢迎的全球公共产品。

一是凝聚了国际社会广泛共识。共建“一带一路”倡议得到150多个国家和地区的积极响应和支持。截至2019年11月初，中国已经同137个

国家和30个国际组织签署197份共建“一带一路”合作文件①，签署范围涵盖亚洲、欧洲、非洲、拉丁美洲、南太平洋等地区和相关国家组织。首届“一带一路”国际合作高峰论坛形成的279项成果，已有265项已完成或可转为常态化工作，14项正在有序推进，落实率达95%。第二届“一带一路”国际合作高峰论坛形成的283项成果，开始逐步落实。

二是推动了基础设施互联互通。蒙内铁路建成投入运营，中老铁路、中泰铁路、雅万高铁、匈塞铁路建设积极推进。瓜达尔港停靠首艘集装箱班轮，阿联酋哈利法港二期项目开工建设。中吉乌国际公路货运正式运行。中俄原油管道复线工程投入运营，中缅原油管道正式投运，亚马尔液化天然气项目正式投产。数字（网上）丝绸之路建设有序推进。中欧班列已成为“一带一路”建设的标志性品牌，截至2019年5月，已累计开行突破1.5万列，自2018年以来，开行质量明显改善，回程数量大幅增长。

三是促进了投资贸易便利化。2013—2017年的5年间，中国与有关国家货物贸易累计超过5万亿美元，对外直接投资超过700亿美元。在有关国家建设82个境外经贸合作区，总投资超过280多亿美元。中白工业园等境外合作园区成为中国企业到沿线国家投资的重要载体。与40个重点国家签署了产能合作文件。与马尔代夫、格鲁吉亚签署了双边自贸协定。与欧亚经济联盟正式签署经贸合作协定。

四是加大了资金融通力度。推动成立亚洲基础设施投资银行、丝路基金、中国—中东欧合作基金等双多边金融合作机构。与26个国家共同核准《“一带一路”融资指导原则》。截至2018年6月，国家开发银行、进出口银行以及各商业银行等多家中资金融机构为“一带一路”项目提供信用贷款、股权投资等金融支持，11家中资银行在共建“一带一路”国家设立了71家一级机构，参与项目2700个，发放贷款超过2000亿美元，累计授信

① 习近平：《开放合作命运与共——在第二届中国国际进口博览会开幕式上的主旨演讲（2019年11月5日）》，《人民日报》2019年11月6日，第3版。

4000亿美元。与24个共建“一带一路”国家签订1.4万亿元人民币的双边本币互换协议，在7个共建国家建立人民币清算安排。

五是深化了民心相通。推动与相关国家在科技、教育、文化、卫生、旅游等领域的合作，促进政党、智库、友城、社会组织等方面的交流。每年向相关国家提供1万个政府奖学金名额，有的地方政府设立了丝路专项奖学金。组建国际发展合作署，加强对外援助力度。“一带一路”框架下的双向旅游交流超过2500万人次。印发关于加强“一带一路”软力量建设的指导意见。发起成立“一带一路”绿色发展国际联盟倡议。同数十个国家签订文化合作协定。中国一带一路网实现六种语言版本同步运行。

经过近六年的努力，共建“一带一路”的国际认同日益增强，合作伙伴日益扩展，建设成效日益彰显。面对纷繁复杂的国际和地区形势，共建“一带一路”倡议以包容开放的理念和具体务实的行动，有力地促进了各国经济繁荣与全球经济的复苏，推动了不同文明的交流互鉴与世界的和平发展。在各方共同努力下，政策沟通范围不断拓展，设施联通水平日益提升，经贸和投资合作又上新台阶，资金融通能力持续增强，人文交流往来更加密切。共建“一带一路”合作取得的早期收获，为各国和世界经济增长开辟了更多空间，为加强国际合作打造了平台，为构建人类命运共同体作出了巨大贡献。

“一带一路”源自中国更属于世界。共建“一带一路”跨越不同地域、不同发展阶段、不同文明，是一个开放包容的平台，是各方共同打造的全球公共产品。共建“一带一路”目标指向人类共同的未来，坚持最大程度的非竞争性与非排他性，顺应了国际社会对全球治理体系公正性、平等性、开放性、包容性的追求，是中国为当今世界提供的重要公共产品。联合国秘书长古特雷斯指出，共建“一带一路”倡议与联合国新千年计划宏观目标相同，都是向世界提供的公共产品。共建“一带一路”不仅促进贸易往来和人员交流，而且增进各国之间的了解，减少文化障碍，最终实现和平、和谐与繁荣。

“一带一路”为全球治理体系变革提供了中国方案。当今世界面临增长动能不足、治理体系滞后和发展失衡等挑战。共建“一带一路”体现开放包容、共同发展的鲜明导向，超越社会制度和文化差异，尊重文明多样性，坚持多元文化共存，强调不同经济发展水平国家的优势互补和互利共赢，着力改善发展条件、创造发展机会、增强发展动力、共享发展成果，推动实现全球治理、全球安全、全球发展联动，致力于解决长期以来单一治理成效不彰的困扰。

“一带一路”把沿线国家的前途和命运紧紧联系在一起。“一带一路”建设坚持共同发展的大方向，倡导多边主义，大家的事大家商量着办，贯彻开放包容透明的合作理念，深化发展政策和规划对接，把大家的优势和潜能充分发挥出来，聚沙成塔、积水成渊。“一带一路”建设坚持以人民为中心的理念，始终注重民生导向，对接联合国2030年可持续发展议程，聚焦消除贫困、增加就业、改善民生，以零容忍态度共同打击腐败，让共建“一带一路”成果更好惠及全体人民，为当地经济社会发展作出实实在在的贡献。“一带一路”建设积极打造全球互联互通伙伴关系，这是第二届高峰论坛上各方达成的重要共识。中方将以此为指引，努力提升基础设施互联互通水平，建设中欧班列、陆海新通道等国际物流和贸易大通道，发展经贸产业合作园区，推动经济走廊建设提质升级，让更多国家参与全球价值链、产业链、供应链并从中受益，让各国互联互通更加有效，经济增长更加强劲，国际合作更加密切，人民生活更加美好。“一带一路”建设坚持对接普遍接受的国际规则标准和最佳实践，本着政府引导、企业主体、市场运作的原则，推动企业在项目建设、运营、采购、招投标等环节与广泛接受的国际规则标准接轨，确保项目在经济、社会、财政、环境等方面的可持续性，建设绿色之路、廉洁之路、创新之路。

四、共建“一带一路”昭示构建人类命运共同体的真谛

共建“一带一路”蕴含着构建人类命运共同体的几乎全部真谛，并以其伟大实践作了生动诠释。其所展示的真谛主要有：一是坚持共商、共建、共享原则；二是弘扬以和平合作、开放包容、互学互鉴、互利共赢为核心的丝路精神；三是既要登高远望，也要脚踏实地；四是聚焦发展这个根本性问题，抓住发展这个最大公约数，释放各国发展潜力，实现经济大融合、发展大联动、成果大共享；五是牢牢把握互联互通这个关键，大力推进“五通”，推动陆上、海上、天上、网上“四位一体”的联通，促进硬件、软件、人文“三位一体”的联通；六是构建相互尊重、公平正义、合作共赢的新型国际关系，打造对话而不对抗、结伴而不结盟的伙伴关系，走出一条国与国交往的新路；七是树立共同、综合、合作、可持续的安全观，营造共建共享的安全格局，打造安全保障体系；八是以开放为导向，解决经济增长和平衡问题，打造开放型合作平台，维护和发展开放型的世界经济，共同创造有利于开放发展的环境，推动构建公正、合理、透明的国际经贸投资规则体系，促进生产要素有序流动、资源高效配置、市场深度融合，携手构建广泛的利益共同体；九是切实推进统筹协调，加强发展战略或规划的对接，打造利益共同体和发展共同体；十是要向创新要动力，坚持创新驱动发展，加强在数字经济、人工智能、纳米技术、量子计算机等前沿领域的合作，推动大数据、云计算、智慧城市建设，携手打造绿色丝绸之路、健康丝绸之路、智力丝绸之路、和平丝绸之路、数字丝绸之路。

共建“一带一路”的顶层设计对接

"一带一路"沿线国家发展顶层设计对接的路径抉择

——基于制度供给层面的探讨

郭　锐

【内容提要】伴随经济全球化和区域一体化的迅猛发展，全球利益分配机制的缺失缺位，非但没有消除或弱化国家间、区域间的利益分配不均衡局面，反而使这种状况愈发严峻，并超出了传统意义上的"南北问题"范畴，造成现阶段一些西方国家在难以适应新兴国家崛起的情况下成为"逆全球化""反全球化""去一体化"主体力量的怪现象。此种利益分配不均衡局面的根源，在于国际规则设置及制度供给层面的不合理和不公正。有鉴于此，在共建"一带一路"框架下，不断深化双边、多边发展顶层设计对接，要根据包容性增长的开放原则来制定和实施相关政策，切实转变国家发展思路并树立国家间共同发展新思维，以确保经济全球化、区域一体化的实利好处得到均衡分配、实现充分共享。

【关 键 词】国家发展　顶层设计对接　制度环境　制度维度　制度供给

【作者简介】郭锐，吉林大学行政学院国际政治系系主任、国家发展与安全研究院副院长，教授。

新时期新形势下推动共建“一带一路”，要营造更加积极稳定的制度环境与保障条件，要从制度高度和制度维度上不断完善制度供给原则及其运行机制，从制度供给层面创造性探寻“一带一路”沿线国家发展顶层设计对接强化深化的新路径。这对持续推动“一带一路”建设，务实践行共商共建共享原则，实现沿线国家的可持续发展与可持续安全，促进共同发展与共同繁荣，具有现实意义和深远影响。

一、“一带一路”沿线国家发展顶层设计对接的制度环境与保障条件

共建“一带一路”是重大创新，而实现制度性互联互通则是推动“一带一路”国家发展对接的必要保障条件。这有助于降低制度性交易成本，促进国家间资源、要素、信息等内容的充分流动和释放，促进“一带一路”沿线国家实现共同发展和繁荣。从制度环境与保障条件看，新形势下加强“一带一路”沿线国家发展顶层设计对接已有良好基础。

第一，对接诉求契合度大。以国家发展顶层设计对接撬动经济发展，实现区域市场与资源整合，是新阶段跨越“低速发展陷阱”的时代必然。总体来看，“全球产业布局在不断调整，新的产业链、价值链、供应链日益形成，而贸易和投资规则未能跟上新形势，机制封闭化、规则碎片化十分突出”[①]。这在全球发展失衡的背景下，显得更为危险和紧迫。发展是解决一切时代问题的基础和关键。在“你中有我，我中有你”的全球化时代，所谓发展，即是均衡的、共赢的和可持续的。共建“一带一路”，就要深入对接沿线各国发展顶层设计，推动构建利益共同体、责任共同体和命运共同体。究其原因，在相互依存、互助发展的全球化时代，任何与世界发展

① 习近平：《习近平谈治国理政》第2卷，北京：外文出版社2017年版，第479页。

“脱钩”的行为，不仅无法实现“自保”的利益诉求，还可能使自己陷入“四面楚歌”的境地。唯有世界各国从“各自为政”转向构建人类命运共同体，才能开辟合作共赢式发展新路，将一切不稳定因素消弭于发展之中。从这个意义看，聚焦共同发展主题，要准确把握时代症结开出“共赢药方”，将各国积极力量纳入共建“一带一路”进程，努力为“一带一路”沿线国家实现发展顶层设计对接营造宽松的制度环境，切实体现和契合沿线国家重大利益诉求。

第二，细化对接举措需求性高。共建“一带一路”已取得重要进展和显著成效，极大促进了地区乃至世界经济的复苏和发展。目前，正从谋篇布局的“大写意”阶段，转向精耕细作的“工笔画”阶段。[①] 在总结以往经验的同时，更要展望未来合作愿景，而将“一带一路”经济合作文件转化为现实的生产力和成果，则需要细化国家发展顶层设计对接举措。可以说，这是当前及今后一段时期推动“一带一路”国际合作持续走深走实的重心所在，也是沿线国家的共同需要。这其中，细化国家发展顶层设计对接落地步骤是关键一环，事关共建“一带一路”更精准的布局和协调配合。一是细化共商逻辑。这既是深化国家发展顶层设计对接的初始阶段，也是凝聚各国最大公约数共建“一带一路”的核心环节。二是细化共建过程。即加快构建以中国为核心的区域价值链，制度化推进“一带一路”投资便利化以消解规则碎片化影响。三是细化共享方案。推动沿线国家成为“大变局”的受益者、建设者和贡献者，深化对接双边、多边发展顶层设计，以更大善意、政策投入和开放力度推动国际生产体系建设性变革。

第三，对接整合机制化强。共建“一带一路”既是以市场为基准的计划，又是典型的国际公共产品。[②] 在区域资源整合和市场潜力开发上，既要

---

① 宁吉喆：《“一带一路”建设已迈进精耕细作的“工笔画”阶段》，http://www.ce.cn/xwzx/gnsz/gdxw/201903/06/t20190306_31624558.html。（2019 年 9 月 3 日登录）。

② 《金融支持“一带一路”建设　需整合资源形成合力》，http://www.cs.com.cn/xwzx/201712/t20171201_5601125.html。（2019 年 9 月 5 日登录）。

以竞争方式促进资源整合、增加供给，又要发挥政策对接优势整合资源、形成合力，促进政策性投资与商业化、市场化投资相辅相成。这其中，制度是规制资本膨胀的最好依托，是将资本导入制度性轨道、防止资本过度逐利与膨胀对地区关系的异化作用，充分发挥其撬动经济发展的杠杆效应，释放区域经济持续增长活力的根本。可以说，依托市场驱动、政策引导，是促进“一带一路”沿线双边、多边发展顶层设计对接的动力来源。伴随共建“一带一路”的持续深化与拓展，要将分散的市场力量与政策优势，以机制化的路径聚合起来、形成制度合力。由此，加快将沿线国家发展顶层设计对接成果转化为实在利益，为共建“一带一路”提供可持续的利益支撑。推动“一带一路”参与方利益整合机制化，实质是以市场驱动为基准，以政策对接为杠杆，以促进政策性投资与市场化投资相结合为依归。在此过程中，要实现区域优势互补和互利共赢，最根本的是推动区域标准化对接，不断消解规则碎片化影响，促进区域制度性互联互通。某种意义上，标准既是一国技术水平的体现，更是一国利益的凝结。深化标准体系对接，就是以制度化方式寻求双边、多边共同利益交会的点和面，由此为深化“一带一路”国家发展顶层设计对接创造充要条件。

二、“一带一路”国家发展顶层设计对接的制度维度分析

在中国从“站起来”“富起来”转向“强起来”的关键时刻，使中国从“项目主导”转为“规则主导”，是中国依托共建“一带一路”推动双边、多边发展顶层设计对接的核心诉求之一。在中国依托共建“一带一路”推进区域制度设计及其变迁的过程中，拥有更大的主动权，才能实现制度层面的整合和真正意义的国家发展顶层设计对接。

第一，制度性保障。走向制度化合作是“一带一路”建设的前进方向。[①] 其中，为强化“一带一路”参与国家的合作动机，进一步降低国家发展顶层设计对接合作成本，在制度设计、运行及创新的各个环节，均应遵循“发展式”“渐进式”“创新式”思维。

其一，促进发展式制度整合。当前，“一带一路”沿线地区规则碎片化、过剩化、政治化等现象突出，这给共建“一带一路”及深化国家发展顶层设计对接造成了严重的“制度羁绊”。中国应通过相关制度平台建设，规范及整合沿线国家利益诉求，提出中国方案、确定行动准则、制定对接标准、贡献中国智慧。要秉持共商共建共享原则对接各国政策和发展顶层设计，将各国合理诉求融入“一带一路”对接项目。从实现合作共赢需求契机的新思维，推动建立“一带一路”多元主导的制度规则体系。更进一步说，“一带一路”制度建设的创新点，即在于坚持“发展导向、政府主导、灵活渐进和主权原则”，[②] 由此为深化“一带一路”国家发展顶层设计对接提供方向性指引。

其二，渐进式制度改革。推动“一带一路”沿线区域治理制度变革，把新兴力量融入新治理体系使之切实发挥作用，无疑是新时期“一带一路”制度建设的根本诉求。即依托共建“一带一路”诉求，不断完善沿线区域制度安排，重新分配全球治理体系中的代表权、话语权，提高新兴主体的制度性话语，以吐故纳新做法重振区域治理的活力效力。在此过程中，最为关键的是树立风险防范管控意识，走渐进式改革发展道路。任何改革都需要支付一定的成本，改革成本的高低与推进改革的方式、缓急等有密切关系。“为避免改革所引起的利益不均衡及由此导致的不稳定，改革注定是

---

① 王明国：《“一带一路”倡议的国际制度基础》，《东北亚论坛》2015 年第 6 期，第 77—89 页。

② 王明国：《“一带一路”国际合作高峰论坛的制度逻辑》，《教学与研究》2017 年第 8 期，第 58—65 页。

具有过渡性质和渐进性的”[①]。新时期推动“一带一路”制度建设，要掌握好实施沿线区域治理制度变革的节奏或方式，这对推动共建“一带一路”持续走深走实十分重要。

其三，创新式保险机制。风险问题是共建“一带一路”不容回避和忽视的现实课题。要合理规避风险、降低不确定因素的冲击，在积极推动双边、多边发展顶层设计对接的同时，要从制度层面创新性引入保险机制为共建“一带一路”保驾护航。由此，防范、化解、解决、消除各类潜在风险威胁，构建商业化、可持续、全面化的风险保障系统机制，为共建“一带一路”提供全面风险保障。不论从风险保障或资金供给方面看，均需要从制度层面创新性的把保险机制纳入共建“一带一路”各个环节。在此基础上，更好地推动项目合作和政策落实，全面提升保险业服务共建“一带一路”的保障能力。应以产品创新为突破、以平台搭建为重心、以国际网络为依托，为“一带一路”建设提供全面风险保障。[②] 这有助于最大限度地降低共建“一带一路”对接项目落地风险，使各方更有信心决心加强和深化双边、多边发展顶层设计对接。

第二，制度性激励。以制度性激励推动共建“一带一路”走向制度化合作，其关键是坚持权利与义务、竞争与合作、规则与关系相统一，由此不断增强共建“一带一路”的经济吸引力和政治包容力。究其根本，就是要共担共享“制度变迁”的成本和收益，革除深化国家发展顶层设计对接的制度性障碍。

权利与义务相统一。权利与义务划分，从根本上说是利益界分的法律表达。从这个意义看，在推进“一带一路”制度建设过程中，坚持权利与

---

① 毛振华、袁海霞：《“一带一路”沿线国家吸引国际直接投资的制度建设研究——中国“渐进式改革”经验与借鉴》，《经济理论与经济管理》2017 年第 10 期，第 109 页。

② 《中再集团为“一带一路”建设“再保险”》，搜狐网，2019 年 7 月 15 日，https://www.sohu.com/a/326964767_175647。(2019 年 9 月 18 日登录)。

义务相统一原则，实质是以正确义利观为指导推动构建权责共担的新型制度框架，不断从合作共赢中型塑权、责、利相结合的新型发展权。诚如有学者提出的那样，“‘一带一路’是一种发展观，是为共同发展而构建的合作平台和市场网络。不先设单边主导的预案，重行动力，在平等合作的实践中发展并规范规则”①。这表明“一带一路”制度建设具有极大的包容性，其不同于西方国家提出的“中心—边缘”式的排他性制度设计。即各参与方皆为平等的合作伙伴，且各方合理诉求均能体现在倡议的落实中，由此成为共建“一带一路”的实际成果分享者，各方均是平等的权利与义务的统一体。

竞争与合作相统一。竞争与合作是双边利益关系的具体实践形态。双边利益关系的和谐与稳定，在实践中主要表现为双边竞争关系与合作关系的协调统一。从这个意义看，推动双边、多边发展顶层设计对接，要从理论和实践层面上高度重视竞争与合作相统一的内在辩证关系。唯有如此，才能推动共建“一带一路”合作机制多边化，让不同国家、不同主体、不同阶层均能享受到国家发展顶层设计对接带来的发展红利，并降低构建新型合作机制的制度成本。作为“一带一路”倡议的发起者、引领者，若依托“一带一路”倡议将“中国梦”与“世界梦”无缝对接，就应把握关键、从多边入手，不断加强政策协调和发展顶层设计对接力度，不断促进区域协同联动发展程度。从现阶段看，实现各参与方“竞合关系”的持久稳定、均衡和谐，要优先合作推动绿色发展技术创新，从中构筑起民心相通的桥梁，为“一带一路”沿线国家乃至人类社会的可持续发展筑牢根基。此外，要深化数字经济领域的务实合作，促进“一带一路”沿线国家数据资源的开放、挖掘与整合，不断释放数字经济的活力与潜力。

规则与关系相统一。当前，推动共建“一带一路”虽已进入精耕细作

① 王文：《“一带一路”与中国智慧》，《北京日报》2019 年 4 月 22 日，第 13 版。

新阶段，但总体上看，其中的制度设计、规则建构仍处于“草创”阶段。在此情形下，要有效协调双边、多边的政策及利益分歧，就得保持共建“一带一路”充分的灵活性。从根本上说，即从合作共赢中充分把握好规则与关系的内在辩证逻辑，以更大政策灵活性推动“一带一路”对接合作项目更好的落地生根。在此过程中，其演进逻辑是：首先依托关系塑造政治，此后通过规则界分利益，最终促成国家发展顶层设计对接实现共赢。如果从时间次序推进上看，“一带一路”建设大体可以遵循“先关系、后规则”的原则。即遵循先关系后规则、关系与规则互动的路径推进，逐渐形成共识以推动国家发展顶层设计对接，以关系为纽带推进“一带一路”规则体系构建。① 可以说，这是中国深度参与全球治理变革的有效路径，有助于革除深化国家发展顶层设计对接的制度障碍，增强共建“一带一路”的经济吸引力和政治包容力。

第三，制度性话语。制度性话语是中国确保和实现和平发展的重要诉求之一。尤其是近年来，伴随中国在国际体系中的地位和作用不断上升，其面临的制衡压力也有所增大。如何以制度性手段持续提升中国话语权，稳妥应对西方国家政策意图和行为的不确定性，成为中国走向世界中心亟须解决的现实课题，对推动“一带一路”建设行稳致远、深化沿线国家发展顶层设计对接同样意义重大。

从中国倡议到国际共识。提升中国话语权，离不开经济基础的支撑。总体来看，共建“一带一路”以国家发展顶层设计对接为路径，走的是共赢共享的经济发展道路，为解构西方话语霸权、构建新型话语关系提供了契机。“经济发展是形成话语影响力的基础，只有当中国能够为世界经济的发展提供不同于西方的发展逻辑时，中国国际话语权的建构才能迈出关键

---

① 陈伟光、王燕：《共建“一带一路”：基于关系治理与规则治理的分析框架》，《世界经济与政治》2016 年第 6 期，第 93—112 页。

性步伐”[①]。有鉴于此，要创造性地将中国倡议转变为国际共识，其基点是密切双边、多边经济联系，将全球治理的重心拉回到聚焦经济对接发展上来。具体来说，应通过“共商”找到共同利益所在，通过“共建”把“蛋糕”做大，并将中国智慧、中国理念、中国元素持续融入其中，为改革完善全球治理体系，实现世界经济可持续发展，推动各国携手建设人类命运共同体提供新动力、新思路和新方案。[②] 尤其是当下，中国国家形象在很大程度上由“他塑”而非“自塑”所左右，亟须从被动转为主动。通过加强国际传播能力建设，构建一套完整完善的中国特色话语体系，讲好中国故事，发好中国声音。共建“一带一路”为提高中国国际话语，提供了新的契机。在思想上，应坚定对中国道路、中国制度、中国理论、中国文化的自信，以重塑中国话语体系，端正国民思想和思维。在实践上，要积极借助共建“一带一路”平台，不断深化国家发展顶层设计对接合作，推动中国倡议转化为国际共识，引导世界各国更加正面积极地认识到一个立体多彩的现代中国。

从利益认同到制度认同。现阶段看，不断从做大“经济蛋糕”中增强利益认同，是当下纵深化推动共建“一带一路”的重要基础和推动力，而互联互通则是实现“一带一路”沿线国家联动发展的重要基础条件。此种意义上，当前在“一带一路”框架下共同做大“经济蛋糕”，更多地表现为聚焦于基础设施的互联互通，把“硬联通”作为深化双边、多边发展顶层设计对接的“重头戏”。由于“一带一路”建设打的是“经济牌”、偏重于“硬建设”，而相对忽视对“软支撑”的政策投入，其弊端十分明显，且可能窄化双边、多边关系的丰富内涵。历史经验表明，周边国家会把

① 谢超林：《“一带一路”助力中国国际话语权提升》，《人民论坛》2017 年第 27 期，第 99 页。

② 关雪凌：《全球治理体系变革与“一带一路”话语权构建》，《人民论坛》2018 年第 22 期，第 87—89 页。

“做生意”和“交朋友”分得很清，甚至是采取“骑墙政策”以平衡中国日趋增强的影响力，致使中国在经济领域的比较优势不能有效地转化为软权力资源。[①] 有鉴于此，做大“经济蛋糕”虽是共建“一带一路”的“重头戏”，但不论是在谋篇布局还是精耕细作新阶段，深化国家发展顶层设计对接不能只盯着经贸领域。推动“一带一路”建设应承载更多的人文内涵，为促进地缘相亲、文化相融、民心相通，推动构建人类命运共同体，积极贡献中国智慧和中国方案。共建“一带一路”所承载的丰富人文内涵，有助于推动沿线国家对中国由利益认同为主转为制度认同为主，由此不断提升中国道路、中国理论、中国制度、中国文化的影响力和吸引力。实际上，这是下一阶段加强和深化“一带一路”沿线国家双边、多边发展顶层设计对接所不能忽视的重要方面之一。

从合理多元到命运共同体。如果说共建“一带一路”是优化全球治理体系的重要抓手，那么，推动构建人类命运共同体的倡议就是这一重要抓手的精神内涵。在推动“一带一路”沿线国家发展顶层设计对接的过程中，要创造性地将人类命运共同体理念融入其中，从多维度、全方位、高层次引领“一带一路”建设走深走实。近代以来，由于交通技术的发展和民族国家的普遍建立，阻碍人类交往的核心因素不再是“山海阻隔”，而是主权体系所构建的“制度壁垒”。总体来看，主权体系的构建更多的是打上西方国家的“文化胎记”，其是西方历史、文化、思维、信仰等方面的制度彰显。在此体系中，合理多元是值得倡导的价值观、发展观和生存观。回顾历史，这种“主权至上”的国际交往原则曾经发挥了积极作用，有力地遏制了霸权主义的膨胀和扩张，为各国、各民族实现独立自主提供了理论及实践上的论说和指导。不过，目前学术界言及其“得”的较多，而言及其“失”的则较少。伴随经济全球化的日益深入发展，“这个世界，各国相互

① 王秋彬：《周边国家对华“近而不亲”：困境、原因及其化解路径》，《当代世界》2017 年第 3 期，第 15 页。

联系、相互依存的程度空前加深，人类生活在同一个地球村里，生活在历史和现实交汇的同一个时空里，越来越成为你中有我、我中有你的命运共同体”①。可以说，时代“沧海桑田”的剧变，给人类提供了重新审视现有规则及世界的新契机。这其中，最重要的一点是：推动构建人类命运共同体成为当今时代前进的根本方向。从这个意义看，时代的新发展必然需要对现有主权体系进行适时修补、完善和更新，不断注入新的时代内涵和精神，以使之更好地筑牢国家发展顶层设计对接的主权基石，给“一带一路”沿线国家吃下“定心丸”，由此更好地凝聚磅礴之力推动构建人类命运共同体。

三、推动“一带一路”国家发展顶层设计对接的主要路径

新时期推动“一带一路”沿线国家发展顶层设计对接步入强化深化新阶段，要创造性摸索加强制度供给的新思路和新路径。尤其是在深化自由贸易建设、减少经济贸易壁垒，建立有效运行机制、减少互联互通壁垒，保障各国发展权利，实现经济互助发展上，要努力打开思路和局面。

第一，深化自由贸易建设，减少经济贸易壁垒。经过数年实践，“一带一路”建设进一步精细化，“硬联通”和“软联通”逐步完备，接下来的重心是共同做大“经济蛋糕”。从国家发展顶层设计对接的制度层面看，首先要不断提升“一带一路”沿线贸易畅通度。这其中，最为关键的是优化区域价值链、推进区域一体化和创新利益协调机制。

其一，优化区域价值链。在共建“一带一路”过程中，以优化区域价值链为抓手，是深化双边、多边发展顶层设计对接的重心所在。一方面，应破除“中心—边缘”的区域空间生产布局，努力构建对接发展、合作共

① 习近平：《顺应时代前进潮流促进世界和平发展》，《人民日报》2013 年 3 月 24 日，第 2 版。

赢的价值创造机制；另一方面，应秉持正确义利观，积极塑造均衡、互利、共享的价值分配机制，为深化国家发展顶层设计对接提供可持续动力。中国可以采取在合作中适度让利的做法，与更多国家寻找利益交会点，进一步增大国家发展顶层设计对接的吸引力。比如，中国可以依托发展优势、市场优势、资本优势，加快与“一带一路”沿线国家加强发展顶层设计对接，从共商共建共享中构建起优势互补、价值共享的区域经济发展新模式。这有助于加快构建以中国为核心的区域价值链，推动中国从比较优势向引领能力转变，扭转国际分工失衡的价值对立局面，从而为消除全球发展赤字、实现价值共享提供一套更加合理的驱动机制、分配机制和治理机制。

其二，推进区域一体化。近年来，中国以共建“一带一路”为抓手，广泛且深度参与经济全球化及国际制度变革进程，以负责任大国形象向世界传递着中国无意挑战现有国际秩序的积极信号。不过，要将这一“设想”转化为“现实”，就要尽可能地减小各类问题对深化国家发展顶层设计对接的负面影响，尤其是要避免让中国成为一些大国的主要围堵对象。为此，在处理双边或多边利益分歧时，应保持足够的政策定力和耐心，要积极做好对方工作，努力寻求转圜之机。从这个意义看，哪怕是一些国家不断给中国找麻烦，只要不触碰中国底线，在应对方略上也应以尽可能地避免强制方式来解决问题。这有助于缓解相关国家对中国崛起的担忧和恐惧心理，最终通过“无为”实现“有为”，从而以较小的政策投入达成较大的政策效果。这不仅有助于推进区域一体化进程，还有利于降低利益分歧对深化国家发展顶层设计对接的现实阻力。

其三，创新利益协调机制。在国际合作中，每个国家皆是为利益驱使，皆致力于追求利益最大化、风险最小化，这势必导致矛盾甚至是冲突。为此，要弱化利益分歧、实现利益共享，应塑造一个合理的利益分配及协调机制来化解利益冲突和凝聚共识，以促进和巩固中国与“一带一路”沿线国家的地缘经济互补关系。从现阶段看，沿线国家应充分利用一切机遇，创造性的应对一切挑战，共同引导共建“一带一路”走向新高度。毕竟，在日益开放的环境下，一个国家、一片区域乃至整个世界，其维护和增进安全与稳定的基础不再是军事力量的大小强弱，而取决于共同发展的程度及能力。换言之，发展是安全的根基，可持续安全有赖于可持续发展和共同发展。新时期推动共建“一带一路”行稳致远，要以共商精神凝聚共同发展新共识，以共建精神汇聚共同发展新能量，以共享精神彰显共同发展新宗旨。唯有如此，才能将国家、市场、民间等各方力量有效纳入共建“一带一路”框架，并使国家发展顶层设计对接更加均衡地反映大多数国家或地区的意愿和利益。从这个意义看，加强和深化国家发展顶层设计对接，不只是认知层面的问题，更是能力建设及实践问题。

第二，建立有效运行机制，减少互联互通壁垒。当前，各区域制度性一体化其实是一种闭合式的发展思路和排他性的制度安排。要将“五通”转化为共建“一带一路”的强大推动器，推动实现对沿线规则“碎片化”的再整合及“去政治化”，就要建立有效运行机制，以减少区域互联互通的制度性壁垒。

其一，标准化对接问题。从近年实践看，深化标准体系对接，建立有效运行机制，是减少“一带一路”沿线互联互通壁垒的重要抓手。目前，中国与“一带一路”沿线重点国家的标准体系对接合作机制基本建立，在提升中国标准品牌效益的同时，预计在2020年形成“一带一路”标准化合作新局面。[①] 在精细化推进“一带一路”国家发展顶层设计对接迈向新阶段时，应“以点带面”继续提升双边、多边标准体系对接的兼容性。要优先从边缘地带推进，依托海外投资、产能合作等深化标准对接，加快中国标准“走出去”步伐，不断提升“一带一路”沿线贸易便利化水平。标准

① 《工信部：2020年形成一带一路标准化合作新局面》，来源：经济通中国站，东方财富网，2018年11月12日，http://finance.eastmoney.com/a/20181112982649460.html。（2019年10月11日登录）

是当今世界的通用语言。在“一带一路”框架下，积极参与国际标准及规则制定，深化双边、多边标准体系对接，不仅可以为共建“一带一路”提供国际化、本土化的服务，也有助于增强边缘主体在全球经济治理体系中的制度性话语。

其二，民主化治理问题。提升标准体系对接的效度，就要将民主、共赢、制度等元素注入其中，使边缘主体的利益诉求得以制度化表达，最终实现以机制化手段规避双边、多边的利益分歧及矛盾冲突的扩大化。究其原因，走向制度化是共建“一带一路”的必然方向。因而，构建民主化、效益化的制度运行机制，无疑是推动共建“一带一路”走稳走实的重要依托。把握好这一点，对化解双边、多边的利益分歧及矛盾冲突，推动“一带一路”沿线国家发展顶层设计对接尤为关键。所谓“众口难调”。要有效整合各参与方的利益诉求，唯有依托民主化机制让其“畅所欲言”，才能将“共商共建共享”的丝路精神具体化、制度化、实在化。可以说，通过制度性约束将有效弱化因实力差距导致的“霸凌行径”，从而为“一带一路”各参与方提供一个平等对话、协商交流、对接合作的制度化平台。

其三，安全化运营问题。伴随“一带一路”倡议的逐步落地，对地缘关系的考验将是实质性的。如果不能推动地缘政治安全问题实现“软着陆”，那么，只会让国家发展顶层设计对接增添更多博弈、对冲的色彩，势必难以跨越既有的逻辑误区，也无法消除国家间竞争的疑惧心理。为了更加平稳、更为高效的推进“一带一路”建设，深化双边、多边发展顶层设计对接，要谨防各类安全风险的冲击，要有意识地提升“一带一路”沿线安全化运营能力。值得指出的是：面对“泛安全化”带来的安全治理挑战，在持续供给“一带一路”沿线安全公共产品上，中国应倡导新理念、构建新机制，积极与各方共同分担安全治理成本，同时平等分享治权与利好，走共商共建共享的制度性联合供给新路。唯有如此，才能从根源上克服国际安全在“供给—消费”间的张力与统一矛盾，为平稳推进“一带一路”

沿线国家发展顶层设计对接合作落地，编织好可持续的安全保障体系网。

第三，保障各国发展权利，实现经济互助发展。发展是立身之本。一个民族、一个国家，在世界上倘若没有充分的发展，其对世界的感知只会有“恨”而不会“友爱”，甚至不惜发动战争、将世界拖入深渊。要从根本上消除世界不安定根源，在共建“一带一路”过程中，就要充分保障各参与方始终获得发展权利，不断提升边缘国家制度性话语。具体来说，共建“一带一路”可以依托优势互补原则，不断从优化地缘政治、地缘经济、地缘安全等沿线关系中实现可持续安全和共同发展繁荣。

其一，做好优势互补文章。要提升边缘国家制度性话语，进一步增强其自主“造血”能力。保持“一带一路”沿线国家发展顶层设计对接的持续性，就要把握好“输血”与“造血”的辩证关系，从优势互补、合作共赢中不断提升沿线国家对接发展的经济效益。边缘国家是共建“一带一路”的参与主体，如果不对其进行适度的援助发展，就不能将该区域有效“串联”起来，也就无法推动区域大联合、大发展、大共享。唯有保持沿线国家对接发展的持续性，才能为本区域推进改革、扩大开放创造充分有利的政策空间，由此使沿线国家更有能力、更具规划的推进国际秩序实现渐进性、包容性变革。总体来看，谋和平、求发展、要合作，是眼下大多数国家的心声。它们缺的是资金、技术及必要的人才储备等，致使“一带一路”沿线国家的资源禀赋优势未能充分地转化为经济优势。因此，要切实发挥共建“一带一路”撬动区域经济发展的杠杆作用，将沿线市场潜力、资源优势等充分发挥出来，而把握好优势互补、适度援助发展原则则是其中关键。

其二，构建新型地缘关系。依托共建“一带一路”优化地缘关系，应辩证、灵活地运用好“有为”与“无为”策略，防止过于“有为”而激化地缘关系矛盾，使丝路建设受挫，进而提高深化国家发展顶层设计对接的合作成本。“由于国家之间博弈的复杂性，有时急于在国际社会中提升自身的地位和影响力，在一些重要的国际问题上积极高调地发出自己的声音，可能会产生意想不到的后果”①。尤其是中国坚持走和平发展和“强而不霸”的新道路，就要从合作共赢中不断优化中国与周边、与“一带一路”沿线国家的地缘政治、地缘经济、地缘安全等关系，就要保持适度的忍耐与灵活，创新性的推动中国与相关大国从竞争走向合作。显然，中国和平发展需要开放稳固的地缘依托带作为支撑基础。在此，从优化地缘关系中不断深化“一带一路”沿线国家发展顶层设计对接，需要把握好“有为”与“无为”、时间与空间的辩证统一关系，最终实现以“无为”、以“时间”持续拓展中国与沿线国家发展空间。这就要积极构建“一带一路”沿线的新型地缘关系，突破长期困扰该区域的大国困境、邻国困境、发展困境和安全困境。

其三，发挥制度激励效能。迈入新时代，构建新型国际关系是中国应对全球治理危机、发展全球伙伴关系和推动构建人类命运共同体的关键举措。针对霸权治下的“中心—边缘”结构，有必要从世界边缘地带推动构建新型国际关系，在世界各国利益关系不断发展中，寻找更有利于人类社会整体发展的新模式。当前，以欧美为中心、亚非拉为边缘的国际体系，其核心逻辑是欧美主导、权力对抗和适者生存。俨然缺乏一种相互尊重、公平正义、合作共赢的价值维度，致使世界边缘地带“碎片化”严重、南北发展差距日趋扩大。相较于“中心国家”的“治”，边缘地带更多呈现“乱”的特征。由此，一幅治乱并存的图景不和谐却真实的共存于当今时代和当今世界。为扭转这种治乱失衡的局面，党的十九大报告提出：“中国将继续发挥负责任大国作用，积极参与全球治理体系改革和建设，不断贡献中国智慧和力量”②。这充分显示了以中国为代表的新兴经济体和广大发展

① 周方银：《国家博弈中的中国外交理念与行动策略》，《文化纵横》2012 年第 4 期。

② 习近平：《决胜全面建成小康社会夺取新时代中国特色社会主义伟大胜利》，《人民日报》2017 年 10 月 28 日，第 1 版。

中国家对走出全球治理的制度困境、塑造新型国际关系的极大期待和决心信心。当然，这“并不是推倒重来，也不是另起炉灶，而是创新完善”，[①]更确切地说，是要助力国际社会摆脱全球治理的制度困境。在这方面，共建“一带一路”及其成功实践所产生的巨大示范效应和制度激励效能，无疑将产生极大的外溢作用，由此为构建新型国际关系和实现世界共同发展与繁荣注入新动能与新活力。

① 习近平：《在庆祝中国共产党成立95周年大会上的讲话》，《人民日报》2016年7月2日，第2版。

本国塑造与他国认知：“一带一路”倡议背景下国家软实力提升路径*

李舒　吴亮　姚旭

【内容提要】在“一带一路”倡议提出后的六年间，国际社会给予持续关注。通过对“一带一路”倡议沿线16个国家标志性媒体和舆论平台对华态度的数据进行研究，本文课题组发现，以美国为主的国际主流舆论“反华倾向”比较明显，对“一带一路”倡议的态度不容乐观。中国国家形象构建与对外传播面临他国认知的困扰，需要解决的核心问题在于如何进行有效的本国塑造。因此，应该坚持顶层架构设计与多元资源融通，整合能量支持能够代表中国国家形象的企业与机构“走出去”“立得住”，构建“一带一路”背景下的中国话语软实力。

【关 键 词】“一带一路”倡议　国家形象　他国认知　本国塑造

【作者简介】李舒，同济大学特聘教授，同济大学国家创新发展研究院副院长；吴亮，同济大学特聘教授，同济大学国家创新发展研究院副院长；姚旭，同济大学国家创新发展研究院副研究员。

---

* 本文系中央网信办委托课题“我国网络空间内外部威胁及应对策略”、同济大学“中央高校基本科研业务费专项资金”项目计划“‘一带一路’重点国家对华信息传播状况分析与战略传播建议”阶段性成果。

“一带一路”倡议提出六年来，中国与世界的接触越来越主动，以开放与自信的姿态在世界人民眼中展现出越来越鲜活的形象，得到国际社会积极支持和响应。随着合作取得进展，效果逐渐显现，倡议越来越受到国际社会关注。但以美国为主的国际主流舆论对倡议持负面评价，关注焦点转向中国推动建立国际新秩序时面临的严峻形势和挑战，“掠夺论”“霸权论”“破坏论”“威胁论”“殖民论”等多种论调严重影响了沿线国家公众的认知，阻碍倡议在海外落地执行，破坏中国的国家形象。西方尤其是美国的一些评论认为，“一带一路”倡议的实质是踢开美国，在全球范围内建立一套全新的、以中国为核心的国际战略格局，重塑国际政治、经济、文化秩序，扩大中国在全球的影响力。事实上，这样的论点忽略了一个重要的事实，即中国的倡议蓝图中从来没有将美国及其西方盟友排除在外；相反，中国希望的是在最大程度上融通全球各国资源，共同应对层出不穷的全新挑战，因此这样的论断在很大程度上损害了中国的国家形象塑造。

为了回应这个现实问题，“一带一路”倡议作为中国提出的国家级顶层合作倡议，既是一个有代表性的研究样本，也是一个难得的平台，观察中国的国家形象是否能够得到他国的认知与理解，以及应该如何被本国有效积极地塑造。因此以“一带一路”倡议为代表的中国方案的推行，不仅需要大量的资金技术投入，更需要营造国际社会认同的舆论环境，亟须整合国际国内新型传播力量，构建“一带一路”话语软实力。

一、国家形象的理论框架：他国认知与本国塑造

从概念上看，国家形象理论主要探讨一个国家的政治精英和公众对他国的印象。对于国家形象这个概念本身的研究已有诸多学者贡献智慧，其中就有学者认为，所谓国家形象是指一个国家在国家间的政治、经济、文化、军事、科技等诸方面相互交往过程中，给其他国家及其公众留下的综

合印象。[1] 国家形象的形成既受宏观因素如国家实力、文化等的影响，也受微观因素如个人接触的环境、个人特质的影响。[2] 可以认为，国家形象形成的进程应该是结合国内变量和社会建构两条路径。[3] 从这个角度来看，国家形象的概念及其形成有不同的解释与路径，但总体而言，已经从理论化研究迈向了实践性与政策性研究。尽管从理论上讲，构成国家形象的政治、经济、文化和社会诸要素可以拆解开来，一一进行甄别、评判，然而事实上，作为整体国家形象的组成部分，各要素并不是相互孤立的。[4] 在具体实践过程中，各国会发现很难在国家形象的构建与传播过程中分割开诸项要素，必须将其放置在系统性的框架内一并考量。

从目标与作用上看，国家形象构建与传播直接指向外国民众。而要让国外民众真正“接受”一国政府想要表达的观念与意愿，不仅要通过一对一、面对面的信息表态，更需要借助国际传播，通过信息传播手段，了解、获悉并影响目标国的社会舆论，减少他国政府与民众对本国的误解与错误认知，避免引起两国关系的变故甚至倒退，并提高本国在他国公众中的正面形象，进而增进本国的国家利益。[5] 当然，国家形象的对内塑造也是一个重要的课题，但是相对而言实操难度更低，因此，在国际舆论大环境中，各国都在极力构建自己良好的国家形象，使得本国以更低的成本、更便捷地在他国与国际组织中获得更大收益。

当一个国家的国家形象主要对外进行构建与传播时，可以认为此时谈论的国家形象即“国际形象”。以这个概念为基准进行研究，会发现一国的

---

① 门洪华：《压力、认知与国际形象——关于中国参与国际制度战略的历史解释》，《世界经济与政治》2005 年第 4 期，第 17—22 页。

② 季乃礼：《国家形象理论研究述评》，《政治学研究》2016 年第 1 期，第 104—113 页。

③ 陈世阳：《“国家形象战略”概念分析》，《国际关系学院学报》2010 年第 1 期，第 20—23 页。

④ 金正昆、徐庆超：《国家形象的塑造：中国外交新课题》，《中国人民大学学报》2010 年第 2 期，第 119—127 页。

⑤ 王文：《公共外交离不开国际传播》，《对外传播》2011 年第 2 期，第 39—40 页。

国际形象是“本国形象”与“他国形象”的辩证统一，因此不但需要本国的积极塑造，更需要获得他国的理解认同。① 换言之，只有两者之间形成有机互动，才可以使一个国家的国际形象正面、丰满且令人信服。基于以上分析，可以从两个维度看待本文的核心问题：一是“他国”是否理解并认同中国的国际形象；二是本国应如何积极塑造良好的国际形象。

二、针对中国国家形象与他国认知的实证研究

针对“一带一路”沿线相关国家媒体的对华报道和舆论环境对中国国家形象的接受与认同程度，本文课题组优先提取了16个在全球比较具有代表性的国家进行研究，发现“一带一路”倡议相关国家媒体对华态度并不乐观，在中国深入推进“一带一路”倡议的过程中，国际舆论环境依然有较大的改善空间。本文课题组选取25家参与“一带一路”建设的主要央企作为样本，对央企在海外社交媒体、传统媒体开展海外传播情况进行抽样分析后发现，总体传播效果不突出，缺乏应对负面新闻的机制，导致“一带一路”项目的实际开展状况与国际舆论形象不符。中国现阶段比以往任何时候都需要深化改革、扩大开放，也比以往任何时候都需要讲好中国故事，重新构建并传播良好的国际形象。

（一）“一带一路”相关国家媒体对华舆论环境

外国媒体与国际舆论环境直接反映出“他国”对中国国家形象的接受与认同程度，而“一带一路”倡议在很大程度上代表着中国的全球治理新方案，因此，通过对“一带一路”倡议相关国家媒体舆论对华态度的研究，便可以管中窥豹“他国”眼中的中国国家形象。

---

① 王啸：《国际话语权与中国国际形象的塑造》，《国际关系学院学报》2010年第6期，第58—65页。

据统计，“一带一路”沿线国家现有 65 国，分别是包括蒙古国和东盟国家在内的 13 个东亚与东南亚国家、18 个西亚国家、8 个南亚国家、5 个中亚国家、7 个独联体国家和 16 个中东欧国家。[①] 同时，“一带一路”相关国家的范围远比沿线国家更加广泛。截至 2019 年 8 月，中国已与 136 个国家、30 个国际组织签署 195 份“一带一路”合作文件。[②]

为了有针对性地研究“一带一路”倡议相关国家媒体的对华报道和舆论环境，本文优先提取了 16 个在全球比较具有代表性的国家进行研究，其中包括美国、俄罗斯、日本、英国、法国、韩国、印度、德国、新加坡、泰国、越南、加拿大、以色列、澳大利亚、尼日利亚、埃及国。挑选这些国家时，综合考虑了不同地区与国际舆论影响力等要素。

在研究设计伊始，依据国外资料与相关报告等材料，在上述 16 个国家当中分别确定了 40 家具有影响力的传统媒体、自媒体和智库。在具体研究当中，主要的分类包括媒体类型（传统主流媒体、主流网生新闻网站、政经精英社交媒体账号、主要智库）、媒体政治倾向（左派、右派、中立）、媒体对华态度（亲华、反华、态度模糊）、规模（人数、是否是全球性媒体）、性质（专业性、综合性）和资本关系等。依据上述分类对各国家重点媒体展开分析，形成对特定重点媒体的客观认识，进而形成对海外新闻媒体涉华报道的基本认识。通过筛选出近三年对应媒体的稿件列表并以时间排序，抽样选取出了 100 篇新闻报道展开编码分析，初步形成了一个阶段性的数据库。

美国主流舆论“反华”倾向明显，对“一带一路”倡议的态度负面。美国的 40 个主流传统媒体、网络平台、政经精英的社交网络账号与主要智库当中，无一明确对华友善，其中明确反华的占半数以上。相关研究也表

---

① 《一带一路沿线国家都有哪些》，新华丝路，2019 年 10 月 25 日，https://www.imsilkroad.com/news/p/76186.html。（2019 年 10 月 25 日登录）

② 《国际社会、公共产品世界搭乘“中国号”快车》，来源：人民日报海外版，大众网，2019 年 10 月 17 日，http://www.dzwww.com/xinwen/guoneixinwen/201910/t20191017_19262970.htm。

明，主流媒体是否刊登中国领导人的撰文与专访，与其对华态度并无关联。综合排名前10位的主流传统媒体当中有8家曾经在过去三年间刊登过中国领导人的撰文与专访，其中包括《华尔街日报》《华盛顿邮报》《洛杉矶时报》《纽约时报》，等等，只有《波士顿环球报》和《明星论坛报》没有过刊文案例。但除了这2家媒体对华态度中立外，剩余8家当中有5家是较明确的“反华派”。如果将视角放宽到网生新闻网站，会发现发行量与浏览量排名最靠前的10家美国媒体有7家明确对华不友好。

相比美国而言，其盟友的态度就不尽相同了。虽然总体对华称不上友善，但英国、德国、加拿大、澳大利亚、韩国与日本的多数媒体在多数涉华议题上保持中立，虽少有赞扬，但亦非完全充斥着批驳。其中日本20家主流媒体当中有超过半数的13家在涉华问题上基本中立，反华的急先锋主要是以读卖新闻和日本电视台新闻（NTV News）为主。法国虽是美国西方盟友之一，但其媒体对华态度有较大分裂，虽然有40%的主要媒体持反华态度，却也有25%的媒体对华友好，这与日常观感没有重大误差。印度是美国所有盟国当中媒体对华态度最接近美国的，超过三分之一的主流媒体都持有较为明显的反华倾向，对华总体友好的媒体几乎无法找到。

处于较为友善一方的依次是东南亚国家、非洲国家和俄罗斯。越南、新加坡、泰国、埃及等国家的媒体对于中国的负面情绪总体较少。泰国和新加坡有少数媒体明确反华，尼日利亚虽然有四分之一的媒体反华，却也有四分之一的媒体明确亲华。俄罗斯和埃及媒体对华就总体友善许多，均有超过四分之一的媒体是明确对华友善的，剩下的所有媒体都至少保持中立态度，这样的比例在现今的国际舆论整体大环境下已经是较为理想的结果。

通过对现有数据的分析，总体来看“一带一路”倡议相关国家媒体对华态度并不乐观，中国改革开放以来的高速发展和建设成就并没有得到公正而充分的肯定，从极端反华到较为亲华，依次是美国、美国的一众盟友、东南亚、非洲与俄罗斯。“一带一路”倡议相关国家媒体的对华态度依旧受地缘政治与意识形态影响，呈现出较为明显的倾向性光谱。在此种情形下，可以认为，在中国深入推进“一带一路”倡议的过程中，国际舆论环境依然有较大的改善空间。

（二）“一带一路”信息量少，对负面舆论缺乏回应

以“One Belt One Road”和“Belt and Road Initiative”为关键词，通过谷歌（Google）搜索工具统计自2013年9月至2019年4月间“一带一路”相关新闻信息并进行抽样分析发现，“一带一路”相关的新闻热度总体呈现上升趋势。尤其是从2017年5月第一届“一带一路”国际合作高峰论坛召开后，热度开始激增，2019年4月第二届“一带一路”国际合作高峰论坛召开前，热度再次出现迅猛增长。其呈现如下特点。

一是从全球搜索度来看，中国和东南亚国家居世界首位，其他发达国家和部分发展中国家对此也较为关注。2013年9月至2019年4月间，“一带一路”相关的新闻热度总体呈现上升趋势。2013—2015年，“一带一路”在世界范围受关注度较低，从2015年6月开始出现增长，2017年5月热度激增，2019年4月热度再次出现迅猛增长。

二是越是项目落地较多的国家和地区，对“一带一路”相关信息越为关注。在沙特阿拉伯、哈萨克斯坦、俄罗斯以及东南亚地区等，“一带一路”一直处于热搜状态，说明这些国家和地区对“一带一路”项目信息的需求量较大。

三是传播态势和信息量相对低迷。中国企业实际参与的“一带一路”项目覆盖世界六大洲，总数接近3120个，但媒体报道覆盖面十分有限，只找到了215个项目有相关的媒体报道，仅占总数6.89%。大多数项目存在“只说不做，多做少说”的情况。

四是通过对“一带一路”合作国家正在建或已建成项目数量和新闻报

道数量进行统计比对，发现沙特阿拉伯、哈萨克斯坦等签署“一带一路”合作协议早的国家各类建设项目多、进展快，与之对应的新闻报道较多，但在非洲、南美、大洋洲等地，虽然在建项目多，但相关报道量却极少，且报道类型多为消息，一稿多发情况多，涉及深度报道的项目很少。旺盛的信息需求与相对薄弱的信息供给之间形成对比，导致沿线国家都出现了较为明显的“信息饥渴”，各国获取“一带一路”相关项目的信息渠道仍相当缺乏，当地政商界人士几乎都有“信息不足”的抱怨。

本文课题组选取25家参与“一带一路”建设的主要央企作为样本，对央企在海外社交媒体、传统媒体开展海外传播情况进行抽样分析后发现，各企业在海外传播的力度仍存在较大差异，总体传播效果不突出，应对负面新闻缺乏应对机制，导致“一带一路”项目的实际开展状况与国际舆论形象不符。

此外，为探测外媒报道对“一带一路”项目的价值倾向，课题组对美联社、英国广播公司、路透社、《金融时报》《华尔街日报》等十家西方主流媒体进行了梳理，获得了与“一带一路”央企相关的新闻5748条信息，其中路透社的相关报道为2202条，仅2018年就有455条，但中间近半数新闻涉及环境污染、债务、输出落后产能、金融腐败、项目缺乏透明度等负面内容。面对外媒大量的猜测性、否定性的报道，中国的出海央企极少进行正面回应，相当一部分企业秉持“事实胜于雄辩”的看法，认为项目运作是否成功重在实际的运作，不愿在媒体关系、公关宣传上投入太多资源，几乎将公共话语权拱手让人，普遍存在对负面信息回应缺位，社会责任树立不到位的情况。

三、他国认知与中国国家形象的变化：以美国舆论为例

“一带一路”倡议的内涵深厚、外延广泛，其中的重要作用之一是支撑

中国对外构建正面积极的国家形象，希望以此促进中国以全新姿态走向世界，令世界也通过“一带一路”识读中国国家形象。① 但这一过程并不是一帆风顺，在美国来看，“一带一路”倡议是在重塑国际政治生态，建立以中国为首的国际政治格局并挑战美国霸权。但事实上，中国提出“一带一路”倡议，恰恰是要打破美国的全球霸权。可以观察到，从美国前任总统奥巴马到现任总统特朗普，在不同阶段针对“一带一路”倡议表现出的不同态度，直接影响着美国乃至西方舆论对“一带一路”倡议及中国形象的评论倾向。美国在全球的舆论场都拥有强大的话语权，对于“一带一路”倡议和中国国家形象有重要的影响，抹黑甚至封杀“一带一路”倡议更是会对相关国家决策和公众认知产生重要影响。因此，有必要梳理这种变化的表现形式，借由“一带一路”建设、通过机制化合作进行有效应对，讲好中国故事，重构中国形象。

（一）奥巴马时期的“一带一路”倡议

在“一带一路”倡议的相关概念刚刚提出之时，美国并没有提出明确的反对。从奥巴马政府官员的表态来看，他们在彼时并没有将这一倡议放置在重要的位置上加以考量，因此，也就谈不上敌对，更多的其实是忽视。如果进一步观察 2014 年至 2016 年的美国舆论关注点会发现，“中国”并非是美国舆论场议题设置的重中之重，美国等西方媒体在提到中国时，所有的论调集中于对所谓中国忽视“民主”“自由”“人权”等“普世价值”的批判上，但并没有实质性的举措撕破面皮，甚至像是某种程度上的例行公事。因此，中国议题在前特朗普时期，更多以一张明牌的形式出现，两国舆论似乎都习惯了一种范式：美国的某几个政客为了显示自身外交政策上的强硬姿态，公开发声挑刺造势，也就是常说的“打中国牌”，但并不耽

---

① 秦龙、赵永帅：《“一带一路”让世界重新认识中国》，《前线》2019 年第 6 期，第 13—16 页。

误两国正常的政治经济贸易往来。

（二）特朗普时期的“一带一路”倡议

特朗普就任总统后，美国对待“一带一路”倡议的态度开始转冷，但这也是一个逐渐累积变化的过程。在2017年举办的首届“一带一路”国际合作高峰论坛上，特朗普派出了白宫亚洲高级事务官员马修·波廷格带领美国代表团参加。波廷格其时宣称美国的公司“准备参与一带一路相关项目”，并会为相关项目“提供很多东西”，称美国“在全球基础设施发展方面有长期的、成功的记录”。积极的表态并没有持续很久，美国政界的高官和国务院的反华声音不断交杂，压迫中美关系朝着负面方向一路疾驰。首届论坛闭幕后不到半年，时任美国防部长的马蒂斯就在参议院的听证会上表示：“在全球化的世界中，有许多‘带’和‘路’，但没有任何一个国家可以直接发出‘一条带和一条路’的命令。”自此以后，美国政界对华的声音越发趋于强硬、步调统一。特朗普在2017年底的环太平洋领导人峰会上开始明确表示反对，批评“一带一路”相关项目是“完全由一个国家主导的举措，同时附带了许多条件”。为了能够遏制中国“一带一路”倡议及全球性规划方案，美国制定了一系列针锋相对的措施进行应对，其中就包括抛出“印太战略”的概念，并重组相关金融机构体系以支持印度和太平洋地区国家进行基础设施发展与建设。可以看到，其核心是向发展中国家提供一个美国版本的方案，替代并消除“一带一路”在沿线国家的影响力。

（三）美舆论批评“一带一路”倡议的典型论调与案例

就批评“一带一路”而言，五角大楼亚太事务高级官员施里弗在2017年的言辞就已经很有代表性了：“我们看到的‘一带一路’倡议的成果，实质上体现的是掠夺性的经济学。”随后，时任美国务卿的蒂勒森在整理了一份关于中国“一带一路”相关项目的清单后，声称中国的基础设施项目带给受援国的并不是对当地就业的促进，而是为受援国增加了“巨额债务”。这样的表述正式发出后，西方媒体舆论场中便多了一个时刻见诸报端的议题设置：“‘一带一路’倡议如何使沿线国家背负巨债，无力偿还就必须答应中国的其他条件。”与之相配合的是指控沿线国家政府接受中国援助时产生了严重腐败，并促使中国以此“压迫”当地政府同意各种“不平等条约”。美国媒体在涉华报道中预先设置立场与议题，不顾事实、扭曲观点并先入为主的做法在近年来屡见不鲜，典型案例包括英国卡车集装箱偷渡命案等突发新闻事件。

在2019年10月底发生的英国卡车集装箱偷渡命案中，39人以极端悲惨的方式结束生命。在本该一同哀悼并查找真凶、捣毁横跨欧亚大陆的偷渡利益链条时，美国有线电视新闻网（CNN）的一篇捕风捉影的文章引起轩然大波。美国有线电视新闻网在题为《为何世界第二大经济体中国的民众要冒着生命危险进入英国?》一文中，预设了惨死的39人都是中国人，并开始煞有介事地分析来自中国的移民不只是穷人而是来自各个阶层，表示是“社会发展不平等”甚至“政治压迫”使得中国移民冒险离开中国。[①]事实证明，39名受害者无一来自中国，均是越南人，该文作者艾米·刘易斯（Aimee Lewis）却若无其事地继续撰写别的文章，美国有线电视新闻网也并无更正和声明，更罔论道歉。

（四）美国舆论场的倾向变化引起中国国家形象变化

在奥巴马时期，中国在美国乃至整个西方国家被解读成以下形象：一个快速发展的亚洲巨头，但缺乏对“普世价值”的基本尊重，民众被反复

① Aimee Lewis, “Why would people from China, the world’s second-biggest economy, risk their lives to enter the UK?” CNN, October 24, 2019, https://edition.cnn.com/2019/10/24/uk/essex-truck-deaths-chinese-gbr-intl/index.html.

“洗脑”的同时普遍生活水平不高，完全没有“言论自由”。该形象之根深蒂固，使得来华访学和旅游的西方人往往瞠目结舌，感到“三观崩塌”。他们难以想象一直被告知是“专制危险落后”的中国，大多数城市的现代化和数字化便利程度、治理能力与安全程度已经远超一般西方国家。当然，来中国亲身体验过的西方人毕竟是极少数，他们的感受无法在西方国家得到快速传播，仅靠他们无力扭转中国的国际形象，因为西方主流媒体彼时几乎不会报道中国的快速发展。充斥在西方话语体系下的中国，甚至还屡有“傅满洲”之类的宣传流毒出现。可以认为，在奥巴马时期及以前的美国，中国虽然没有被正视成为美国最大甚至唯一的对手，却被极力妖魔化，且这套方法论现在更是炉火纯青。

在特朗普就任总统并对华发动贸易争端的一到两年间，中国在美国和西方国家的形象较以前再次发生变化：“傲慢”的中国依靠“窃取美国的核心技术”快速发展，变成了美国的头号敌人，美国的就业流失、制造业凋敝都是因为中国人抢走了岗位和机会、赚走了本该美国人获得的财富。上述为中国重新构建的形象与传统的“专制”印象叠加后，形成了完全失真的国家画像。因此，在这个逐渐趋于极端化、本土化的世界，中国人于世界各地遭到了各种不同程度的误解和不公对待。

面对这些复杂多变的新情况，中国纵使委屈却也无法任性地与世界割裂，重新封闭国门。中国现阶段比以往任何时候都需要深化改革、扩大开放，也比以往任何时候都需要讲好中国故事，重新构建并传播良好的国际形象。

四、“一带一路”倡议和中国国家形象的扭曲原因

除了国际舆论场上西强东弱的格局外，近年来国际政治、经济形势的不确定风险增加，也是造成“一带一路”倡议被妖魔化的重要原因。

（一）担忧因发展状况不均等而带来的“债务陷阱”

在推动“一带一路”倡议不断前进的过程中，中国始终面临一个重要的问题，合作与投资的目标国大多以第三世界欠发达国家为主，包括东南亚、中西亚和非洲。中国企业的投资在起初往往受到当地的欢迎，但基础设施项目往往回收利润较慢、周期较长，加之当地政治经济情况常有变动，并不能保证盈利。在这种情况下，目标国在西方舆论的影响下，容易引起对可能出现的所谓“债务陷阱”的担忧。

中国葛洲坝集团在 2017 年便取得了尼泊尔装机容量为 1200 兆瓦、价值 25 亿美元的布达甘达基水电站项目，这个项目却在两年多的时间里问题频出。在 2017 年合同敲定后的不到半年，当时的尼泊尔政府就撕毁了合约，直到新一届政府在 2018 年 2 月上台后，决定重新将项目交还给葛洲坝集团，但后续推进情况始终不明朗。尼泊尔能源部的官员曾经对《南华早报》表示，政府面临着反对党的强大压力与指责，包括没有通过竞争性招标程序便将项目重新授予葛洲坝集团，以及对尼泊尔这样的一个小国产生巨大的财政与债务压力，并借此形成对尼泊尔的政治控制。这样的情况并非孤例，类似案例还有中马合作承建的马来西亚东海岸铁路线、中缅合作建设缅甸皎漂深水港和中国为巴基斯坦的铁路建设提供借款等。

（二）对地缘政治现状改变的警惕

地缘政治变动与世界秩序相联系，是当前各国最为关注的战略要素。“一带一路”建设的重要表现之一便是会部分打破现有的、由美国及其西方盟友控制的世界秩序。由于“一带一路”倡议旨在与沿线和相关国家一同合作、共同分享经济发展成果，对于地缘政治现状一定会产生重要影响。一个曾经的小国一旦有了良好的基础设施、投资项目和经济发展成果，会极大改善其在周边区域的定位，“一带一路”倡议遭到西方媒体的围追堵截，其背后的驱动因素不言而喻。

以斯里兰卡与中国合作建设开发的港口为例，汉班托塔港是位于斯里兰卡南端的海运港口，一期项目由斯里兰卡港务局负责建造和管理，但因为斯里兰卡政府大举借债修建却又无法有效运营，最终陷入债务泥潭。中国的招商局集团在“一带一路”倡议的框架下，于2017年7月注资取得了汉班托塔港99年期的租约。这本是合则两利的双赢，却遭到了西方尤其是美国媒体的一致攻击，例如，《纽约时报》在《中国如何令斯里兰卡将汉班托塔港拱手相让》一文中，从军事和政治的角度分别批评中国，“这次转让使中国得以控制距其对手印度的海岸仅几百英里的一片区域，以及重要的商业及军事航道沿线战略立足点。”“中国在全球投资和借贷的项目实际上是为全世界的弱小国家设下的债务陷阱，助长了各个陷入困境的民主国家的腐败和专制行为。”“本次事件是中国利用贷款和援助增加国际影响力最为生动形象的案例之一，也是中国愿施展强硬手段收款的例证”①。类似的攻击先是上升到对“一带一路”倡议的怀疑，继而是中国支持“腐败政权”的所谓“铁证”，最后落脚于中国“插手”东南亚事务和对南海的“军事威胁”。

（三）目标国国内政治舆论环境不佳导致的全盘否定

美国等西方国家对“一带一路”倡议的否定很大程度上来源于其国内政治舆论环境。这中间当然有历史、文化和意识形态等多种方面的因素所产生的影响，但尤其不能忽视的是近年来中国高速发展引起的西方国家的心理落差与失衡，继而形成警惕性的全盘否定。

这样的变化趋势有一个较为明显的增强信号，即美国自2018年3月开始正式发起并渐次升级的对华贸易争端。特朗普内阁为了争取“沉默的大

① “How China Got Sri Lanka to Cough Up a Port?” *The New York Times*, June 25, 2018, https://www.nytimes.com/2018/06/26/world/asia/china-sri-lanka-port-hans.html.

多数”，从2017年起便逐渐将矛头指向中国，开始酝酿对华“301调查”。美国对中国发动贸易争端的根本原因是为了凝聚其国内共识，因为美国两党在特朗普上台后已经完全割裂，随着“通俄门”调查的不断深入，美国民众也纷纷割席，极端“站队”的趋势已经出现。在这种时刻，中国问题是几乎唯一可以达成跨党派共识的议题。随着美国国内政治与舆论场的彻底撕裂，贸易争端不断升级无法收手，对华强硬的态度已经变成了美国国内全新的“政治正确”，即使是对华亲善的美国精英也无力发声了。因此，某种程度上很难令人分辨“贸易争端的不断复杂化”与“美国舆论对华不友善”这两者之间到底谁是因、谁是果。

事实上，两者之间是互相影响的，因为不断在被传播的始终是“观念”（opinion），而非“真理”（truth）。真理被篡改的难度远高于观念，观念总是容易受到各方面的影响。特朗普内阁的极端主义强硬话语表述体系，给了美国互联网时代“失落的大多数”表态的机会，美国政客和名流发现对华强硬就可以成功转移国内怨气，而民众爱听“邪恶的中国偷走了美国的发展成就”这样的故事，进一步给了精英们固化对华强硬立场的理由，最终使得中国的国际传播形象受阻，在西方国家变成了负面的刻板印象。

五、国家形象塑造与“一带一路”话语软实力

中国的国际形象重构与传播虽然箭在弦上、势在必行，但必须遵循客观的现实情况与传播规律。当今世界，中国和平发展的进程已成为一个不争的事实，并逐步从国际舞台的伴舞者转变为领舞者之一，从世界大家庭的次要成员转变为主角之一，美国发起的贸易争端恰恰印证了这一点。一方面，“中国道路”“中国模式”日益成为国际社会热议的议题，另一方面，“中国主张”“中国行动”也越来越深刻地影响世界的发展变化。因此，关键是如何更有实效地向世界说明中国的发展是世界发展的福音、如

何平等互利地与世界对话。

软实力是推进“一带一路”建设的重要助力。“一带一路”倡议的落地，一直受到舆论和民意因素的牵制。如果不能扭转他国对“一带一路”倡议的种种错误理解或刻板印象，中国企业在海外拓展将步履艰难，“一带一路”倡议可能遭到抵制，中国的国家形象也会受到严重损害。因此，扩展“一带一路”议程设置，高效整合境内外媒体、高校、企业、智库与社会组织等新兴传播力量，利用大数据、社交媒体、广告、电影、文学等多重传播渠道，构建“一带一路”话语软实力已经迫在眉睫。

必须看到，作为一个国家软实力的体现，在掌握国际话语权方面，中国的影响力仍然远未达到世界第二大经济体应有的地位。中国的媒体、高校、科研机构与智库，应该也必须发挥自身的优势，把建设与大国地位相适应的国际影响力和话语权作为使命与责任，讲好中国故事，重构良好的国际形象。鉴于世界舆论较为普遍认同中国的“强国”形象，并期待中国承担更多责任，“一带一路”国际传播的重点可以从塑造“强”国的形象转向创造和讲述“好国家”故事，以帮助崛起的中国与世界和平共处、谋求共同发展。①

第一，整合多种传播力量，构建多学科融合支撑的“一带一路”软实力体系。“一带一路”倡议高瞻远瞩，其内涵是政治和顶层设计，属于国际政治学范畴；但“一带一路”倡议对外传播则属于新闻传播学范畴；而话语研究则属于语言学范畴。“一带一路”软实力体系的构建，呈现宽视角、多领域、多角度、综合性等特点。目前，中国缺乏对“一带一路”倡议对外传播话语的跨学科整合研究，尚未建构起从理论到实践的无缝全流程体系。而美国提出一项重大国家（国际）战略之前，一定会对其政治意义、战略目的、国际影响、传播亮点、步骤、流程、渠道和传播语言等进行综

① 钟新、令倩：《从塑“强国”形象到讲“好国”故事：“一带一路”国际传播的重点转向》，《新闻与写作》2019 年第 7 期，第 5—11 页。

合性分析。因此，中国应尽快打破学科界限，整合智库、研究院、大学、媒体等研究和传播力量，构建完整的“一带一路”对外传播研究体系，做好从理论到实操的顶层设计。

第二，有效利用社交媒体平台，建立立体的传播矩阵。良好的国家形象最终需要进行有效的对外传播，最终促成他国的认知与理解。应充分发挥海外社交媒体的传播效应，逐步实现全覆盖，并建立起包括企业官网、官方自媒体发布平台、海外主流媒体与地方性媒体新闻报道等在内的海外传播全媒体矩阵，增进与境外媒体与公众的内容交互。利用海外社交媒体账号进行互动，品牌讲出鲜活的企业故事，职工讲出生动的工作体验，才可以打造更贴近当地民众的企业和国民形象。作为全球覆盖面最广泛、使用率最高的社交软件，推特、脸书等社交平台虽然掌握在西方资本手中，却也是不得不全力攻占的高地。应该建立从国家到央企、民企和个人账号的联动，更多分享工作和生活的体验，加强传播方式创新，用漫画、长图和短视频等形式贴近他国群众，重视与网友留言互动，激活央企、央媒及海外受众传播的活性，讲述更加鲜活的中国故事。

第三，有选择地设置“一带一路”倡议的媒介议题。“一带一路”倡议是希望向世界传递中国和平发展、开放包容、和他国互利共赢的理念，但此前的传媒传播主要聚焦在政治（中国制度、中国道路、中国模式）和经济建设（基础设施建设、贸易互惠、产品展会）等范畴，显现出较强的“功利性”。美通社《2017年中国企业海外传播白皮书》显示，包括央企在内的中国企业海外新闻发布的主题相对集中在“新产品/服务”和“参展信息”，而“社会责任”只占到了2%，“环境相关”则仅占0.3%。要做到真正的民心相通，“一带一路”传播的议程设置上应大量增加更具人文关怀、更具企业社会责任和国家责任的内容，例如消除贫困、公共健康、公益环保等全球性议题，应针对性投放公益广告，寻求公众和舆论支持的“最大公约数”。鉴于世界舆论较为普遍认同中国的“强国”形象，并期待中国承担更多责任，“一带一路”国际传播的重点可以从塑造“强国”形象转向讲述“美好生活方式”。

第四，及时有力回应反华媒体的恶意言论。在美国等西方国家，长期存在对中国极不友善的媒体，中国从官方到民众都与之进行了长久的对抗。早在2008年的北京奥运火炬传递时，海外留学生就已经开始针对美国有线电视新闻网等反华媒体对中国的一系列诬蔑，组织了反对美国有线电视新闻网（Anti-CNN）等群体，当年的网络名句之一便是“做人不能太CNN”。面对恶劣的国际舆论环境，中国的官方媒体必须如俄罗斯的“今日俄罗斯”（RT）电视台一样，像一根钉子牢牢扎在西方舆论中心，用最西方的方式回击西方反华媒体的恶言相向。也只有建立了正规军，才可以在反华媒体露出破绽时及时“打脸”并扩大影响力。

第五，多角度大力支持互联网企业及产品出海。互联网企业作为非官方力量，出海参与国家形象构建与传播的工作，可以有效加强国际传播能力建设，融通中外地讲好中国故事。互联网企业及其产品可以更有效地利用新理念、新策略和新方式，对年轻一代产生潜移默化的影响，这一点不分中外，而且诸如Tik Tok等产品已经在全球短视频社交赛道撕开了一道口子，产生了相当的影响力。同时互联网企业出海携带的不仅是文化娱乐产品，更是生活方式、习惯与理念。因此应该从技术、资金、政策监管与引导方面给予出海互联网企业以更大支持，帮助出海互联网企业实现本土化和规模化，在海外扎根发芽，就地塑造中国积极正面的国家形象。

第六，建立海外媒体数据库并持续追踪，分类甄别不同媒体。在国家形象的构建与传播主要依靠媒体这一背景下，相关工作开展的难点之一是对对手的不了解。因此，有必要集合具有较丰富媒体传播工作经验和国际政治关系背景的专业实践人才，建立并持续更新海外媒体数据库，仔细分类并甄别不同国家、不同属性的媒体，观察其对华态度与立场，并基于此进行跟踪分析，制定不同的应对策略，视不同情况采取包括联合发声、转化争取、揭露批判、持续打压等在内的不同方式，并在媒体准入政策和信息资源获取上进行区分对待。同时，由于国际涉华舆情往往具有突发性特征，包括出海企业在内的涉及方经常措手不及，丧失第一时间或表态，或回击的时间窗口期。应组织来自媒体和学界的专家，共同编制与“一带一路”倡议直接相关的传播语料素材库，以内部手册的形式作为参考，对出海企业和机构职员进行定期培训。其中既需要包含可能引起国际舆情的事件类型与场景预设，也需要做好多种预案，模拟国际舆情发生后如何尽快、得体地发声回应，将舆情影响降至最低。

第七，良好的国际形象需要针对“一带一路”的机制化媒体合作。从舆论影响政治经济交往的角度来看，在“一带一路”倡议不断推进深化的过程中，不但需要格外注意外国尤其是西方媒体对华报道的内容与倾向变化，也需要警惕议题设置与外溢。在这个过程中，需要建立一种促进媒体合作的稳定、常态化机制，为今后的国家间广泛合作打下坚实的基础，并在此之上增加人文交流，增强互信与认知。充分的非官方交往的管道与基础，会有助于加强参与倡议的国家之间、民众之间的相互交流与了解，有助于彼此分享更多鲜活诱人的故事，促进更好的联系和融合。

在“一带一路”这个绝佳的平台上，应该通过深化国际交流合作以提升国际话语权，尤其是通过媒体机构的力量，借由现代技术的不断发展加强国内与国家间媒体整合，发展与国际媒体的交流与合作，而这也将是连接中国与不同文明、不同文化的国家与民族间的重要桥梁。针对现已成型的媒体合作组织，应该主动推进相关会议与论坛的定期举行，设定有针对性的议程并及时解决各国重大关切的问题，不但使相关的国际媒体机构合作机制完全融入“一带一路”框架，更使得类似机制的落地实践可以有效推动“一带一路”建设不断前进。

国家形象建构与对外传播的根本目标是为推进国家治理体系和治理能力现代化、进一步积极参与全球治理打好基础，关键方向是弘扬人类命运共同体之理念，以此增强国际话语权。“一带一路”倡议便是人类命运共同体实现的重要支撑与实践抓手，只有深刻理解人类命运共同体的内涵、广泛了解“一带一路”现有的积极成果，才可以不断增强自信，在国家形象的对外传播过程中令民众信服。想要重构中国国家形象并有效传播，就必须有信心、有意志、有策略地加强顶层设计、创新话语体系、引领世界潮流，利用好“一带一路”这一广阔的平台，将其搭建成展示中国国家形象的新舞台，有效积极地塑造自身的正面国家形象。

“一带一路”基础设施投资的风险管控及应对策略

葛天任　张明

【内容提要】“一带一路”倡议成效显著，但面临的连锁性风险不容忽视。由于基础设施投资回报率低、风险高，导致私人资本参与率低，进而引起中国政府出资比重过高，这一方面提高了经济贸易问题的泛政治化风险，增加了美国和沿线国家的政治疑虑，导致投资安全风险高企，另一方面又有可能增加国内产业结构失衡和产业空心化的风险，进而进一步加剧基础设施投资的政治风险和外部质疑。针对上述连锁性风险，五大对策十分重要：创新跨国购买力平价合作模式、完善亚投行运营机制、建立海外投资保护机制、推动产业创造性转移以及改善中美战略互信、消除沿线国家的战略疑虑。在中美贸易摩擦与世界经济增长不确定风险加大的背景下，“一带一路”倡议的成功实施需要高度重视连锁性风险管控，多措并举以化风险为机遇。

【关 键 词】一带一路　投资风险　基础设施投资　风险管理

【作者简介】葛天任，同济大学政治与国际关系学院副教授；张明，中国社会科学院世界经济与政治研究所研究员。

“一带一路”实施以来成效显著。我国贸易投资自由化、便利化水平大幅提升，开放空间从沿海、沿江向内陆、沿边延伸，形成了陆海内外联动、东西双向互济的开放新格局。中国同“一带一路”相关国家的货物贸易额累计超过50000亿美元，对外直接投资超过600亿美元，为当地创造20多万个就业岗位，中国对外投资成为拉动全球对外直接投资增长的重要引擎。① 对于中国与世界而言，“一带一路”的成功实施，其价值与意义不言而喻。

然而，“一带一路”的成功实施仍面临连锁风险。“一带一路”倡议的成功推进，既深受国内外复杂局势的影响，又同时影响着世界格局，这种双重效应导致“一带一路”倡议的实施路径具有高度动态变化特征，既有弹性、韧性，又有不确定性。尽管大量研究对“一带一路”的潜在风险进行了多角度的细致分析，但是相关研究仍主要将风险看成是一种静态风险，而没有看到风险之间的关系，尚未充分讨论各种风险之间的连锁机制，对连锁性风险的应对措施缺乏有针对性的对策分析。风起于青蘋之末，浪成于微澜之间。如何有效地规避微观风险演变为宏观风险，防止突发事件触发风险连锁机制，从而导致微观风险演变为宏观风险，显然是“一带一路”倡议行稳致远的关键。

一、“一带一路”基础设施投资风险的连锁反应机制

“一带一路”倡议成功实施的基础是经济贸易的互联互通。而经贸互联互通的主要落脚点是基础设施投资先行，这也是“一带一路”区别于欧美国家的国际发展计划的最为突出的特色之一。然而，基础设施投资先行决定了投资回报率偏低。多数基础设施投资都具有投资收益率偏低的特点。无论是机场、高铁、高速公路、港口、管道等基础设施，要靠自身收费来

---

① 《习近平出席推进“一带一路”建设工作5周年座谈会并发表重要讲话》，新华社，2018年8月27日，https://www.yidaiyilu.gov.cn/xwzx/xgcdt/63963.htm。（2018年8月29日登录）

收回投资相关本息，均需要很长的时间。换言之，项目自身的投资回报率较低。在发展程度落后与投资风险较高的区域进行投资决定了投资是高风险的。从目前“一带一路”所涉及的国家来看，大部分都是发展中国家。这些发展中国家可谓经济发展程度、政治体制、文化历史、宗教状况千差万别，这一区域既是地缘政治冲突的重点地区，也是全球主要政治力量角逐的焦点地区。这也就意味着，中国通过“一带一路”倡议而进行的对外直接投资，将在投资安全方面面临很大的挑战。例如，如果东道国发生剧烈的政权更迭，新政府上台后是否会对外国投资采取国有化措施。再如，设若“一带一路”沿线两国之间发生战争，战争一旦摧毁了相应基础设施或厂房，由谁来负责赔偿？再如，在“一带一路”沿线国家中，有个别国家有着长期且经常的主权违约记录，即使该国政府对特定项目进行了政府担保，但如果政府再次宣布违约，中国企业的海外投资安全如何保障？简言之，基础设施投资先行决定了“一带一路”基础设施投资的低收益和高风险特征。

正是由于投资是低收益与高风险的，这意味着无论外国资金还是私人部门资金都不愿意投入基础设施建设，从而造成中国政府不得不完全靠政策性资金来融通。一方面，私人部门投资决策是市场化机制决定的，是否投资主要看收益与成本。如上所述，“一带一路”基础设施投资收益低、风险高，在这一前提下，即使中国政府在这一过程中努力推动公私合作，私人部门也可能对此缺乏兴趣。另一方面，“一带一路”沿线国家主要是发展水平较低的新兴市场国家或发展中国家，这些国家自身原本就缺乏充足的资金用于相关投资，这也是为何亚洲存在巨大的基础设施投资缺口的根本原因之一。而如果私人部门与境外国家不能投入充分的资金，那么出资的责任就会让中国政府承担。中国政府通过国家开发银行、亚洲基础设施投资银行（以下简称亚投行）与丝路基金的投资，就可能成为“一带一路”倡议的主要融资来源。这就会导致中国政府出资比例失衡的风险加剧。

但中国政府出资太多，又会带来其他国家的政治疑虑，各种负面舆论也随之产生。大量的国际经验表明，获得投资的东道国未必会对投资来源国感恩戴德，而有可能加剧对投资来源国的疑虑与抵制。出钱未必能办好事，这是中国政府应该高度重视的问题。例如，有一种声音将“一带一路”倡议比喻为中国版本的马歇尔计划，这种比喻很不恰当。第一，马歇尔计划的实施与美国与苏联的对抗密切相关，具有鲜明的意识形态色彩；第二，实施马歇尔计划的美国当时在全球占据绝对主导地位。因此，所谓中国版本的马歇尔计划的提法，很容易陷中国政府于被动地位。又如，有一种声音认为，“一带一路”倡议是中国为了控制其他国家而采取的一种开发策略。例如，斯里兰卡、吉布提与巴基斯坦的债务问题与出租地延长问题，被看作“中国”控制这两个国家的手段。这显然与事实相违背，但舆论炒作使“一带一路”的积极效果大打折扣（见图1）。

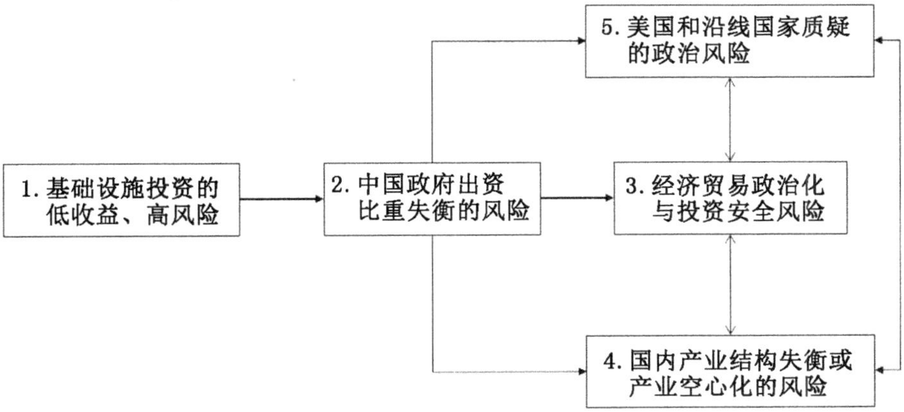

图1　“一带一路”基础设施投资风险的连锁反应机制

此外，外界对“一带一路”倡议的重要疑虑之一是中国利用“一带一路”倡议转移过剩产能，并认为这可能妨碍东道国的产业发展。显然，通过“一带一路”倡议来输出过剩产能的提法是非常不恰当的，而且也是非常危险的。第一，这很容易引发东道国的反感情绪；第二，过剩产能本身难以输出；第三，即使输出也会对国内产业发展造成长期的负面影响。这些疑虑很有可能进一步增加基础设施投资风险，加剧中国政府出资比重的失衡，进而影响国内改革的既定节奏和产业转型升级的顺利实现，甚至有可能导致国内出现“产业空洞化”或“产业空心化”。尤其是，美国和沿线国家的质疑为“一带一路”成功实施以及国内产业结构转型升级增加了较大的外部政治风险。中国要获得进一步发展壮大的空间，就应该尽量避免与美国直接对抗，避免对抗对于中国经济的中长期增长是有好处的。目前，美国与中国仍在很多问题上（例如反恐、全球经济复苏、朝鲜问题）有着共同利益，中美关系应尽量强调共同利益，避免各自国家内部的极端声音的干扰，以合作共赢的大局为重。简言之，政府出资比重失衡将很有可能增加美国与沿线国家的质疑，加剧经济贸易政治化与投资安全风险，并很有可能妨碍国内产业结构调整的节奏，增加产业空心化风险。

综上所述，“一带一路”基础设施投资先行将很有可能带来一系列连锁风险（见图1）。由于基础设施投资本身低收益、高风险，因此，私人部门投资以及公私合作投资均存在较大难度，这将加剧中国政府出资比重失衡的风险。由于基础设施投资建设以中国政府资金为主，因此，一方面将带来经济贸易泛政治化的风险，另一方面加剧美国和沿线国家质疑的政治风险，最后还有可能加剧国内产业结构失衡或产业空心化的风险。从长远来看，由于中美贸易冲突，“一带一路”的潜在风险可能进一步加剧，中美关系的调整则很有可能对国内产业结构转型升级增加阻力，干扰国内改革发展的步伐和节奏。以上各连锁风险，值得高度警惕。采取相应的针对性措施，至关重要。下文将分别针对风险和对策进行详细分析。

二、“一带一路”基础设施投资的连锁风险

“一带一路”基础设施投资可能面临以下连锁风险。

（一）基础设施投资收益较低的风险

基础设施互联互通是“一带一路”建设的优先领域。基础设施投资具有投资规模大、投资周期长、投资回报率低的特征，在一定情况下能对经济增长带来长期的正向作用。例如，中国经济过去30年高速增长的背后，有着长期、持续、大规模基础设施投资的支撑。为什么投资收益率很低，但中国的基础设施投资还能维持高速增长呢？至少有两种解释。第一，在某种程度上，基础设施属于公共产品，具有正外部性的特点，可以通过加速要素之间的流动来改善资源总体配置、促进经济增长。因此，地方政府愿意将财政资金投入这一领域；第二，一旦基础设施建成投入使用，那么基础设施周边的土地与房产通常会显著增值，这会使得进行基础设施投资的地方政府从中获得不菲收益。

也就是说，从经济学角度来看，基础设施投资虽然本身收益率低，但在国内，其产生的正外部性产出能间接弥补基础设施投资本身的低收益。在基础设施互联互通建设的国内段，“一带一路”基础设施投资项目与国内一般基础设施项目建设并无明显不同，因此，其正外部性效应可以得到很好的释放，能够带动地区经济发展，增加地方政府收入。然而，在基础设施互联互通建设的国外段，尤其投资收益较低的海外基础设施类项目，在东道国产生的外部收益很难短期内直接转化成为国内经济社会效益。对此，现阶段中国政府对企业采用补贴的方式提升基础设施投资的收益率，这使实际的投资回报率与项目本身产生的投资回报率存在偏差。因此，此类项目的非经济收益需要进一步考察。

然而，若从非经济角度来看，基础设施投资对中国、对被投资国和被投资区域有不同程度的非经济溢出效应。但从对中国的溢出效应来看，富余产能或过剩产能促进中国国内产业转型和就业的说法是站不住脚的。曾有国外学者较为乐观地指出，海外基础设施投资建设可以消耗中国国内大量的富余产能，保障国内经济发展、就业人口和社会秩序的稳定[①]，带动相对不发达的中西部地区发展并提升其稳定性[②]，提升地区影响力和能源安全性。[③] 实际上，富余产能在国外消耗，不仅难度极大，而且成本较高，至于能否带动国内就业和社会秩序的稳定，需要考虑更多的因素，而且这类观点会让东道国有较为负面的感受。此外，还有一种声音认为，中国可以通过主导“一带一路”沿线地区公共产品供给，改善因美、日、欧经济发展停滞所导致的公共产品供应能力不足，推动沿线各国的合作，形成一个以中国为中心节点的合作体系网。[④] 但是，这一观点显然缺乏实证支持，基础设施投资的低收益率不仅会降低对潜在投资资本、特别是私人资本的吸引力，而且会使已有投资承受相对较大的亏损风险，至于改善美、日、欧诸强国公共产品供给能力不足的问题，则不仅会带来严重的政治性猜疑，更会增加中国政府出资比重失衡的风险。

（二）中国政府出资比重失衡的风险

正是由于基础设施投资的低收益、高风险特性，因此，中国政府作为“一带一路”倡议的发起方，或是主动或是被动的成为目前“一带一路”倡议的主要出资方。可以说，在基础设施投资方面，中国政府承担了主要风险。一方面，私人投资、境外主体投资在总体投资中占比较小，中国政府不得不成为主要出资者。另一方面，如前文所述，基础设施建设投资规模大、周期长、回报率低，私人资本出于逐利性的考虑对此类项目兴趣较

---

① Jacob Stokes, “China’s Road Rules: Beijing Looks West Toward Eurasian,” *Foreign Affairs*, April 19, 2015, https://www.foreignaffairs.com/articles/asia/2015-04-19/chinas-road-rules.

② Nadege Rolland, “China’s New Silk Road,” http://www.nbr.org/research/activity.aspx?id=531.

③ Atlantic Council, “Global Energy Forum, Session 2: China’s One Belt One Road Strategy-Continental and Oceanic Energy Superhighways?” http://www.atlanticcouncil.org/news/transcripts/session-2-china-s-one-belt-one-road-strategy.

④ 黄河：《公共产品视角下的“一带一路”》，《世界经济与政治》2015 年第 6 期，第 138—155 页。

低。加之，“一带一路”沿线国家主要是发展水平较低的新兴市场国家或发展中国家，这些国家缺乏充足的资金和能力进行大规模基础设施建设，而国际社会上口头响应者多，积极采取实际行动、特别是拿出“真金白银”的国家较少，中国政府将不得不承担较大的投资份额。

面对巨大的资金缺口，中国政府相继建立了亚投行、“丝路基金”，并通过国家开发银行等政策金融机构投资“一带一路”建设。但是，考虑到投资项目本身收益和沿线国家的投资环境，中国政府出资比重失衡无疑也将会对中国外汇储备的收益率和存量构成压力。2017 年，时任中国人民银行副行长殷勇表示，根据亚洲开发银行测算，从 2016 年至 2020 年的五年中，除中国外，亚太地区国家仅在基础设施投资方面的需求缺口就大约为每年 5030 亿美元，但资金供给量总额仅为每年 1960 亿美元。[①] 然而，据联合国贸易和发展会议公布的《世界投资报告 2014》统计，全球私人资本流向包括基础设施在内的可持续项目投资的比例仅为 0.9%。[②] 如此巨大的资金缺口，中国政府不可能唱“独角戏”。当然，面对海外基础设施建设的巨大资金缺口，需要中国的努力，也需要各国政府参与，更需要多元主体的加入和帮助。

从政治角度看，中国政府作为“一带一路”倡议的主要出资方之一，体现了一种大国的责任与担当[③]，但这种责任与担当需要区分不同的情况，不能一味强调责任与担当而忽视东道国对“一带一路”基础设施投资的真实态度。各国对“一带一路”基础设施投资的态度大致分为三种情况：一是资金短缺，确实没有足够的资金投入基础设施建设当中；二是少数国家

---

① 《央行副行长：“一带一路”资金缺口大需强化开发性金融杠杆作用》，中国一带一路网，2017 年 8 月 13 日，https://www.yidaiyilu.gov.cn/ghsl/gnzjgd/23212.htm。

② 丘兆逸、付丽琴：《国内私人资本与一带一路跨境基础设施建设》，《开放导报》2016 年第 6 期，第 35—38 页。

③ Jeremy Shapirpo, “The Chinese Foray into Global Governance,” https://www.brookings.edu/blog/order-from-chaos/2015/04/01/the-chinese-foray-into-global-governance/.

把希望主要寄托在从他国获取资源上[①]；三是某些国家表面上积极支持“一带一路”建设，但在实际参与却十分保守[②]。针对第二、第三种情况，要有充分估计，不应盲目投资；针对第一种情况，也要考虑如何吸引东道国和其他投资主体的加入。

此外，由于中国是主要出资方，项目投资主要采取美元结算，这在一定程度上加速了中国外汇储备下降，同时也在一定程度上加大了人民币贬值的预期。同时，在未来全球不存在重大金融危机、战争以及政策变化等因素的影响下，中国近两年对外直接投资的项目最快需要七年时间才能逐步将项目运营的盈利汇回国内并转化为外汇储备，超长的投资回报周期，给中国外汇储备能够持续支持“一带一路”的投资建设带来了不确定性。[③]

（三）经济问题泛政治化的风险

由于中国政府成为主要出资方，加之国有企业先行投资，这很容易引起投资目的国的政治疑虑，也会加剧经济问题的泛政治化，甚至引发地区大国对传统地缘政治秩序改变的担忧。在“一带一路”沿线国家中，不发达或欠发达国家居多，这些国家的经济发展程度、政治体制、文化历史、宗教状况等千差万别，投资安全风险本身较高，同时部分沿线国家和地区还是恐怖主义活动猖獗、地缘政治冲突和国际力量角逐的敏感地区。这对中国资金的投资安全构成较为严峻的挑战，带来了难以估计的风险。具体而言，不发达或欠发达国家的违约风险高，而发达国家的贸易保护主义与泛政治化风险高。

---

① 周方银：《“一带一路”面临的风险挑战及其应对》，《国际观察》2015 年第 4 期，第 61—72 页。

② 张蕴岭：《“一带一路”要应对三大挑战》，《中国经济周刊》2015 年第 17 期，第 18—19 页。

③ 李一丁：《“一带一路”建设对外汇储备的影响及对策》，《经济研究导刊》2017 年第 4 期，第 170—173 页。

从风险类型看，一般可以分成暴力风险和非暴力风险。东道国单方违约、贸易保护主义、国家安全保护等潜在风险，均属于非暴力违约，例如，在特殊情况下某些国家或某些企业很有可能为了谋求国家、部门或个人利益最大化，单方违约、终止合作，这些风险均可能带来相关投资的中止或者停滞。[①] 而部分发达国家的贸易保护主义抬头，常以“国家安全”为借口，人为设置投资障碍[②]，或者直接对个人进行精准“抓捕”和“围剿”，则使得经济问题政治化。就暴力风险而言，主要包括国内社会政治冲突、恐怖活动等[③]。例如，利比亚内战、也门内战等导致中国投资面临极大挑战。而随着内战的不断升级，这种国内冲突则也有可能蔓延成为地区冲突，乃至国际冲突。此外，如恐怖主义活动多年来一直在威胁中亚、南亚、东南亚、中东地区的地区安全，对“一带一路”倡议构成了极大挑战。而最值得关注的是，大国在“一带一路”沿线地区的地缘竞争将对投资安全构成最大压力。“一带一路”沿线国家往往是美国、俄罗斯、印度等大国在地缘政治上密切关注的区域，或与之有大量重合的区域。[④] 如印度长期将斯里兰卡等国视为其在印度洋的后院，中国在印度洋的港口投资被视为是对印度的“包围”。而美国在中东、欧洲，俄罗斯在中亚的地缘政治考虑均使其对中国的“一带一路”倡议怀有“警惕”，对中国的投资风险构成了更大的挑战[⑤]。总之，不论具体何种风险，基础设施投资中，中国政府出资比重

---

① 王义桅、郑栋：《“一带一路”战略的道德风险与应对措施》，《东北亚论坛》2015 年第 4 期，第 39—47、127 页。

② Kazunobu Hayakawa, “How Does Country Risk Matter for Foreign Direct Investment?” http://www.eria.org/publications/how-does-country-risk-matter-for-foreign-direct-investment/.

③ 黄河、Starostin Nikita：《中国企业海外投资的政治风险及其管控——以“一带一路”沿线国家为例》，《深圳大学学报（人文社会科学版）》2016 年第 1 期，第 93—100 页。

④ James McBride, “Building the New Silk Road,” https://www.cfr.org/backgrounder/building-new-silk-road.

⑤ Tanvi Madan, “What India thinks about China’s One Belt One Road Initiative,” https://www.brookings.edu/blog/order-from-chaos/2016/03/14/what-india-thinks-about-chinas-one-belt-one-road-initiative-but-doesnt-explicitly-say/.

失衡将很有可能导致经济问题的泛政治化，加剧投资风险。

（四）国内产业结构失衡的风险

中国政府出资比重失衡带来的后果之一，是加剧国内产业结构失衡的风险，并且更有可能增加国内产业结构调整的难度。当前，中国经济的结构调整处于关键时期，“一带一路”倡议的实施是否会影响到产业结构的转型升级？台湾经济结构转型的经验教训历历在目。台湾的产业结构在“四小龙”中是相对比较落后的，而为什么台湾的产业结构调整比较缓慢呢？其实，就是因为台湾企业在大陆太成功了。如果像富士康这样的台湾企业没有在大陆取得巨大成功的话，台湾可能早就被迫进行结构调整了。因此，一个在外部获得成功的“故事”，可能会延缓国内的产业结构调整。正是基于这一逻辑，从长期来讲，迟滞“改革”未必是好事情。

此外，“一带一路”将中国政府投资外移，会不会产生国内“产业空洞化”问题呢？[①] 历史上，“产业空洞化”问题对美国、日本经济造成了一定程度的影响。自二战结束以来，美国制造业开始向全球扩散，这不仅仅是跨国公司的发展，也是产业转移的结果。有学者认为，美国的金融衰退和财政赤字都与美国的“产业空洞化”有关[②]。20 世纪 80 年代中后期，日本在签署广场协议后，日元快速升值，日本制造业的生产基地开始转移到海外，从而对日本的雇佣状况、技术水平和产业结构造成负面影响。[③] 中国在“一带一路”推进过程中，对于“产业空洞化”的风险也需要高度警惕。

---

① 张蕴岭：《“一带一路”的创新型思维：大国倡议与大国作为》，《商业文化》2015 年第 13 期，第 60—64 页。

② 乔·瑞恩、西摩·梅尔曼、周晔彬：《美国产业空洞化和金融崩溃》，《商务周刊》2009 年第 11 期，第 46—48 页。

③ 蒋敬东、杨同富：《对日本“产业空洞化”的冷思考》，《苏州大学学报》2004 年第 4 期，第 108—113 页。

除上述两点外，国内外对于中国“一带一路”产能合作的理解，存在部分误区①。其一，国际产能合作不是过剩产能转移，而是优质产能转移。中国参与的国际产能合作不可能将国内落后产能、淘汰的产能、污染的产能转移到国外，而只能将国内优质产能与别国的基础设施建设需求进行对接、寻求合作。因为，落后产能运输成本高、利润低，不仅无法输出，而且由于风险巨大，得不偿失。其二，国际产能合作不是产品倾销，而是“产业的输出”和“能力的输出”，具体而言是将产业整体输出到不同国家去，同时帮助这些国家建立更加完整的工业体系、制造能力。② 这一过程是自然过程，因为工业体系和制造能力本身即是市场创造。总之，国内产业转移与国际产能合作不能割裂，国际市场带来了新的需求，但中国中西部地区同样也需要东部地区的产业转移和产能合作。③ 过度的国际资本输出将很有可能导致国内资本需求的缺口扩大，进而加剧产业结构失衡，提高国内产业空心化风险。

（五）美国和部分沿线国家质疑的风险

历史无法改变，也最具有惯性。西方国家受到理论与历史传统的影响，对于中国的“和平崛起”始终持有戒心。长期以来，中美关系呈现出了一种不断振荡的不稳定性，中国崛起与美国霸权之间的结构性矛盾决定了中美之间的战略竞争难以避免。④ 随着中国经济的快速崛起，美国对华政策已经发生质变，对“一带一路”倡议持质疑态度，甚至意图干扰。美国的态

---

① 安晓明：《当前我国国际产能合作的几个认识误区》，《工业经济论坛》2016 年第 3 期，第 319—326 页。

② 钟飞腾：《“一带一路”产能合作的国际政治经济学分析》，《山东社会科学》2015 年第 8 期，第 40—49 页。

③ 安晓明：《中国区域经济转型的历程回顾与“十三五”展望》，《区域经济评论》2015 年第 2 期，第 48—59 页。

④ 阎学通：《对中美关系不稳定性的分析》，《世界经济与政治》2010 年第 12 期，第 4—30、152 页。

度让沿线国家在中美之间摇摆不定，这也让部分国家在看待“一带一路”倡议时出现了期待与疑虑并存的复杂情况。

基于上述判断，不难看到，“一带一路”倡议的推进将很有可能加剧中美之间的对抗，而这种对抗情绪将直接影响到沿线国家在“一带一路”建设中的态度，最终加剧他们的疑虑，增加“一带一路”基础设施投资风险。这方面有如下几种代表性观点：有学者将“一带一路”倡议视为中国版的“马歇尔计划”[①]，其目的是重塑以中国为主导的地区政治经济秩序，也有观点认为“一带一路”是中国对美国“亚太再平衡”的回应，中国采用“西进”的方式建立中国版的“再平衡”[②]，还有观点认为中国通过“一带一路”倡议削弱美国的地区影响力，加强中国的外交与政治影响力[③]，等等。不论哪种观点，“一带一路”倡议已然被看成了是中美两国大国竞争的主要争夺焦点之一。尽管有一些美国学者也认为，美国应该参与到“一带一路”建设中[④]，“一带一路”可以促进世界包括美国的经济增长[⑤]，但美国政府对此并不积极。美国政府提出了“印太战略”，同时在经贸问题、朝核问题、台海问题、南海问题等方面与中国展开地缘政治博弈。从美国角度看，美国官方对“一带一路”倡议采取了选择性回应：一方面，从整体上对“倡议”进行“冷处理”，政府官员较少公开提及甚至刻意淡化其积极意义；另一方面，在需要借助于中国的特定领域，则表达了谨慎的欢迎

---

① 金玲：《“一带一路”：中国的马歇尔计划?》，《国际问题研究》2015 年第 1 期，第 88—99 页。

② Yun Sun, “March West: China’s Response to the U. S. Rebalancing,” https://www.brookings.edu/blog/up-front/2013/01/31/march-west-chinas-response-to-the-u-s-rebalancing/.

③ Joshua P. Meltzer, “China’s One Belt One Road initiative: A view from the United States,” https://www.brookings.edu/research/chinas-one-belt-one-road-initiative-a-view-from-the-united-states/amp/.

④ Karl Friedhoff, “The US can turn the Belt and Road Initiative to its own advantage,” July 26, 2018, https://www.scmp.com/comment/insight-opinion/united-states/article/2156801/us-can-turn-belt-and-road-initiative-its-own.

⑤ Ellen Rlina, “Silk Road 2.0: US Strategy Toward China’s Belt and Road Initiative,” October 4 2017, http://www.atlanticcouncil.org/events/past-events/silk-road-2-0-us-strategy-toward-china-s-belt-and-road-initiative-2.

与合作态度。[1] 总而言之，美国政府将“一带一路”看作与其地缘利益乃至全球利益针锋相对的战略举措。

美国的这一态度无疑让沿线国家对“一带一路”原本就存在的疑虑变得更加复杂。比如，俄罗斯对中国的“一带一路”倡议起初怀有疑虑，这主要因为“一带一路”倡议对俄罗斯在中亚的影响力构成了潜在威胁或者挑战，但随着国际形势的改变，俄罗斯逐渐意识到“一带一路”的重要性，并积极加入了“一带一路”建设当中。[2] 自从“一带一路”倡议提出后，印度一直持否定态度，拒绝加入“一带一路”建设中。印度始终不信任中国版的“互联互通”计划，并且质疑“一带一路”的详细运营计划[3]。然而，在亚投行成立后的两年里，该行累计发放了43亿美元贷款，其中超过10亿美元贷款流向了印度[4]，印度已经成为“一带一路”倡议中的受益者，因此，印度在军事安全方面靠拢美国，但在经济方面选择和中国开展合作。不论是美国，还是沿线国家抑或沿线大国，他们对“一带一路”倡议的疑虑从根本上说，还是对中国政府主导投资建设模式所潜在的政治和军事影响保持疑虑，或者说，更深层次的疑虑是对中国地缘影响力扩大以及政治价值观输出的疑虑。这些疑虑很有可能转化为具体的行动，或者在特殊条件下变成“一带一路”基础设施投资的重要风险隐患，一方面加剧经济问题的泛政治化，另一方面则导致基础设施投资风险高企，甚至加剧国内产业结构失衡的风险，从而打乱国内经济改革的节奏，贻误国内产业转型升级的“时机”。这种国际政治风险转换为国内经济风险并加重社会风险的潜

---

① 马建英：《美国对中国“一带一路”倡议的认知与反应》，《世界经济与政治》2015年第10期，第104—132、159页。

② Artyom Lukin, “Putin's Silk Road gamble,” *The Washington Post*, https://www.washingtonpost.com/news/theworldpost/wp/2018/02/08/putin-china/?utm_term=.87d4570ae4a7.

③ Peter Cai, “Why India Is Wary of China's Silk Road Initiative,” *The Huffington Post*, https://www.huffingtonpost.com/peter-cai/india-china-silk-road-initiative_b_11894038.html.

④ 《外媒：印度成亚投行最大受益国已接受超10亿美元贷款》，凤凰财经，2019年3月19日，http://finance.ifeng.com/a/20180319/16035232_0.shtml。

在连锁机制值得高度警惕。

三、有效应对连锁风险的关键对策

应对风险的最好办法，就是从源头和过程两个方面对风险实施管控。针对基础设施投资收益率低所产生的连锁风险，必须逐一采取针对性措施和系统性策略，各个击破，以防止系统性风险同时爆发、相互激发。从“一带一路”倡议实施的目的来看，能否“助推”国内产业转型升级，能否在中美贸易摩擦背景下真正推动建立全球经济治理新秩序，关键还是要看能否在不确定性的环境中及时规避风险并有效应对挑战，也就是能否做到趋利避害，能否将风险挑战转化为发展机会。

针对基础设施投资收益低的问题，可以通过创新项目投融资合作机制来吸引其他国家的资金、私人部门资金的参与，以分担风险。针对中国政府出资比重失衡的问题，可以采取与该国有影响力的企业进行合作、与第三方合作，以及与国际金融机构合作的方式来增加东道国的违约成本。如果投融资的多边参与机制问题解决好了，中国出资过多的问题能够得到部分缓解。针对人民币外储流失问题，还可以通过推进人民币跨境使用的方式来降低中国外储消耗。针对发达国家与东道国的疑虑，主要策略则是把双边问题变为多边合作，让更多利益相关方共同参与进来共同承担责任、共同分享收益。针对产能转移问题，过剩低质产能是无法转移的，中国无非是在帮助东道国建立符合其发展阶段的优势产能，因此，中国政府应主动加快国内产业结构调整，让“一带一路”倡议成为国内产业转型升级的“触媒”或者“助推器”。

（一）创新购买力平价合作模式提升项目投资收益率

针对基础设施投资收益率低的问题，可以尝试投融资合作模式创新。

例如，创新购买力平价模式对于提升项目收益率、盘活私人资本和更多国家资本参与“一带一路”建设具有重要意义。创新购买力平价合作模式，其核心在于确保和提升基础设施项目的投资收益率。具体来说，可以从五个方面入手：（1）采用税收返还或者降低税收的方法。良好的基础设施投资会在区域内产生积极的外溢效应，这将增加政府在区域内的企业所得税、财产所得税等财税收入。若将这部分溢出财税收入返还给私人投资者，将大幅提高基础设施投资的回报率，同时也会激发资本参与基础设施投资的积极性。[①]（2）在高风险项目中，以明确的风险分担机制为基础，由政府提供一定担保。“一带一路”沿线国家国情复杂，基础设施投资可能会面临政府更迭、成本上升、预期收入减少等意外风险。在购买力平价合作中，私人投资者会采用各种措施加以回避，但也有可能转嫁给公共部门。因此，必须事先明确公共资本和私人资本之间的风险分担机制。[②] 政府在此基础上，对无法收回合理收益的私人资本投资予以一定的支持，从而降低私人资本的投资风险[③]。（3）将跨境基础设施建设与沿线的商业项目相互捆绑。基础设施投资回报率较低，可以与投资回报率较高的商业项目进行捆绑，以提升整体投资回报效率，从而提高了基础设施建设的融资竞争力。（4）以人民币方式直接投资，减少美元和东道国货币汇率波动的风险，推动人民币国际化，化解国内私人资本参与“一带一路”基础设施建设的货币错配风险。[④]（5）充分发挥亚投行的主导作用，设计出跨境基础设施资产的证券化，并且建立相应的证券交易为私人资本参与“一带一路”基础设施建

---

① 吉野直行、中桥正树、维克多·庞泰恩斯：《如何吸引私人资本参与基础设施投资》，《中国经济报告》2017 年第 12 期，第 67—69 页。

② 刘继才、罗剑、宋金龙：《政府担保条件下的 PPP 项目特许期研究》，《科学管理研究》2015 年第 3 期，第 159—162 页。

③ 刘薇：《PPP 模式理论阐释及其现实例证》，《改革》2015 年第 1 期，第 78—89 页。

④ 林乐芬、王少楠：《“一带一路”建设与人民币国际化》，《世界经济与政治》2015 年第 11 期，第 72—90、158 页。

设提供平台。[①]

（二）完善亚投行运营机制撬动多国资本参与

针对政府出资比重失衡的潜在风险，可以尝试从金融机构入手完善亚投行合作运营模式，并以此为突破口吸引更多国家成为亚投行成员，撬动更多国家资本参与到亚投行建设之中。完善亚投行的合作运营模式，其核心在于加强亚投行合作和运营的制度建设。具体来说，也可以从五方面入手：（1）制定更加合理的贷款标准。亚投行贷款标准的设立需要考虑亚洲借款国家多样化的实际情况，也要顾及来自欧洲和其他地区众多出资国对于治理问题的关切，但不应复制世界银行（World Bank）、国际货币基金组织（IMF）以及亚洲开发银行（ADB）的所谓“最高标准”[②]。但也要考虑到在某些治理能力低下、腐败横行的国家，该国政府容易高估大型基础设施工程所带来的经济效应，低估还贷所带来的长期社会成本，造成收回贷款困难的情况。[③] 因此，亚投行应慎重地制定贷款标准。（2）保持机构的精简与透明。机构官僚、程序复杂、手续冗长、标准苛刻是传统金融开发机构的痼疾，虽然传统金融开发机构如今已经开始建立着手建立效率和响应度更高的准则，但其进展仍旧缓慢的令人难以忍受。[④] 在保持机构精简高效的同时，保持高度的透明不仅可以防止腐败，也能避免成员国间潜在的利益冲突[⑤]。（3）与世界银行、亚洲开发银行等金融开发银行保持良好关

---

① 丘兆逸、付丽琴：《国内私人资本与一带一路跨境基础设施建设》，《开放导报》2016 年第 6 期，第 35—38 页。

② Yukon Huang, “China has a Role to Play in Setting the ‘Right’ Standards,” *Financial Times*, https://www.ft.com/content/b1a49850-23bb-3f1d-9400-9c96d09cbc60.

③ Kenneth Rogoff, “Will China’s Infrastructure Bank Work?” *The Guardian*, https://www.theguardian.com/business/2015/apr/07/will-chinas-infrastructure-bank-work.

④ Yukon Huang, “China has a Role to Play in Setting the ‘Right’ Standards,” *The Guardian*, https://www.ft.com/content/b1a49850-23bb-3f1d-9400-9c96d09cbc60.

⑤ Curtis S. Chin, “If the West Is Serious About the AIIB,” May 30, 2015, https://www.wsj.com/articles/curtis-s-chin-if-the-west-is-serious-about-the-asian-infrastructure-investment-bank-1427736300.

系。有观点认为亚投行的成立意在与世界银行、亚洲开发银行竞争，甚至是美国领导的国际经济秩序进行对抗。① 要承认，世界银行、亚洲开发银行在职能和资助范围上确实与亚投行有所重合，但三者之间可以通过资金互助、市场协调、领域协调等手段在融资和技术咨询方面进行合作，避开竞争，进行互补，实现共赢。(4) 将“知识”银行的定位高于融资机构的定位。发展中国家的制度薄弱和治理不善往往是增长的障碍，缺乏资金往往是次要原因。亚投行在提供金融支持的同时，更应侧重于将适合亚洲基础设施建设的最佳方法和技术知识进行跨区域分享，这不仅利于贷款的回收，也在于使项目的实施更具实效性、可持续性。② (5) 加速推进人民币国际化。中国获得国际货币基金组织特别提款权为人民币国际化提供了良好的发展机会，在“一带一路”建设中推进人民币国际化，可视为中国可行的选择。

(三) 建立“一带一路”海外投资利益保护机制

“一带一路”建设的原则是共商、共建、共享，这一原则不仅意味着成果共享，也意味着责任共担。“一带一路”海外投资利益保护机制的建立可以成为沿线国家投资合作的重要载体，也为海外投资利益的维护提供了重要保障。

建立“一带一路”海外投资利益保护机制，其核心在于以机制化的方式为“一带一路”投资提供安全保障。具体来说，可以从四个方面入手：(1) 建立海外投资保险制度。美国在实施马歇尔计划的过程中开创了海外保险投资制度，并在 1969 年设立了直属于美国国务院领导的海外私人投资

① Kenneth Rapoza, “With New Bank, China Show U. S. It's Got Soft Power,” March 23, 2015, https: //www. forbes. com/sites/kenrapoza/2015/03/23/with-new-bank-china-shows-u-s-its-got-soft-power/#6050df0f515a.

② Kenneth Rogoff, “Will China's Infrastructure Bank Work?” *The Guardian*, April 7, 2015, https: //www. theguardian. com/business/2015/apr/07/will-chinas-infrastructure-bank-work.

公司（The Overseas Private Investment Corporation，OPIC）。该制度规定，凡是美国公民、公司、合伙或其他社团，或资产的全部，或至少95%为美国公民、公司、合伙或社团所有的外国公司、合伙、社团，均可就其在同美国签订有双边投资保护协定的国家和地区，针对合格投资向海外私人投资公司投保，海外私人投资公司承保的险别包括外汇险、征用险和战争险，这三种风险可同时一并投保，也可分险别单独投保。一旦投保的政治风险发生，投保人便可从海外私人投资公司那里获得90%的补偿，海外私人投资公司则取得了代位求偿权，可依照双边投资保护协定中的代位权条款向东道国求偿。[①]（2）制定相关投资保护法律。国内立法虽然不能通过中国执法力量去境外强制执行，但在为政府间处理海外利益纠纷时提供了谈判筹码。更为重要的是，随着中国在国际制度中建制能力增强，中国的立法精神将有可能影响国际法律和制度设计。[②] 在国际层面，应继续推动缔结双边或多边司法协定，为中外当事人合法权益提供高效、快捷的司法救济。[③]（3）发挥在多边机构中的影响力。中国作为“一带一路”倡议的发起国，在亚投行和丝路基金中均有较大的话语权，除此之外，中国在上海合作组织、亚太经合组织等多边组织中均有一定的影响力。利用好中国在多边组织中的影响力，推进贸易自由化，减少潜在的贸易投资壁垒给中国海外投资所造成的障碍。[④]（4）加强安全力量建设。海上安全力量建设分为国家层面和私人层面。在国家层面，加强与沿线国家陆海反恐、反海盗军事合作，可以有力打击“一带一路”沿线“三股势力”；在私人层面，可以借鉴美国的海外私人安保模式，扶持建立一批大型跨国安保企业，为项目提

① OPIC, “Who we are,” https://www.opic.gov/.

② 苏长和：《论中国海外利益》，《世界经济与政治》2009年第8期，第13—20页。

③ 《最高人民法院关于人民法院为“一带一路”建设提供司法服务和保障的若干意见》，中华人民共和国最高人民法院，2015年7月7日，http://www.court.gov.cn/zixun-xiangqing-14900.html。

④ 甄炳禧：《新形势下如何保护国家海外利益——西方国家保护海外利益的经验及对中国的启示》，《国际问题研究》2009年第6期，第49—54页。

供一定的安保服务[①]。但也要注意，所有的行动必须符合东道国的法律和国际法，力避纪律松散、管理混乱所导致的不负责任行为的发生。

（四）推动中国产业的创造性转移规避产业空心化

通过“一带一路”倡议推动中国产业的创造性转移[②]，可以规避历史上发达国家对发展中地区产业转移过程中出现的问题，即国内的产业空洞化。实施中国产业的创造性转移，其核心在于确保在“一带一路”产能合作的合理性。具体来说，可以从四个方面入手：（1）避免重蹈发达国家产业转移覆辙。中国向海外转移产业，不是简单的转移过剩产能，而是要基于经济发展的动态演进，推陈出新，一方面帮助发展中国家实现一定能力的自主发展；另一方面，也反推国内的自主创新，将价格较低的生产要素转移到国外，通过提高国内生产要素的价格倒逼创新[③]。这不同于发达国家的产业转移模式，也不同于自由贸易区理论中的贸易创造和贸易转移的简单叠加，这是符合中国和周边国家国情总结出的产业合作模式。（2）统筹协调、内外兼顾。从国内产业与国外产业角度来看，在将中国优质富余产能转移出去的同时，也要注意保留国内的优势产业，特别要将企业的核心竞争力留在国内，防止区域产业空心化。发达国家再工业化的战略值得中国借鉴。从国内产业转移与国际产能合作角度来看，根据产业梯度转移理论，处于较高产业梯度的中国东部沿海地区的产业可向中西部地区转移，也可向国外转移（国际产能合作）。但是总的产能和资本是相对固定的，开展国际产能合作就有可能影响国内的产业转移，因此二者的协调非常重要。

---

① 戴德生、王勇：《美国关于私营军事安保公司的法律规制及其对中国实施“一带一路”战略的启示》，《江海学刊》2017 年第 7 期，第 202—208 页。

② 钟飞腾：《“一带一路”产能合作的国际政治经济学分析》，《山东社会科学》2015 年第 8 期，第 40—49 页。

③ 钟飞腾：《“一带一路”产能合作的国际政治经济学分析》，《山东社会科学》2015 年第 8 期，第 40—49 页。

(3) 重视产能类型选择。制造业产能具有不可替代性，其转移要高度重视，比如可以选择无法通过国内生产的出口替代型制造业、能够利用东道国不可替代生产要素的优势型制造业。[①] (4) 重视产能合作东道国的选择。对于东道国的选择主要考察以下三个方面，即经济发展程度、产业承接基础和风险可控程度。经济发展程度方面，中国可以选择发展程度更低的发展中国家，在为这些发展中国家提供发展经验的同时，也向其转移一部分优质富余产能。产业承接基础方面，要优先选择那些本国制造业发展初具规模、有相关配套设施和人才、公共服务比较健全的东道国。风险可控程度方面，政策上要鼓励优先选择政治生态良好、社会比较稳定等风险可控的国家开展国际产能合作。

(五) 增进中美战略互信、消除沿线国家战略疑虑

美国和部分沿线国家对于中国“一带一路”的疑虑，其实是多年来对于中国的不信任长期积累的结果，美国对于中国的不信任尤其如此。如何消除美国和部分沿线国家的疑虑，具体来说，可以从三方面入手：(1) 积极开展公共外交。通过公共外交，增进沿线国家对“一带一路”的认知，消弭“中国威胁论”“中国掠夺论”的噪声。在战略上，中国应明确对周边“一带一路”沿线国家短、中、长期公共外交目标和思路；在策略上，可以注重合作性和竞争性公共外交的开展与谋划，并随时做好开展冲突性和对抗性公共外交的准备，继续发挥常态公共外交与危机公共外交的配合作用。[②] (2) 注意与相关国际机构协调。亚投行、丝路基金是目前“一带一路”建设的最前沿实体，也是美国认为中国试图争夺国际秩序话语权的工具。不可否认，亚投行与亚洲开发银行、世界银行有竞争的一面，但亚

---

① 梅新育：《冷静全面看待国际产能合作》，《浙江经济》2015 年第 12 期，第 7—8 页。

② 唐小松、张自楚：《中国对周边“一带一路”沿线国家的公共外交》，《教学与研究》2016 年第 6 期，第 50—58 页。

投行不应也无法取代这两者的地位。事实上，双方更多的是一种互补关系。发挥好亚投行的作用，协调好与亚洲开发银行、世界银行的关系，不仅利于开展业务，也利于减少摩擦，增进中国与美国和沿线国家的互信。（3）妥善处理周边争端。中国与东亚、南亚部分国家的海洋争端不仅影响到与部分沿线国家的关系，也为美国介入提供了机会。中国应尝试扩大在周边地区的争端管控机制，努力将双边问题的影响控制到最小。

当然，从更加广阔的宏观背景来看，除了上述具有针对性的策略以外，未来五年"一带一路"的成功推进需要更加重视、关注中美关系的调整以及全球经济治理格局的变化所带来的风险与挑战。但正如本文所分析的那样，通过努力化解连锁性、系统性的投资风险，通过机制化建设让更多国家、企业和机构参与到"一带一路"建设中来。通过聚焦国内产业转型升级和国际投资效率提高，"一带一路"建设将会迎来下一个富有成效的五年。

中斯合作与“一带一路”建设对接

肖莉梅

【内容提要】斯里兰卡作为古代“海上丝绸之路”重要节点，对中国提出的“一带一路”倡议表现出浓厚的兴趣，期冀能够以“一带一路”建设为契机加强与中国全方位的合作。如何实现中国和斯里兰卡更加深入合作已成为中斯两国面临的共同议题。本文认为，中斯两国实现深入合作，首先要加强高层交往和政策沟通，做好顶层设计；在此引领下，可将中斯合作的内容划分为以重大项目为突破口，基础设施建设为核心合作领域、经贸合作为基础支撑领域。中斯两国实现深入合作对接不仅享有难得的发展机遇和空间，同时，斯里兰卡内部和域外大国掣肘所引发的现实挑战和问题也不容忽视。因此，中斯应夯实具体的合作路径，加强港口建设，加速推进自贸区谈判进程，优化对外投资结构，找准未来合作方向，以期在更高层面拓展中斯互利合作的空间。探讨中国与斯里兰卡合作发展的有效对接，可对中国与“一带一路”沿线国家的互利合作形成良好的辐射作用，提供参考范本。

【关 键 词】一带一路　斯里兰卡　经贸合作

【作者简介】肖莉梅，北京外国语大学国际关系学院博士后。

“一带一路”是中国首次提出的涵盖不同国家和地区的合作发展倡议。该倡议提出以来，共商、共建和共享的发展理念获得沿线国家的普遍认可，为各方开展协同合作、实现共同发展创造了巨大的空间。习近平主席在2017年召开的“一带一路”国际合作高峰论坛上的讲话中所指出的，“一带一路”建设的核心不是另起炉灶、推倒重来，而是实现深度合作、优势互补。[①] 通过深度合作寻求利益契合点，有效减小“一带一路”的多边阻力和政治风险。[②]

以中斯战略合作伙伴关系作为新起点，中斯两国的历史和现实状况均表明两国进行深度合作的必要性。斯里兰卡所处的南亚地区是连接21世纪海上丝绸之路与丝绸之路经济带的交会地区，强大的地缘优势决定了斯里兰卡成为“21世纪海上丝绸之路”建设的重要节点。作为中国世代友好的合作伙伴，斯里兰卡积极参与中国提出的“一带一路”倡议，以促进本国经济发展、融入地区合作及维护地区稳定。斯里兰卡将该倡议看作本国经济发展的重要机遇，将本国的国家发展规划与“一带一路”倡议对接，展开全方位合作，达成一些重要领域的合作项目。由于斯里兰卡领导人交接、政府的更迭，两国关系经历了一些波折，但经过双方多次磋商，达成了新的共识，一些被暂停的大型基础设施合作项目先后复工。从近几年双方的合作来看，仍有重要的问题需要解决，共建21世纪海上丝绸之路将是中国与斯里兰卡的共同需要。同时，分析中斯合作也能为中国同其他“一带一路”倡议的节点国家开展合作提供重要参考。

一、中斯实现合作对接的基础

斯里兰卡地处南亚次大陆以南印度洋上，西北与印度半岛隔海相望，东西紧邻国际远洋主航线，位于最繁忙的海上贸易航线上，自古以来就发

---

① 《习近平在“一带一路”国际合作高峰论坛开幕式上的演讲》，新华网，2017年5月14日，www. xinhuanet. com//2017-05/14/c_1120969677. htm。（2019年10月5日登录）

② 门洪华：《“一带一路”规则制定权的战略思考》，《世界经济与政治》2018年第7期，第35—39页。

挥着交通枢纽和贸易要冲的重要作用，有“东方十字路口”之称，发展前景广阔。作为印度洋中心的岛国，斯里兰卡虽然与中国相距较远，但因古代海上丝绸之路的连接，两国在数百年前就有十分密切的文化贸易往来。在国际航运方面，斯里兰卡是连接东亚、东南亚、南亚与中东的枢纽。其国内量大港口——科伦坡港和汉班托塔港的战略位置凸显，将成为印度洋海上运输枢纽港口的绝佳选择。斯里兰卡重要的地缘位置决定了其在“一带一路”建设中，尤其是“21 世纪海上丝绸之路”的建设中发挥至关重要的作用。中国强大的经济发展引擎，也成为助力斯里兰卡经济复苏的重要动力。

（一）中国和斯里兰卡友谊源远流长，经贸合作根基深厚

早在晋代，中国高僧法显去斯里兰卡取经，取回佛教经典并著有《佛国记》一书。斯里兰卡是古代海上丝绸之路上的重要节点，郑和下西洋曾多次在斯驻节，两国文化贸易往来历史悠久。在争取民族独立中，中斯是共患难、谋发展的好伙伴，两国的互助合作成为南南合作最初的一个成功范例。1952 年，两国在尚未建交的背景下实行经济合作先行，签订《米胶协定》，中国为斯提供大量的投资和贷款，斯里兰卡为中国提供橡胶等重要物资。米胶贸易一直持续到 20 世纪 70 年代末，两国无条件的相互支持打破了西方国家对中国的封锁禁运，填补了中国急需从国际社会进口的战略物资——橡胶；中国的大米也为斯里兰卡解决了大米匮乏等问题，顶住了欧美的打压，为其独立之后的经济复苏贡献了巨大力量。中斯两国自建交以来，双方在各领域的合作不断深化。

（二）斯里兰卡对基础设施建设的需求旺盛，为两国合作提供良好机遇

斯里兰卡工业基础薄弱，没有工业配套体系，原材料基本靠进口，财

政紧张，基建投资支出不足，对外来资金、技术、设备和管理有较为迫切的需求。中国在工业化发展的过程中积累大量的经验、能力可以对外输出，以及产能过剩问题严重，通过“基建输出”能够大幅缓解中国建筑业、制造业的产品需求压力。①

斯里兰卡希望将汉班托塔港和科伦坡港口打造成两个经济增长极，亟须大量外国投资。中国与斯里兰卡开展两港建设合作，对于中国和斯里兰卡是好的发展机遇。汉班托塔港距离世界最繁忙的国际海运主航线仅 10 海里，处于中国“21 世纪海上丝绸之路”的关键位置。作为世界第一大海湾孟加拉湾的门户，区位优势明显，发展潜力大，发挥着交通枢纽和贸易要冲的重要作用，有望成为区域航运中心。中国投资了汉班托塔港以及临港工业园，将带动斯里兰卡南部地区经济的发展，将改变贯穿亚、欧、非的贸易流向，有利于促进中国与斯里兰卡的双边投资和产能合作。科伦坡国际集装箱码头项目将推动科伦坡港口吞吐量大幅增长，提高其行业地位，同时也为当地解决 4000 个就业岗位，有望在项目完成时达到提供 7000 个岗位。② 中国在斯里兰卡的港口投资将是推进“一带一路”建设的关键节点，也是佐证斯里兰卡是“关键性小国”支点之一。

（三）“一带一路”倡议与斯里兰卡国家发展战略高度契合

斯里兰卡于 2009 年结束内战后，基础设施破坏严重，庞大的军费开支严重制约斯里兰卡的经济发展，斯里兰卡提出了国家振兴发展的“马欣达愿景”。为重振国民经济，斯政府决定将打造汉班托塔地区和科伦坡两大工业基地。2013 年底，斯里兰卡政府以“马欣达愿景”为指导，制定了经济发展的纲领性文件《不可阻挡的斯里兰卡——2020 年未来展望和 2014—

① 《“一带一路”战略下的投资促进研究》，中华人民共和国商务部网站，https://www.yidaiyilu.gov.cn/wcm.files/upload/CMSydylgw/201706/201706131116055.pdf。（2018 年 10 月 9 日登录）。

② 文少彪：《新时期中国参与斯里兰卡港口建设探析》，《当代世界》2018 年第 5 期，第 68 页。

2016年公共投资战略》。该文件规划将斯里兰卡建设成为国际航运中心、航空中心、旅游和商业中心、能源中心和知识经济中心，成为连接东西方的重要枢纽。

为努力实现中华民族伟大复兴的中国梦，中国政府提出“一带一路”“两个走廊”等倡议与设想，中斯双方就携手共建“21世纪海上丝绸之路”达成广泛共识。时任斯里兰卡总统拉贾帕克萨给予了积极的回应，并愿意与中方密切配合并积极参与到相关建设，助力海上区域经济合作。[①]“一带一路”是推动沿线国家互惠合作的重要平台。在该倡议的背景下，中国与斯里兰卡展开基础设施建设、双边贸易与投资、金融合作等全方位合作，为斯里兰卡经济发展提供了资金和技术支持，扩大其出口吸引外资，弥补其经济发展的短板。其中，斯里兰卡重点打造的两港——汉班托塔港综合发展项目和科伦坡港口城项目也是中国在斯里兰卡最重要的两大项目，将有望促进斯里兰卡国家发展的腾飞。

（四）斯里兰卡经济稳定增长为中斯合作提供了发展空间

根据世界银行发布的《全球经济展望》预测，2018年至2020年斯里兰卡GDP年增长率将稳步上升，从3.9%逐年增长至4.1%。[②] 预测中国将有所下降，但GDP年增长率仍保持6%的水平。斯经济增长将从不同程度上助力于两国的合作。近年来，斯里兰卡致力于对外开放，改善营商环境，鼓励外国投资，积极营造良好的投资环境。积极促进对外贸易，鼓励发展出口型产业，不断优化市场环境，为两国的合作提供了良好的基础。同时，其经济稳定增长将创造大量的能源、机械、轻工等投资需求，与中国开展国际产能合作提供较大空间，实现两国经济“双赢”。

---

① 《访斯里兰卡总统拉贾帕克萨》，新华网，2014年9月15日，http://www.xinhuanet.com//world/2014-09/15/c_1112480955.htm。（2019年8月5日登录）

② 数据来自世界银行网站：https://data.worldbank.org.cn/country/sri-lanka。

二、中斯高层交往下的战略引领与顶层设计

中斯两国世代友好的政治关系是深化两国合作的基石。两国从建交以来政治互信不断增强，经贸人文交流更加密切，双方在重大问题是拥有广泛共识，中斯关系不断提升。2005 年，两国宣布建立“真诚互助、世代友好的全面合作伙伴关系”。2013 年，两国一致同意升级双边关系，建立“真诚互助、世代友好的战略合作伙伴关系”，这标志中斯关系进入新的发展阶段。

两国高层互动频繁，加强两国发展理念交流和合作对接，引领中斯各领域的合作。斯里兰卡曾在 2005 年制定中长期发展规划“马欣达愿景”，该计划的核心是到 2020 年建成一个“联通国家”，拥有现代化的全国交通网络，将斯里兰卡建设成为国际航运中心、航空中心、旅游和商业中心、能源中心和知识经济中心，重新成为“丝路”上的珍珠。尽管此规划出台于拉贾帕克萨执政时期，但规划本身是在共识基础上形成的，政局更迭不会导致对规划的全盘否定。[①] “一带一路”倡议提出以后，中斯两国就携手共建“21 世纪海上丝绸之路”达成广泛共识。

2014 年，斯里兰卡财政计划部与中国商务部签署《关于在中斯经贸联委会框架下共同推进“21 世纪海上丝绸之路”和“马欣达愿景”建设的谅解备忘录》。[②] 同年 9 月，习近平对斯里兰卡进行了历史性访问。习近平主席强调，斯里兰卡提出了国家振兴发展的“马欣达愿景”，与中国的奋斗目标相互契合，愿以建设 21 世纪海上丝绸之路为契机，同斯加强在港口建设运营、临港工业园开发建设、海洋经济、海上安全等领域合作。斯总统表

① 《丝路报告丨吴兆礼：中国与斯里兰卡在“一带一路”建设中的合作》，环球视野网，2018 年 7 月 9 日，http://www.globalview.cn/html/global/info_25631.html。（访问日期：2019 年 8 月 20 日）

② 易先良：《“一带一路”为中斯合作带来新机遇》，《中国投资》2017 年第 1 期，第 58 页。

示，建设21世纪海上丝绸之路的倡议与斯方打造印度洋海上航运中心的设想不谋而合，愿开展广泛合作。双方签署《中斯关于深化战略合作伙伴关系的行动计划》以及经贸、基础设施建设、海洋科研、文化、教育等领域合作协议。2015年，斯里兰卡西里塞纳总统访问中国，表示希望在“21世纪海上丝绸之路”框架内加强同中国合作。2016年，维克拉马辛哈总理访华，重申愿意积极参与“一带一路”倡议，表示斯方在扩大经济合作、建设“21世纪海上丝绸之路”方面与中方有共同的利益。习近平主席会见斯里兰卡总理时提出，双边应深化在贸易、基础设施、工业园区、加工制造业、产能、科技、海洋等领域开展务实合作。① 李克强总理强调，中斯应该开展产能合作，中国将帮助斯里兰卡推进工业化进程等。②

2017年，斯里兰卡总理维克勒马辛哈出席第一届“一带一路”国际合作高峰论坛，并与中国领导人举行会晤。习近平主席强调，中国对斯里兰卡的友好政策是长期战略性选择。双方要以高层交往为引领，就共同关心的全球性问题协调立场。要以大项目合作为先导，以建设中斯自由贸易区为抓手，实现贸易畅通和资金融通。斯方表示，愿同中方共同努力，顺利推进汉班托塔港项目和科伦坡港口城项目。斯方愿充分发挥自身区位优势，为“一带一路”建设作出贡献。③ 2019年4月，第二届“一带一路”国际合作高峰论坛在北京举行，中斯双方促成了《促进“一带一路”合作 共同推动建立农药产品质量标准的合作意向声明》、与斯里兰卡人民银行签署融资合作协议等多项合作成果。5月，斯里兰卡西里塞纳总统出席中国举办的首届亚洲文明对话大会，并呼吁亚洲国家携手维护共同的价值。

---

① 《习近平会见斯里兰卡总理维克勒马辛哈》，新华网，2016年4月8日，http://www.xinhuanet.com//politics/2016-04/08/c_1118572317.htm。(2019年7月10日登录)

② 《李克强：推动中斯战略合作伙伴关系迈上新台阶》，中国政府网，2016年4月7日，http://www.gov.cn/guowuyuan/2016-04/07/content_5062114.htm。(2019年7月10日登录)

③ 《习近平会见斯里兰卡总理维克勒马辛哈》，新华网，2017年5月16日，http://www.xinhuanet.com//politics/2017-05/16/c_1120982893.htm。(2019年7月10日登录)

两国频繁的高层交往，为双方凝聚共识，进一步对接合作，推动文明交流互鉴，拓展更广阔的合作指明了方向。

三、中斯发展对接合作的重点合作领域

中斯两国高层已经提出双边合作的重要方向和重要内容，如在制造业产能合作、基建、航运以及金融领域等，这些合作领域不仅是中国之优势、利益所在，也是斯里兰卡的发展战略目标中的重大关切。[①] 其中，重大战略项目——港口建设成为中斯对接合作的突破口，基础设施建设是中斯对接合作的核心领域，经贸合作成为中斯对接合作的基础支撑。

（一）中斯对接合作的突破口——港口建设

出于相同的发展诉求，两港建设成为中斯两国在“一带一路”框架下实现对接合作的突破口。中国经济持续快速发展，对能源的需求也骤然放大。在中国海上原油进口通道中，大多将斯里兰卡作为中转和补给站，斯里兰卡成为中国海上能源通道的重要支点国。“一带一路”倡议的纲领性文件《推动共建丝绸之路经济带和21世纪海上丝绸之路的愿景与行动》指出对港口的规划，“海上以重点港口为节点，共同建设通畅安全高效的运输大通道”。因此，中国在斯投资建设便利的港口基础设施对于“海上丝绸之路”远洋运输补给具有重大意义。并且，港口项目也是斯里兰卡国家发展战略中的重要指标，与斯里兰卡构建“两翼一廊”的发展格局——将两港打造成为两个经济中心的战略高度契合。目前，中国参与了新建汉班托塔港项目和扩建科伦坡港项目。

汉班托塔港是斯里兰卡南部的战略港口，地理位置优越。中国于2007

---

① 李艳芳：《“21世纪海上丝绸之路”框架下中斯经济关系的重塑研究》，《南亚研究》2017年第2期，第48页。

年开始援建汉班托塔港。自2012年一期工程竣工，汉班托塔港并未如愿蓬勃发展，一直处于经营不善的处境中。应斯里兰卡政府缓解债务的请求，2017年年底，斯里兰卡将汉班托塔港口的资本和经营管理权正式移交中国招商局集团，中国买下汉班托塔港70%的股权，并租用该港口以及周围1.5万英亩土地建设中斯工业园，租期为99年。截至2019年7月，已完成一期、二期工程，建有十个10万吨级泊位，码头长3487米，泊位专门处理集装箱、滚装货、散货和一般货物，成为斯里兰卡第二大港。2018年，汉班托塔港全年的货物吞吐量49.6万吨，较2017年增长了3.25倍。其中滚装车辆23.6万辆，增幅158%。2019年前两个季度，汉港共完成滚装车辆16.72万辆，同比增长57.56%；完成散杂货吞吐量45万吨，远超去年（2018年）全年散杂货吞吐量。[①] 该港90%的工人来自本地。汉班托塔港具有发展成为国际中转港的得天独厚的优势条件，可大力发展集装箱中转业务，有望成为科伦坡国际枢纽港的重要补充。[②]

同时，中国在此援建中国—斯里兰卡工业园区，斯政府意将以港口带动工业园发展，以工业园带动城市发展，进而带动斯里兰卡南部地区整体发展，激发汉班托塔地区的土地资源和人力资源，充分开发其优势，把汉港地区打造成港、园、城一体的新区，有助于斯里兰卡实现建设国际航运中心、国际商业中心和高附加值产品加工中心的目标，也有助于进一步深化中斯双边投资和产能合作。

科伦坡港口城项目是中斯合作的标志性项目，也是中国迄今对斯里兰卡最大的投资项目，由中国交通建设股份有限公司与斯里兰卡国家港务局共同开发。它的目标是打造南亚地区第一个高端中央商务区，建设一个可以容纳25万人的新城，集金融、旅游、物流等为一体的高端城市综合体。

---

① 《汉班托塔港运营一年半货物吞吐量增长数倍》，来源：人民日报，中国一带一路网，2019年7月27日，https://www.yidaiyilu.gov.cn/xwzx/hwxw/98346.htm。（访问日期：2019年8月20日）

② 王俊、席芳：《汉班托塔港打造海上丝绸之路重要支点》，《中国港口》2016年1月，第58页。

该项目于2014年开工，计划20—25年全部建设完成。截至2019年1月，科伦坡港口城项目陆域形成，269公顷填海造地工程完工。该项目的实施使科伦坡港的吞吐能力增加了240万标准箱，使港口的年总吞吐能力达到700万标准箱。① 科港目前是南亚地区迄今为止唯一以停靠作业1.8万标准箱的超大型集装箱船舶的港口。②

2018年年底，中企投资的科伦坡商业核心区中航公寓楼项目（Astoria公寓项目）全面封顶，是斯里兰卡投资局的战略发展项目，致力于将该商业区打造成集商业、居住、休闲娱乐、医疗、教育等生活和工作需求为一体的“一站式”消费居住体验环境，会带动二级开发投资，吸引外来投资，为当地居民创造大量就业机会。争取到2020年，科伦坡港口城项目带动航运业实现10亿美元收入，年处理货物2亿吨，有望将这座新城打造成为东南亚最大的金融中心、物流中心，填补迪拜与新加坡之间国际金融中心的空白。由此可见，科伦坡海港城项目的建设使港口与城市互相促进、共同发展的一个大型项目，将大大促进港口相关产业的蓬勃发展。

以港口建设带动沿海飞速发展对中国经济腾飞举足轻重。习近平主席说，“我们常说要想富先修路，在沿海地区要想富也要先建港”③。这一简单而精辟的总结说明，中国企业在海外建设港口就是要把中国经验复制到其他发展中国家，通过港口建设和运营为对象国的经济发展赋能。④ 与斯里兰卡进行两港建设合作，有助于斯里兰卡实现国家战略目标，进一步增强斯里兰卡的国际航运能力，为发展海洋经济奠定坚实基础。同时，作为中

---

① 唐鹏琪：《斯里兰卡科伦坡港口城市项目的现状与前景分析》，《南亚研究季刊》2015年第4期，第27—28页。

② 文少彪：《新时期中国参与斯里兰卡港口建设探析》，《当代世界》2018年第5期，第68页。

③ 《习近平：要想富先修路，要想富也要先建港》，中国交通新闻网，2017年4月20日，http://www.zgjtb.com/2017-04/20/content_112771.htm。（2019年11月1日登录）

④ 《“一带一路”中国海外港口项目战略分析报告》，国观智库网，http://www.grandviewcn.com/archives/5971。（2019年4月16日登录）

国海上能源生命线上的重要节点和商船的主要补给基地，中斯保持互利合作关系的进一步发展，对于确保中国能源安全具有突出的意义。[①]

（二）中斯对接合作的核心领域——基础设施建设

基础设施互联互通是各国共建“一带一路”的重要方式。从 1983 年到 2009 年，斯里兰卡经历了 26 年的内战。多年的内战导致国家财政亏空、经济基础薄弱、基础设施破坏严重。为推动斯里兰卡基础设施的完善，中国与斯里兰卡进行广泛的合作，尤其在“一带一路”倡议的背景下，中国在斯里兰卡援建了交通、电力、水利等大型基础设施建设项目。两国的基建合作拉动了斯里兰卡战后经济社会的重建，推动了斯里兰卡人民生活水平的提高。近年来，中国已成为斯里兰卡最大的基础建设合作方。

1. 道路

中国承建了斯里兰卡高速路、铁路等项目，完善了斯里兰卡交通网络的互联互通，推动港口与贸易区之间的人员货物往来，改善人民生活水平，拉动周边产业发展，有利于缩小斯里兰卡南北的贫富差距。

斯里兰卡第一条机场到科伦坡的高速路已竣工通车，由中国进出口银行提供贷款。这条高速路机场被称为斯里兰卡“国门第一路”，到市区的交通时间从一个半小时缩短至 20 分钟，大大方便了当地居民的出行，同时拉动了沿线物流业和旅游业的发展。中方承建的南部高速公路延长线项目正在修建中，中国进出口银行提供贷款。该项目将大大缩短首都科伦坡至南部重镇汉班托塔的车程，推动两大港口和贸易区之间的货物运输及人流往来，将成为斯国家高速公路网的重要组成部分。[②] 该项目将为斯提供大约

---

① 唐鹏琪：《斯里兰卡科伦坡港口城市项目的现状与前景分析》，《南亚研究季刊》2015 年第 4 期，第 21—23 页。

② 《易先良大使陪同斯里兰卡总统出席南部高速公路延长线项目开工仪式》，中华人民共和国驻斯里兰卡民主社会主义共和国大使馆经济商务处网站，2015 年 8 月 10 日，http://lk.mofcom.gov.cn/article/jmxw/201508/20150801075928.shtml。（访问日期：2019 年 7 月 20 日）

1.5 万个就业机会，极大促进斯里兰卡南部经济走廊及周边地区的发展。

中方企业对斯里兰卡道路升级计划提供大力支持，由中企承建的 B385 和 B278 道路升级项目于 2019 年 3 月竣工。此次升级的两条道路全长 26 公里，经过升级改造后，进一步实现了这一地区于周边交通网络的互联互通。

斯里兰卡的铁路运力低下，设施老旧失修，近 90 年未修缮过一条新铁路线，落后的交通系统制约了南部经济社会的发展。2013 年，中国机械进出口集团与中铁五局共同承建了斯里兰卡南部铁路。这条铁路从首都科伦坡贯通至卡特拉伽玛，途径马特勒（新修铁路起点）、汉班托塔港口和马特勒国际机场，全长约 127 公里，时速可达 120 公里，是斯里兰卡时速最高的铁路。2019 年 4 月正式通车。它是斯里兰卡独立以来在主要客货运网络上新修的第一条铁路，推动了斯里兰卡铁路网的升级，方便了沿线居民的生活，拉动了南部各产业发展。这条南部铁路连接了科伦坡和汉班托塔港两大经济中心，使斯里兰卡南部形成海、陆、空三位一体的运输格局，方便了客货运输，为改变斯里兰卡南部经济的落后局面发挥积极作用。

2. **电力**

电力短缺是斯里兰卡多年存在的问题，为缓解居民的基本用电问题，中国企业在斯承接了发电站、水利枢纽等项目。

中方帮助斯里兰卡修建了第一座也是最大的燃煤电站——普特拉姆燃煤电站，这是“一带一路”沿线国家装备走出去的重要工程。其建成解决了斯里兰卡 50%的电力供应，使斯里兰卡整个国家的电价下降了 25%，成为南亚唯一一个告别电力短缺的国家。

除此以外，中国电建承建了莫勒格哈坎达水库项目、卡卢河大坝项目等。2018 年年初，历时六年的莫勒格哈坎达水库竣工移交，这项斯里兰卡最大的水利枢纽工程在防洪供水、缓解电力紧张等问题上发挥重要作用，将持续为当地农业、民生提供巨大福祉。2018 年 12 月，中国企业承建的斯里兰卡南部汉班托塔地区 220 千伏变电站项目动工，这对斯里兰卡南部地区、特别是汉班托塔港电力稳定供应具有重大意义。

3. **水利**

斯里兰卡存在长期缺乏清洁饮用水，水资源分布不均等问题，为提供更多的清洁水源、提升农业效率，中国企业在斯里兰卡承建了多个水利项目。

阿塔纳水厂项目是斯里兰卡最大的单体水厂项目，修建完工将解决当地 42 个村庄 60 万人口的清洁用水问题，还为当地居民提供了超过 1000 个人的就业岗位。库鲁内格勒水项目是斯里兰卡首个供水和污水处理合建项目。该项目能够满足每天 7.1 万人 24 小时不间断的安全饮用水需求，污水处理也完全符合国际标准；同时，该项目可使整个城区排水系统基本实现雨污分流排水。[①] 莫勒格哈坎达水库项目是斯里兰卡最大规模的水利枢纽工程，其建成投入使用后，大大提升了农业生产效率，斯里兰卡中部的灌溉能力大幅提升，改善农民的生活水平。

2019 年 9 月，中国石油管道局工程有限公司承建的斯里兰卡首都科伦坡地下排水隧道工程开工。该项目建成后将成功解决科伦坡城市的内涝问题，是造福人民的重大市政民生项目。

中国在斯里兰卡承建的一系列重要工程建设项目，有效地改善了斯里兰卡基础设施条件，促进了设施的互联互通，大大改善了民生，为斯里兰卡经济社会的可持续发展注入了活力，也为推动“21 世纪海上丝绸之路”构想在斯里兰卡实现对接铺平了道路。

（三）中斯对接合作的基础支撑——经贸合作

斯里兰卡与世界上 200 多个国家与地区开展贸易往来，中国是斯里兰卡重要的贸易伙伴。尤其是近几年，中斯不断扩大在各领域的交流与合作，

---

① 《中企承建的斯里兰卡库鲁内格勒供水和污水处理项目　满足当地 7.1 万人安全饮水需求》，人民网，2018 年 12 月 6 日，http://env.people.com.cn/n1/2018/1206/c1010-30446045.html。（2019 年 11 月 10 日登录）

双边贸易保持较快增长势头。截至 2019 年 6 月，中国已成为斯里兰卡的第一大进口来源地以及第十一大出口市场。建设中斯自由贸易区是斯里兰卡将自身发展战略与中国“一带一路”倡议对接的重要举措。斯里兰卡希望深化与中国的经贸和投资领域的合作，扩大对华出口，拉动制造业、装备制造业等第二产业的发展。

1. 中斯经贸合作现状

中斯经贸关系趋于紧密，投资关系日益发展。经济合作互补性强、前景广阔。在贸易领域，中斯双边贸易额逐年增长。如表 1 所示，2018 年，两国进出口贸易总额同比 2011 年增长 46%。据斯里兰卡海关统计，2018 年斯里兰卡货物贸易进出口额为 338. 2 亿美元，出口 116. 6 亿美元，进口 221. 6 亿美元，贸易逆差 105 亿美元。据中国海关统计，2018 年中斯双边贸易额为 45. 80 亿美元，与 2017 年同比增长 4. 1%，其中，斯里兰卡对中国出口 3. 2 亿美元，增长 3. 8%；斯里兰卡自中国进口 42. 6 亿美元，增长 4. 1%。[①]

表 1　2011—2018 年中斯双边贸易情况　（单位：亿美元;%）

年份	贸易总额	增长率	中国出口	增长率	中国进口	增长率
2011	31. 42	49. 8	29. 89	49. 8	1. 53	49. 2
2012	31. 68	0. 9	30. 07	0. 6	1. 62	5. 9
2013	36. 20	14. 5	34. 38	14. 5	1. 83	12. 7
2014	40. 42	11. 7	37. 93	10. 4	2. 49	35. 8
2015	45. 64	12. 9	43. 05	13. 5	2. 59	4. 2
2016	45. 60	−0. 1	42. 90	−0. 4	2. 70	5. 7
2017	44. 00	−3. 6	40. 9	−4. 7	3. 1	13. 4
2018	45. 80	4. 1	42. 6	4. 1	3. 2	3. 8

资料来源：中国海关。

① 《2018 年斯里兰卡货物贸易及中斯双边贸易概况》，中华人民共和国商务部网站，https: //countryreport. mofcom. gov. cn/record/view110209. asp?news_ id = 62635。（2019 年 10 月 15 日登录）

2018年，美国仍是斯里兰卡最大出口国，对美国出口占26.4%，其次为英国（8.4%）和印度（6.6%），中国是斯里兰卡第九大出口目的地，占2.7%。在斯里兰卡进口国中，印度仍为斯里兰卡最大进口国，但中国对斯里兰卡出口呈快速增长态势，2018年中国成为斯里兰卡第二大进口国。

斯里兰卡对华贸易逆差较为严重，中斯两国贸易关系不对称。从对外贸易产品结构上看，斯里兰卡主要出口中国的商品有服装、珠宝、贵金属制品、橡胶及制品、纺织品及原料、茶叶等，其中，纺织品及原料、植物产品和化工产品是斯里兰卡出口中国的三大类商品。斯里兰卡自中国进口的商品主要有机械电子产品、矿产品、运输设备、服装和化学原料等，其中，机电产品、纺织品及原料和贱金属及制品是斯里兰卡自中国进口的主要商品。根据斯里兰卡住宅发展委员会的报告，2016—2030年，斯里兰卡住宅缺口总量约为150万套，年平均10万套住宅的缺口。这将导致当地对铝材、塑钢、水泥、钢铁、大理石、卫浴、维护设备等建材的需求量日趋庞大，而斯里兰卡建材类产品需求几乎100%靠进口，为中国企业提供了巨大商机。①

总体来看，斯里兰卡对华出口的商品不多，双边贸易严重不平衡且波动性较大；双边贸易实现大幅增长还须时日；从贸易产品结构看，中斯贸易具有一定的互补优势，贸易合作空间巨大，建立自贸区是大势所趋，有利于扩大斯里兰卡对华出口，扭转贸易逆差。

斯里兰卡对外投资需求迫切，有利于中国企业“走出去”。中国从20世纪80年代中期开始在斯里兰卡投资，1986年，中斯签署《中华人民共和国政府和斯里兰卡民主社会主义共和国政府关于相互促进和保护投资协定》，为双向投资创造了良好环境。受限于各种原因，中国在斯里兰卡合资项目投资金额较少，投资成功率不高。截至2002年，中国在斯里兰卡先后

① 《2018年（斯里兰卡）中国品牌展》，跨国采购网，http://www.globalimporter.net/tradeexpod-462645.htm。（2019年8月20日登录）

兴办各类型的企业 16 个，投资总金额约 1400 万美元。其中，仅有 6 个独资或合资企业在运作。[①] 近年来，在 2007 年中斯签订《中斯双向投资促进合作谅解备忘录》之后，尤其是 2013 年中国提出共建“一带一路”倡议，中国对斯里兰卡的投资取得跨越式增长。这给斯里兰卡提供国内发展所需要的资金和技术支持，在一定程度上被视为其降低对印度在经济和商业上依赖的平衡力量。2017 年，中国成为斯里兰卡外国直接投资最大来源国。据商务部统计，2018 年，中资企业在斯里兰卡承包工程累计合同额已超过 220 亿美元，同比 2017 年新签承包工程合同额 36.3 亿美元，完成营业额 23.8 亿美元。[②]

中国在斯里兰卡的投资主要以承揽工程和设备出口为主，以及旅游业、纺织业、电信服务业等。中国在斯里兰卡投资的重点项目包括科伦坡港口城、科伦坡中航公寓等项目。中资企业对斯里兰卡汉班托塔港和科伦坡港口城的投资，将使斯里兰卡成为海上丝绸之路上重要的低成本转运地。位于欧洲、中亚、非洲通往东亚必经之路上的汉班托塔港，若能充分发挥其地理位置优势，将提升该地区乃至全球贸易互联互通水平。中国在汉班托塔港投资的中国—斯里兰卡工业园，为斯里兰卡打造国际航运中心、金融中心、商业中心的国家战略奠定了坚实的基础，铺平了经济腾飞的道路。

中国与斯里兰卡于 2014 年 9 月 16 日宣布正式启动双边自贸区谈判。双方确认，这是一个覆盖货物贸易、服务贸易、投资和经济技术合作等内容的全面协定，加强双方在基础设施建设、旅游、农业、轻工业、新能源等领域的合作。截至 2017 年 1 月，中斯两国已进行五轮谈判。2017 年 5 月，中斯签署《中华人民共和国商务部和斯里兰卡民主社会主义共和国发

① 《相互投资情况》，中华人民共和国驻斯里兰卡民主社会主义共和国大使馆经济商务处网站，http://lk.mofcom.gov.cn/article/zxhz/200203/20020300002680.shtml。(2019 年 10 月 9 日登录)

② 《杨作源参赞：中斯企业又添互学互鉴成功案例》，中华人民共和国驻斯里兰卡民主社会主义共和国大使馆经济商务处网站，http://lk.mofcom.gov.cn/article/jmxw/201903/20190302841817.shtml。(2019 年 10 月 9 日登录)

展战略与国际贸易部中国—斯里兰卡投资与经济技术合作发展中长期规划纲要》①，为双边投资合作提供了有力指导。斯里兰卡驻中国大使科迪图瓦库表示，斯里兰卡非常希望扩大对中国市场出口，中国于2018年举办的首届中国国际进口博览会为其扩大出口带来更多机会，是其产品进入中国市场的重要平台。②

2. 金融合作情况

第一，在斯里兰卡战后重建、经济社会急需迫切发展的关键时期，中国为斯里兰卡提供了大量的融资和贷款。斯里兰卡在结束长达26年之久的内战之后，财政空虚，政府债务高位运行。经过改革开放40余年的发展，中国已成为一个投资大国。中国进出口银行、国家开发银行等政策性银行开始作为资金提供方援建斯里兰卡。中国进出口银行致力于对外经贸合作，加大资金投入力度，为斯里兰卡等“一带一路”相关国家提供强有力的金融支持。为斯里兰卡提供贷款的项目有科伦坡国际机场高速、南部高速公路延长线项目等道路、水处理等基础设施项目。国家开发银行对科伦坡港口城、莫拉格哈坎达大坝等多个中斯大项目合作提供了融资服务，为两国共建“一带一路”发挥重要作用。2019年，国家开发银行与斯里兰卡人民银行签署了一项为期8年、总金额2亿美元的双边融资合作协议。

亚洲基础设施投资银行是推进“一带一路”倡议的新型国际金融治理平台，旨在为亚洲基础设施建设融资。斯里兰卡作为亚投行的参与者和创始成员国，积极响应了中国的“一带一路”倡议。为挑选好项目，亚投行设立了项目准备特别基金。针对斯里兰卡固体废物处理项目，亚投行批70

---

① 《中华人民共和国商务部和斯里兰卡民主社会主义共和国发展战略与国际贸易部中国—斯里兰卡投资与经济技术合作发展中长期规划纲要》，中华人民共和国商务部网站，2017年5月16日，http://www.mofcom.gov.cn/article/ae/ai/201705/20170502576247.shtml。（2019年12月10日登录）

② 《专访斯里兰卡驻华大使：中国在扶贫工作上的成就令人惊叹》，新华网，2019年3月10日，http://www.xinhuanet.com/world/2019-03/10/c_1210076655.htm。（2019年12月5日登录）

万美元对该项目进行可行性研究和各项评估。若该项目顺利开展，亚投行将与世界银行联合融资 2.74 亿美元，亚投行提供 1.15 亿美元。该项目将大大改善斯里兰卡人民的居住环境，推动经济社会的可持续发展。

为协助斯里兰卡解决债务问题，中国接受斯里兰卡政府将汉班托塔港以“债转股”的形式交给中国的请求，减少斯里兰卡 11 亿美元的中国国家贷款。国际评级机构穆迪公司称，2018 年斯里兰卡外债和外币债务将占政府债务总额43%左右，造成外部融资条件存在重大风险。① 外国媒体宣称斯里兰卡掉进中国“债务陷阱”，这个说法是无稽之谈。中国为斯里兰卡提供巨额的融资支持，中方贷款仅占斯里兰卡外债的十分之一。根据斯里兰卡央行 2017 年年报，斯里兰卡所有外债余额 518.24 亿美元，其中来自中方的贷款约占 10.6%。并且，中方提供的优惠贷款金额约 33.8 亿美元，高达 61.5%，贷款利率远低于国际市场水平。②

第二，为进一步扩大两国的金融合作，银行间的合作成为中斯金融合作机制的重要内容，以金融力量为两国企业架起跨境展业的桥梁。2014 年，中国与斯里兰卡签署《中国人民银行代理斯里兰卡央行投资中国银行间债券市场的代理投资协议》，规模为 100 亿元人民币的双边本币互换协议，该协议旨在促进双边贸易和投资，拓展两国的金融合作。货币互换安排不仅是人民币国际化的一个步骤，还为维护南亚区域金融稳定、促进双边贸易投资发挥着重要作用。

2018 年，中国银行在科伦坡设立分行，是第一个在斯里兰卡设立分行的中资金融机构。中国银行科伦坡分行将推动两国在金融领域进行务实合

① 《穆迪：2019 年起斯需集中偿还外债，经济将面临真正考验》，中华人民共和国驻斯里兰卡民主社会主义共和国大使馆经济商务处网站，2017 年 7 月 26 日，http://lk.mofcom.gov.cn/article/jmxw/201707/20170702613903.shtml。（2019 年 8 月 20 日登录）

② 《中国驻斯里兰卡大使馆回应所谓“债务陷阱”》，中央广电总台国际在线网，2018 年 7 月 5 日，http://news.cri.cn/20180705/b865d11d-bd20-740d-8a84-c6fcc1f0fdac.html。（2019 年 7 月 10 日登录）

作，为斯里兰卡带来更多来自中国的投资，例如，通过中国银行总行为大型基建项目直接融资，或与当地标准银行合作提供金融服务，吸引更多的中国企业和投资者进入斯里兰卡市场，为两国企业的跨境合作牵线搭桥，加速工业化进程，实现其成为亚洲金融中心、物流中心的目标。

资金融通是“一带一路”建设有序向好发展的关键。通过两国的金融合作，斯里兰卡利用各种融资渠道加强基础设施建设并规避融资风险，同时，中国为斯里兰卡提供了发展中所欠缺的资金、技术、人才，重塑了斯里兰卡社会经济发展活力，拉动经济增长，从长远意义上改善了民生。

四、中斯对接合作面临的潜在挑战

在前文讨论中斯对接合作衍生出巨大发展机遇的同时，我们也要看到两国合作升级所面临的困难与挑战，其中包括斯里兰卡国内政局不稳、外债负担重、宗教、文化等现实因素带来的内生性挑战，也包括来自外部大国在印度洋地区的地缘政治与安全博弈不断加深所带来的外源性挑战。

（一）斯里兰卡国内因素

第一，斯里兰卡政局不稳等国内政治问题影响中斯经贸关系的稳步开展。中国在斯里兰卡的投资主要集中在基础设施领域——港口、机场、公路等。基建项目需要投入大量的资金和技术支持，在面对东道国政权更替、政策不稳定的情况时，中国在该国的基建项目将容易面临巨大的政治风险和经济风险，不确定性和经济成本不断增加。2015 年，中国投资的科伦坡港口项目因斯里兰卡新政权对该项目展开全面审查而被迫暂停，这对中国的投资极为不利。2018 年 10 月，因斯里兰卡总统西里塞纳替换总理引发的政治危机还在发酵。受政局不稳影响，一些中国在斯企业遭遇办事难，面对一些需要政府审批的事项，难以找到对应部门，将造成经济损失。

第二，经济对外债依赖程度高，舆论导向上的偏差不利于中斯合作。斯里兰卡国内经济基础薄弱，工业和服务业体系尚不完善，相关法律法规也不健全。2009 年斯里兰卡内战结束后，为重建经济，拉贾帕克萨政府启动多项大型基础设施建设项目，为经济增长提供必要保障和强大的动力。但因长期内战耗费了大量人力、物力和财力，斯政府财政无法担负庞大的基建费用，大量举借外债以获得资金支持。基础设施工程投资回收较慢，短期难以形成生产力，不断累积，最终造成斯里兰卡的大规模外债。长期采用这种债务融资型经济增长模式，再加上斯里兰卡贸易逆差的逐年增加，使斯不得已只能继续借入资金还旧债，陷入债务不断累积的恶性循环。① 斯里兰卡的外债问题是长期累积的结果，绝非因中国而起。但是，斯里兰卡的“外债焦虑”已集中投射在中国身上，并产生消极影响。2015 年西里塞纳政府上台后叫停科伦坡港口城等数个中国投资项目，就是这一焦虑心态的突出表现。斯里兰卡对中国存在“外债焦虑”的原因，既有中斯不对称合作的结构性现实，也有中方主导投资项目、斯方参与度低等问题。此外，斯国内的政党竞争往往炒作中斯债务议题，国际舆论对中斯债务的负面报道也易形成螺旋效应，推动斯里兰卡国内情绪的发酵和激化。②

第三，集体性事件等社会动荡风险将影响中资项目的顺利进行。中国在斯多投资大型基础设施，建设周期长，产生效益慢，短期对当地民众生活提升不大。当地企业、民众对中资项目的认知偏差所引发东道国的民族心理。中资企业在斯里兰卡享受一定的政府优惠，被一些当地企业解读成不正当竞争。部分当地民众对中资项目会改变其生活环境、就业环境等问题上产生误解。在汉班托塔港股权转让的过程中，汉港的临时工担心股权的转让会导致他们失业，发起罢工抗议。期间发生多起暴力事件，最终斯

① 宁胜男：《斯里兰卡外债问题现状、实质与影响》，《印度洋经济体研究》2018 年第 4 期，第 94 页。

② 宁胜男：《斯里兰卡外债问题现状、实质与影响》，《印度洋经济体研究》2018 年第 4 期，第 97 页。

里兰卡海军介入解决。斯里兰卡发展部长曾表示，中方经营该港可以为新建项目产生经济效益，减轻斯里兰卡很大负担。然而，在国家、企业、民众之间存在的信息不对称和认知差异，以及保护主义、民族主义的心态，会给中资项目的顺利进行以及当地的经济社会发展都带了诸多不良影响，造成不必要的损失。

第四，斯里兰卡局部地区动荡不安。斯里兰卡族群冲突、宗教矛盾长期存在，给外来的恐怖分子以可乘之机，民族冲突引发的局部动荡仍有可能。2019 年 4 月发生在斯里兰卡的连环爆炸恐怖袭击，造成大规模人员伤亡，导致斯政府收入损失约 2.84 亿美元，在斯的中国公民的生命安全也受到了不同程度的威胁。中斯合作项目、中国在斯企业和人员逐年增多，维护海外中国公民安全与合法权益，成为中斯合作中不容小视的问题。

（二）印度洋地区的大国博弈将压缩中斯合作空间

随着世界经济重心东移速度加快，印度、美国、日本越来越重视印度洋地区，尤其重注与斯里兰卡深化合作，维护其在印度洋的战略利益。

印度依然是中斯经济合作发展的关键影响因素。在政府发展援助、地缘战略安排等层面，斯里兰卡对印度的依赖性极高。印度一直将斯里兰卡视作自身海洋安全利益的核心要素，排斥其他国家的进入。[①] 在中国与印度的战略竞争中，斯里兰卡与巴基斯坦对印度正好构成了一南一北、一海一陆两大战略方向的战略牵制，斯的战略地位难以替代。[②] 斯里兰卡是印度海运贸易的枢纽，70%以上的印度进口商品须经由科伦坡港，然后再分装到

---

① David Scott, "The Great Power 'Great Game' between India and China: 'The Logic of Geography'," *Geopolitics*, Vol. 13, No. 1, 2008, pp. 1-26.

② 李永辉：《中国国际战略中的"关键性小国"：以斯里兰卡为例》，《现代国际关系》2015 年第 2 期，第 22 页。

当地船只并运抵印度的港口。[1] 从地缘政治和地缘经济的角度，斯里兰卡对于印度都具有较大的战略意义。并且，在印度很多战略分析家们看来，中国在南亚推进“一带一路”建设，可能攫取印度的发展空间，甚至取代印度成为南亚的新“盟主”[2]。因此，印度对中斯合作的敏感度很高，印度将中斯港口的经济合作看作中国对印度次大陆的战略包围。自莫迪政府上台后，为加强印斯关系平衡中国影响力，印度已经开始淡化泰米尔人问题、渔民争端问题等，并加大了对斯里兰卡东部和北部的基础设施投资的力度。

美国加强与斯里兰卡的双边关系。特朗普政府正在推进“印太战略”，加快构建印太伙伴关系网。随着美国将中国定义为主要战略竞争对手，与中国在中小国家争夺影响力的较量被视为美国战略规划应有之义。[3] 因此，中国在印度洋地区日益活跃，以及在斯里兰卡基础设施投资力度的加大，致使美国重新评估斯里兰卡的重要性，表达加强美斯关系的意愿，以争取斯里兰卡成为美国地区战略的支点，并且抵消中国在斯里兰卡日益增强的影响力。2015 年，美国国务卿约翰·克里对斯里兰卡进行“里程碑式的访问”。随后，两国高层接触频繁，建立较高级别的对话机制；经济上美国加大对斯里兰卡的援助和进口；军事安全合作发展迅速。[4] 2016 年 11 月，美国太平洋司令部司令哈里·哈里斯访问斯里兰卡并指出，印度洋事关美国的利益，斯里兰卡有助于建立维护基于规则的全球行动体系的安全网络，这个网络可以确保所有小国和大国都能平等地通过共享海域。[5] 2017 年，

---

① 李捷，曹伟：《斯里兰卡内战结束以来印度对斯政策分析》，《南亚研究》2013 年第 4 期，第 118 页。

② 林民旺：《“一带一路”建设进展要求中国南亚外交更加清晰化》，《世界知识》2018 年第 6 期，第 1 页。

③ 李益波：《美国提升与斯里兰卡关系：动因与制约》，《国际问题研究》2019 年第 3 期，第 23—25 页。

④ 李益波：《美国提升与斯里兰卡关系：动因与制约》，《国际问题研究》2019 年第 3 期，第 23—25 页。

⑤ 文少彪：《新时期中国参与斯里兰卡港口建设探析》，《当代世界》2018 年第 5 期，第 69 页。

在第二轮美国—斯里兰卡伙伴对话会上，副国务卿托马斯·香农称，今天的美斯关系正处于“历史最高水平”①。2018 年 8 月 13 日，美国宣布将拨款 3900 万美元给斯里兰卡，以加强斯里兰卡确保海上安全的能力。②

日本为牵制中国，外交转向南亚，更加关注斯里兰卡在印度洋的战略重要性。2014 年，安倍访问斯里兰卡，他是二十多年来首次访问斯里兰卡的日本首相。为了提高印度洋海域的海上警备能力以打击海盗等，安倍到访期间日本政府表示会向斯里兰卡提供巡逻船。③ 两国致力于扩大海洋安全领域的合作以及深化经济合作。随后，两国高层频繁互访，将两国关系提升为“全面伙伴关系”，并发表联合声明，称“欢迎由日本发起的‘自由、开放的印太战略’”④。据日本和印度媒体报道，日本政府将与印度、斯里兰卡三国签署备忘录，在科伦坡港口东码头新建一个集装箱码头。⑤ 两国领导人的互访及发表联合声明标志着日斯关系的升温，也体现出日本意图拉拢斯里兰卡以达到防范中国在印度洋地区影响力提升的目的。

在各国由于缺乏足够了解和沟通而存在认知落差的情况下，追求战略利益导致相互之间战略目标发生碰撞，引发印度洋的动荡不安。⑥ 美国、印度、日本在印度洋的博弈，将使中斯合作受到更多因素平衡而趋于复杂，并压缩两国的合作空间。斯里兰卡已经重拾平衡战略和左右逢源型的发展

---

① U. S. Embassy in Sri Lanka, “Remarks at the U. S. -Sri Lanka Partnership Dialogue,” November 6, 2017, https: //lk. usembassy. gov/remarks-u-s-sri-lanka-partnership-dialogue/.（2018 年 11 月 10 日登录）

② 《抗衡中国？法媒：美国将拨款 3900 万美元援助斯里兰卡》，参考消息网，2018 年 8 月 15 日，http: //www. cankaoxiaoxi. com/world/20180815/2311064. shtml。（访问日期：2019 年 11 月 1 日）

③ 《安倍将访问斯里兰卡拟提供巡逻船扩大海洋合作》，人民网，2014 年 9 月 5 日，http: //japan. people. com. cn/n/2014/0905/c35469-25612698. html。（2019 年 8 月 20 日登录）

④ *Japan-Sri Lanka Summit Meeting Joint Statement-Deepening and Expansion of the Comprehensive Partnership between Japan and Sri Lanka*, MOFA, April12, 2017, http: //www. mofa. go. jp/files/000249616. pdf.（2019 年 10 月 20 日登录）

⑤ 《平衡中国影响力？印度要联手日本在斯里兰卡扩建港口》，环球网，2019 年 5 月 28 日，https: //world. huanqiu. com/article/9CaKrnKkKVO。（2019 年 10 月 19 日登录）

⑥ 朱翠萍：《印度洋安全局势与中印面临的“合作困境”》，《南亚研究》2014 年第 3 期，第 9 页。

战略，不在大国当中进行取舍，而是保持中立，希望在均势环境中获利，这给中国在斯的投资带来更多不确定因素。

五、推动中斯对接合作的政策建议

当前，中斯两国在共建“一带一路”中重视经济合作，共同推进基础设施建设，促进互联互通，双边贸易稳定发展，金融合作继续深化。中国还应加强港口建设，优化港口布局；尊重当地民俗，更好地履行社会责任，实现民心相通；加速推进中斯自贸区谈判进程，实现贸易投资自由化便利化；优化对外投资结构，挖掘当地贸易投资新增长点，鼓励民营企业走出去；找准未来合作方向，进一步促进两国发展的深度合作。

（一）优化港口功能布局，助力斯里兰卡打造两大经济增长极

斯里兰卡各港口整体协调难度较大。作为一个岛国，港口是斯里兰卡对外联系的主要方式。斯里兰卡的主要港口有西部的科伦坡港、南部的汉班托塔港和加勒港、东北部的亭可马里港口。在中国与斯里兰卡共同开发下，科伦坡国际集装箱码头已成为南亚重要的集装箱中转港，由此汉班托塔港作为集装箱中转站的作用难以充分发挥。加勒港和汉班托塔港都处于南方省，两港有瓜分腹地的可能性。因此，中方应与斯里兰卡港务局共同推进各港口之间的资源整合，整体协调分配各港口的功能，以缓解各港口之间激烈的竞争形势，更好地为斯里兰卡经济发展服务。

斯里兰卡希望将汉班托塔港和科伦坡港打造成斯两大经济增长极，中国积极配合斯里兰卡政府的发展规划，与斯进行更深入的政策沟通，拓展更多渠道为斯解决港口项目的资金短缺问题、就业问题、绿色港口建设问题，从根本上拉动当地经济发展、创造大量就业机会，提高人民生活水平，将两港建设为斯里兰卡经济的两大增长极，有效提升斯里兰卡在南亚区域

的国际地位和竞争力。

另外，中国企业在斯里兰卡投资港口项目中存在顶层设计优先、商业评估不足的问题。中企在投资汉班托塔港项目中，因汉港优越的地理位置使中国企业不惜成本拿下项目，但在实际建设中成本日益失控，加之斯政府对汉港盈利能力的错误预估并有意向中方企业转移风险，使得中国企业不得不以“债转股”的形式承担港口运营的巨大压力。中国企业应处理好投资与商业运营的关系，以更好地推动区域经济的融合，对接中国产业转移和合作。①

（二）尊重当地风俗习惯，切实履行社会责任

中国应注重倾听民间诉求，践行共商、共建、共享原则。中国在斯里兰卡的投资多是资金庞大的基建项目，巨额中资的进入有可能引发东道国的民族心理。为顺利实现投资以及为斯里兰卡提供援助，中国企业应关注其风土人情，尽快入乡随俗，拿出契合斯里兰卡本国文化的文化互动方案。坚持市场化经营、长期化经营、本土化经营，积极融入当地社会，以实际行动践行中斯命运共同体理念。

斯里兰卡是佛教国家，中国企业要尊重当地的文化、宗教、风俗，与当地居民多沟通，相互学习借鉴，增进了解。中国在斯里兰卡的投资项目是从更加经济和长远的角度上为斯里兰卡国家发展和改善民生的角度设计的，通过中国的援助、培训、技术、管理来增进当地民众与中国企业之间的理解和信任。中国企业还要加强属地化经营，通过中斯合作项目为当地创造更多的就业机会，重视带动斯里兰卡当地人力资源开发，以及保护当地劳工的人权，对接当地劳动力和就业需求，真正做到“惠及双方”；② 积

① 《“一带一路”中国海外港口项目战略分析报告》，国观智库网，2019 年 4 月 16 日，http://www.grandviewcn.com/archives/5971。（2019 年 6 月 16 日登录）

② 郭丹凤：《斯里兰卡“对冲战略”，中国如何应对?》，国观智库网，2018 年 3 月 14 日，https://www.sohu.com/a/225547677_100124379。（2019 年 10 月 5 日登录）

极参与当地的卫生医疗、教育等公益事业，通过助力斯里兰卡医疗升级等项目的落实，让当地人民了解中国政府和人民的善意，密切与当地居民的关系，以减少类似2017年汉班托塔港临时工罢工的事件再发生。

（三）推动中斯市场合作，加快自贸区谈判

中斯双方应积极调整贸易不平衡的现状，通过建立自由贸易区的形式推进中斯经贸合作，加强海关、税收、审计监管等领域合作。从2011—2018年中斯货物贸易额来看，中斯双边贸易不平衡，斯里兰卡贸易逆差严重。两国应扩大贸易规模，扩大双边自由贸易范围，进一步开放市场，拓宽进口渠道，适度扩大消费品进口，引进更多斯里兰卡商品。

中斯两国已进入双边自贸区第五轮谈判，就相关议题进行深入交流并取得了积极进展。2017年5月，中国在“一带一路”国际合作高峰论坛上发出《推进“一带一路”贸易畅通合作倡议》，表明了中国愿意进一步对外开放，促进贸易投资新发展的态度，以及致力于促进全球贸易投资增长、维护和促进开放型经济的立场。同月，中斯签订《中国—斯里兰卡投资与经济技术合作发展中长期规划纲要》，为双边投资合作提供了有力指导。2018年5月，斯里兰卡发展战略和国际贸易部长萨马拉维克拉马表示，斯方希望中斯双边贸易协定能尽早签署，尽早受益，将制定更多优惠政策吸引中国投资。

中国应充分发挥出口优势，确保中方的竞争优势地位。在与斯经贸合作中不断挖掘贸易投资新增长点，开展新能源、高科技领域的经贸合作，与斯进行深入的经济交往，实现经济的互相帮助和优化目标。中斯双方应发挥贸易推动经济增长的引擎作用，加速中斯自由贸易谈判进程，推动双边自贸区建设，实现贸易投资自由化便利化。通过中斯自贸区的构建，积极推进“一带一路”沿线国家商建自贸区，以推进国际产能合作，带动“一带一路”沿线国家的经济发展，缩小国家和地区间的经济差异。

同时，“一带一路”倡议为两国之间的经贸合作和民间交往拓展了新的渠道，应搭建更多诸如中国进口博览会的互利平台，为包括斯里兰卡在内的世界各国提供新的贸易共享平台，推动世界贸易增长。

（四）增强风险意识，优化对外投资结构

斯里兰卡对外政策中“经济因素重要性”日益突出，斯对外资来源及其多样化高度重视，在中国对外投资具有相对优势地位的背景下，两国深化投资合作具有明显的“互补优势”和坚实的“政策基础”①。为实现投资带动贸易发展、产业发展，可从以下几个方面入手。

首先，增强风险意识，防范投资风险。一方面，中斯应深化政治互信和安全互信，为中斯经贸、金融、投资关系打下坚实基础。加强中企与斯政府层面的沟通，与不同政府主体对接，以维护中国在斯企业利益。另一方面，对投资市场审慎评估，避免不必要的损失。引导在斯投资企业设立专门的风险监控管理部门，要求行业协会在风险控制方面发挥应有的作用，做好企业间的信息互通和共享。② 推进合作项目的相关立法工作，将有利于优化斯里兰卡营商环境、吸引外资。

其次，优化对外投资行业结构，注重投资行业多元化。重点开发实体经济、传统产业以及新兴产业，例如，在农业、远洋渔业、水产品加工、海洋工程技术、海洋生物制药、旅游（文化创意及休闲娱乐）等领域加强与斯里兰卡的合作，推进新领域的合作并打造示范项目，结合斯里兰卡的本土优势，加强农产品加工、太阳能、轻工业等领域的合作，将斯里兰卡建成高附加值产品加工中心、商业中心。另外，可增加在文化、教育等其他非经济领域的投资。例如，依托斯里兰卡的国家政策导向，日本在“三

---

① 吴兆礼：《中国与斯里兰卡在“一带一路”建设中的合作》，环球视野网，2018 年 7 月 9 日，http://www.globalview.cn/html/global/info_25631.html。（2019 年 8 月 20 日登录）

② 钟春平、潘黎：《对外直接投资风险与一带一路战略》，《开放导报》2015 年第 4 期，第 42 页。

种语言”计划、人力资源培训、学校以及医疗等方面对斯里兰卡进行援助和投资，用小投资办大事。通过借鉴其他国家在斯里兰卡的投资经验，2018年6月，中国企业承建斯里兰卡全国13家医院设施升级并引进先进医疗仪器的项目开工。该援建项目为当地百姓升级医疗设施，将实惠落到实处，也为中国的投资分散风险。

最后，实现对外直接投资主体多样化。长期以来，国企和央企是中国对外投资的主力，中国应鼓励民营企业，特别是有丰富经验的民营企业参与对斯投资互动中。近年来，中国对外投资主体逐渐多样化，更多中小企业、私营企业走出国门。中国在斯投资的民营企业种类较多，民营资本较为分散。有建筑承包商投资，华为、中兴、OPPO等电信业投资，中餐厅、民宿、旅行社等与旅游业相关的投资等。要发掘并鼓励更多的民营企业和民间资本参与甚至牵头“一带一路”项目。大量民营企业希望参与到这些项目中，但限于企业规模、资金、人才等投资要素不足，无法推进有价值的项目。中国政府对民营企业应采取更多的鼓励和帮助，扫清阻碍中小企业参与“一带一路”项目的“绊脚石”，发挥出民营企业在对外投资中机制灵活、运作高效的优势，与国企、央企形成互补之势，进一步推动两国经贸合作，促进经贸与投资的可持续发展。

（五）未来合作方向

中斯应积极挖掘贸易投资新增长点，开展太阳能、水电、风电等潜力巨大的清洁可再生能源的合作。斯里兰卡能源短缺，石油、天然气、煤炭等战略资源极度依赖进口，因此，开发可再生能源成为斯里兰卡解决能源短缺问题的重要途径。斯里兰卡政府预计到2030年实现100%可再生能源供电，中国可以在水电、太阳能等新能源领域加强与斯里兰卡的合作，助力斯里兰卡实现其打造为能源中心的战略目标。目前，中国已开始援助斯里兰卡的风电项目，在水电、太阳能方面，中国水利水电集团、天合光能有限公司等企业也已进入斯里兰卡开拓市场。

加大在电信通信行业的合作。斯里兰卡政府致力于开拓IT外包服务国际市场，中国企业可与斯里兰卡开展电信业服务技术培训等合作。华为已经开始承建斯里兰卡国家骨干网络，为偏远地区提供更快上网速度和更好语音质量的通信网络，未来将继续为斯里兰卡政府信息化提供通信和信息支持。

深化在农业渔业、海洋环保、航道安全、海上搜救防灾减灾等领域的合作。积极推进以海水养殖、远洋渔业加工、新能源和可再生能源、海水淡化、海洋工程技术环保产业和海上旅游等领域为重点，合作建立一批海洋经济示范区、海洋科技合作园、境外经贸合作区和海洋人才培训基地等。① 共同建设中斯联合科教中心，围绕气候变化、自然灾害、生态环境、洁净水等事关斯里兰卡可持续发展的重要方面深入开展科教合作。提升斯里兰卡及南亚地区的渔业资源保护和可持续开发能力，提高海洋食品安全保障能力和海产品出口水平。② 深化中斯两国的海洋合作对接，完善相关信息沟通、资源共享，开展海上搜救合作，共同维护航道安全。

六、结语

在国家发展对接合作的框架下，中国与多国具体的合作项目已结出硕果，“六廊六路多国多港”的合作格局基本成型。中国倡导的国际合作理念，使双方能够保持一定的舒适度和互动性——合作双方都可以根据自己的意愿和需求，提出对接及合作的方式。正因为如此，中国提出的“一带

---

① 屠希亮、于鑫洋：《“一带一路”背景下斯里兰卡投资现状、问题及对策》，《南亚研究季刊》2019年第2期，第49页。

② 《张亚平会见斯里兰卡渔业与水生资源部常秘》，中国科学院网站，2019年7月9日，http://www.cas.cn/sygz/201907/t20190709_4698910.shtml。（2019年11月1日登录）

一路”倡议等合作主张受到了世界各国的普遍欢迎。[1]

在“一带一路”的框架下，中国与斯里兰卡将深化政治互信和安全互信，以消除印度、美国、日本等国对中国的恶意渲染所带来的负面形象。中国还将进一步开放市场，让斯里兰卡共享中国机遇。在两国的对接合作中，两国的经贸合作将取得更多硕果，这不仅有助于中国的经济发展，转移自身优势产能，扩大二次开放成果，也有利于斯里兰卡提高其全球贸易中的枢纽地位，提升地缘经济优势，帮助其实现“南亚经济中心梦”。作为“一带一路”的重要节点国家，斯里兰卡与中国的重大合作项目、基础设施建设和经贸合作的硕果将成为中国与“一带一路”沿线国家合作的双赢实践和范本。中国将秉持“开放共享，互利共赢”的发展理念，为共建中斯命运共同体而继续努力。

① 《战略对接：2018中国对外合作关键词》，人民网，2019年1月1日，http://m.people.cn/n4/2019/0101/c203—12125631.html。（访问日期：2019年10月10日）

“一带一路”沿线国家
中外合作园区发展路径探索
——兼论国内园区经验对境外园区建设的启示

余敏江　林跃勤

【内容提要】 在“一带一路”倡议引领下，近年境外合作园区发展迅速并取得初步成果。同时也应看到，由于沿线国家国情复杂、法律规则、经营理念、市场环境、合作诉求与互动力度差异较大，中国企业与沿线国家共建合作园区，虽然跨境园区在数量上增长较快，不仅在效率、质量上还有待提高，还因诸多风险和挑战应对不足而遭遇一些困境与失利。审时度势、分析利弊得失，降低风险，对于顺利推进境外园区建设、促进高质量高效率发展、促进“一带一路”倡议稳健前行至关重要。在回顾相关研究基础上分析中外合作园区的功能效应、成功运行环境、条件及困惑，通过重点考察中白工业园区建设经验及问题，提出借鉴国内典型园区经验对于改善和促进中外合作园区建设的必要性及思路。

【关 键 词】 境外合作园区　“一带一路”建设　经验借鉴

【作者简介】 余敏江，同济大学政治与国际关系学院教授、博士生导师；林跃勤，中国社会科学杂志社对外传播中心主任、研究员。

境外合作园区是中国企业主体为拓展和优化自身资源配置并获得更佳

经营效果走出去，在境外特定区域集中投资经营的一种国际经济合作模式。该模式既包含了以往企业传统对外投资活动的特点，又具有一些新的特点、要求和约束。要让及国外合作园区行稳致远，需要在如下一些问题深入思考。功能清晰定位，顶层协同规划，落实政策优惠，优化要素配置，运行管理互动，有效招商引资，合理市场竞争，大力培育人才等。

一、境外园区及其在国际经济合作体系中的地位作用

本文全面梳理境外合作园区与“一带一路”建设的基本关系，园区合作对“一带一路”建设的驱动作用，成功共建园区的基本要素和重要条件，国内中外合作园区成功经验对于境外合作园区的借鉴意义，并在此基础上探索境外合作园区建设有效模式。

（一）如何理解境外合作园区？

作为国际经济合作的重要载体和中国企业稳步走出国门的主要形式，境外合作园区的不断发展对中国深化开放，促进投资、出口和就业等产生着重要影响。分析境外园区的概念、特点和类型，有助于我们更好理解境外合作园区。

1. 概念

一般认为，境外园区这一概念最早源于“自由贸易区”（Foreign Trade Zones，FTZs）①，境外园区是一国或多国（合作主导国）政府及经营主体等为实现一定目标与对象国协商并利用各自资源并在对象国指定的特定区域和特定政策框架下开展科研、投资、开发、生产经营、贸易、流通服务等各种合作活动的它以国际合作经营模式。通常是主导国家及其经营主体

① 施一峰、王兴平：《境外园区与地方城市互动发展及影响因素研究——以中国—白俄罗斯工业园为例》，《城市发展研究》2019 年第 3 期，第 49—58 页。

负责合作区域的规划、出资、设备、参与主体、建设、运行管理等。因经营场所处于主导国（合作发起国或者主要合作者、资本等输出者）的国境外，因而从主导国的视角称之为境外园区或者境外（跨境）合作园区，也是合作倡导国或主要合作国经营主体走出去开展国际经营合作的形式。

跨境合作园区的出现是与国际合作的发展变化密切相关的。过去数十年间，国际合作主要体现为个体企业对境外的绿地投资或者并购为主，往往是单一个案为主。这种以个别企业为主的投资行为尽管具有灵活便捷等特点，但只具有点状效应，而缺乏面或者块状及集群性和区域性优势和效应。随着东道国对区域经济发展诉求以及对外资利用水平的提高，即东道国期待借助外资集中优先开发某些区域的诉求，和特定国家投资者对境外投资环境以及产品和服务配套要求的提高，对集群走出去在境外特定区域集中投资经营抱有很高期待。集群投资的出现并展示其对区域经济的强大溢出与带动效应，自20世纪70年代以来，两国或者多国主体在某一国境内的特定区域建设投资合作园区这种国际经济合作模式应运而生并得到欢迎和发展。

中国境外合作区是指在中国境内企业主体通过在境外设立的中资控股的独立法人机构，投资建设的基础设施完备、主导产业明确、公共服务功能健全、具有集聚和辐射效应的产业园区。“一带一路”沿线国家设立的合作园区是在促进“一带一路”建设目标框架下，由中外政府推动、中国国内企业主导、与“一带一路”沿线国家和地区发挥资源优势互补、合作建设、基础设施较为完善、产业链较为完整、产业特色鲜明、辐射和带动能力强的各类经贸合作区的统称。园区建设旨在通过中外政府引导、提供政策优惠引导与发挥各自优势，实现平等共赢发展。这些园区借鉴国内产业园区发展经验（如国内相对领先的园区建设经验如通过政府引导、园区搭台、创新工作机制以实现信息高效整合与交流，提升园区整体规划、建设运营、融资模式、综合服务等发展水平，进而推动相关国际产能合作机制的持续深化和项目的务实落地等)，在国际产能合作机制下打造为承接国际产能合作的重要载体和平台。境外合作园区是中国政府支持、统筹指导有条件的企业在境外建设或参与建设的基础设施较为完善，辐射和带动能力强的经贸合作区域，包括工业园区和经贸园区等。既是中国实施对外投资的一条重要途径，也是一种全新的国际合作方式。体现了中国企业走出去在“一带一路”沿线国家合作建设境外产业园区，以谋求更大的市场机会与发展空间的决心与尝试。① 在国际产能合作机制支持下，通过充分发挥政府的高层协商、共同引导作用，不断丰富和完善现有的政府间产能合作交流机制，可以在很大程度上避免单个企业与投资所在国政府存在的沟通不畅等问题，有助于为投资企业争取到尽可能低的投资成本、更加优惠的政策支持、更为便捷的管理服务、更加可靠的安全保障等。通过模式创新以落实相关机制，推动产能合作项目顺利落地实施，是当前及未来一段时间推进国际产能合作的重要任务。大力推进“一带一路”相关国家产业园区类的载体平台建设，具有非常积极的现实意义。在国际产能合作机制支持下，通过充分发挥政府的高层协商、共同引导作用，不断丰富和完善现有的政府间产能合作交流机制，可以在很大程度上避免单个企业与投资所在国政府存在的沟通不畅等问题，有助于为投资企业争取到尽可能低的投资成本、更加优惠的政策支持、更为便捷的管理服务、更加可靠的安全保障等。通过模式创新以落实相关机制，推动产能合作项目顺利落地实施，是当前及未来一段时间推进国际产能合作的重要任务。大力推进“一带一路”相关国家产业园区类的载体平台建设，具有非常积极的现实意义。

以产业园区的集聚式发展在较短时间内成功吸收转化外部资金和技术辐射带动周边经济发展，促进区域乃至国家经济发展。这种基于发展阶段

① 朱轶佳、杨思涵：《“全生命周期”视角下苏州工业园区的建设经验对中国建设境外经贸合作区的启示》，载《共享与品质——2018 中国城市规划年会论文集（16 区域规划与城市经济）》，北京：中国建筑工业出版社 2018 年版。

差异的互补关系通过发展产业园区来带动经济发展的合作模式是中国与"一带一路"广大发展中国家深化合作较为现实可行的发展思路。正是中国与"一带一路"相关国家互学互鉴、精诚合作、构建命运共同体的基石。①

2. **特点**

与其他跨境合作方式相比，合作园区具有一些自身特点。主要有特点如下：第一，特定空间性（在合作之一国商定的区域内建设运行，具有经济特区的特性）；合作建设对资源与市场条件互补性要求；较强特殊政策环境要求（参与合作的政府尤其是落地国家的政策友好）。第二，特殊政策性。跨境产业园区一般拥有特殊的政府政策优惠，较好软硬件环境，可降低企业经营成本、降低经营风险。第三，资源配置集约性，在特定区域内配置较多资源、基础设施条件、吸引较多投资经营者以及配套服务等。第四，发展指向性（合作园区往往具有一定的发展方向，或集中发展单一产业领域，如某一产业；或综合发展多产业领域；或单纯生产/服务；或工—贸—服一体化综合功能）。第五，较强辐射影响力，合作园区对合作各方特别是所在地的产业、区域及经济社会发展具有广泛溢出与带动效应。第六，较高管理运行要求。合作园区涉及一定空间范围内多要素整合、多主体协调、多环节顺通等，对制度政策协调以及具体事务管理配合提出较高要求，需要借鉴成功经验并基于自身特质和目标要求，探索建构科学有效的运管模式。

3. **类型**

从园区综合设立动机、产业功能、经营内容及形式及现有实践看，既有单一功能的合作园区，也有综合功能园区。综合功能性园区居多。如：（1）加工制造类合作园区，产业定位主要是家电、纺织、机械、电子、冶金、建材等产业，旨在转移国内过剩产能，同时规避贸易摩擦和扩大出口

① 谢琳灿：《创新推动境外园区发展》，《人民日报》2018年6月15日，第23版。

创汇。例如巴基斯坦海尔家电工业园区，以轻纺服装、机械电子等为主导产业的柬埔寨太湖国际经济合作区，以电子信息和服装加工为主导产业的越南中国（深圳）经济贸易合作区，以冶金、建材、机械为主的埃塞俄比亚东方工业园等。从实践看，境外合作园区类型较多，主要有如下四类：以轻工、纺织、机械、电子、化工、建材等为主导的加工制造型园区；以矿产、森林、油气等资源开发、加工和综合利用为主导的资源利用型园区；以谷物和经济作物等的开发、加工、收购、仓储等为主导的农业产业型园区；以商品展示、运输、仓储、集散、配送、信息处理、流通加工等为主导的商贸物流型园区；（2）资源利用型类合作园区，以开发当地富集的资源和能源为导向，产业定位主要是矿产、新能源开发等国内相对紧缺的资源能源。如中国有色矿业集团在赞比亚设立的赞比亚中国经贸合作区，以有色金属、型材加工、仓储、物流为主导产业；（3）农业开发型园区，以当地特色农业产业开发为主要导向，利用谷物和经济作物等生态资源，开发适合当地环境的农业产业等，如俄罗斯乌苏里斯克经贸合作区；（4）商贸物流型园区，以提供商贸物流等综合服务为主导，通常集商品展示、货物分拨、物流、仓储、信息服务等配套功能于一体的现代化物流园区。如山东帝豪国际投资有限公司在匈牙利设立的中欧商贸物流合作园区；（5）科技开发型园区，中国企业为提高高新科技研发能力在科技发达地区投资设立的开发高新科技产品为目标的特定园区。旨在利用当地科技资源密集优势，共同开发高新技术产品。如华为在印度班加罗尔等地设立的软件开发园，一些企业在欧洲和美国设立的科技开发园等。

（二）境外园区的功能作用

与单纯的投融资、贸易、开发及科研合作相比，合作园区具有更加广泛综合深度优化各方资源配置和创造更大价值的概率，是双边或多边深度、价值链较长的国际合作形式。有观点认为，合作园区由政策制度引导、资源要素匹配、产生空间重构、职住互动、产业互动，驱动当地产业与区域发展（见图 1）。①

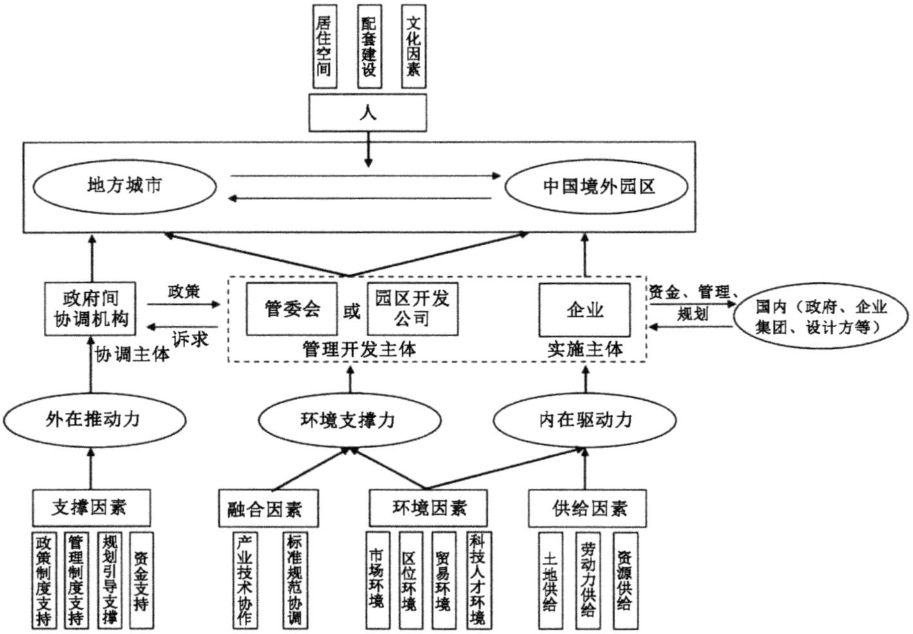

图 1　境外合作园区与区域（城市）互动机制模式

资料来源：作者自行整理。

合作园区对合作各方具有重大支撑与促进作用：

首先，具有优化资源配置、对当地及区域具有多功能拉动作用。园区合作促进特定区域的开发与繁荣。通过在特定区域实施优惠政策以及大举投资开展基础设施建设和项目开发，具有集中指向功能与产业集群效应，能极大地营造一个“发展极”、并发挥其辐射作用和示范带动作用；在某个待开发的区域通过政策优惠和双方（多方）投入，有助于加快改特定区域的基础设施建设以及新兴产业的培育与发展，并加强和带动毗邻区域经济

① 谢琳灿：《创新推动境外园区发展》，人民网，2018 年 6 月 15 日，http://world.people.com.cn/n1/2018/0615/c1002-30060157.html。

发展。对引入国（园区所在国）而言，园区对土地开发和城市建设、交通、电力、商贸网络建设、绿色、可持续等基础设施产生多元支撑功能。园区对推动东道国解决融资难题、建设新的产业集群、功能示范区、培养新的发展潜能、就业机会、改善民生、增加财政收入和出口潜能、促进管理运行模式创新和培养人才等方面具有不可多得的作用。如 1994 年建立的中国—新加坡合作管理的苏州工业园区成功建设运行就成为苏州繁荣发展的重要动力源，对双方均带来的巨大的财富效应。对输出国而言，优化资本配置与产能合作，拓宽市场机会，强化国际竞争力，锻炼国际人才、获取新的国际合作红利等。境外园区作为产业集聚区，与区域产业间的互动及本地化发展是园区未来良性发展的核心增长动力，企业的本地化制造、本地化用工、本地化采购、本地化维护、本地化管理也将有助于实现园区与城市价值链、产业链、供应链的协同。

其次，促进当地建设技术进步、产业发展以及管理经验提升的作用。园区建设宗旨在于建成更先进、更高效率、和谐、可持续的区域经济增长和社会发展方式。通过以高新技术产业为核心、重点发展新兴产业，建设高水平的绿色产业、建设低碳经济、创新引领地域经济转型。中资企业以及第三方企业等进入带来先进技术，对当地技术进步、填补技术空白、培养技术创新能力、开发高新技术产品等具有引导带动效应。园区还能提升当地制度与政策创新、综合服务和管理能力及经验。园区建设与正常运行需要各种配套以及制度与政策完善，考验当地的产业基础与协作以及融资、税收、劳动、分配政策等及对园区管理机制创新的考验和锻炼。

再次，园区建设能显著改善当地社会发展。园区企业积极承担社会责任，可为当地增加就业、居民收入与市场供给、财政税收、社会保障等作出贡献。

最后，促进国际经济合作深化及创新国际合作范式。在当前保护主义、单边主义持续蔓延，贸易和投资争端加剧并对全球产业与金融贸易稳定造成明显冲击之时，园区合作顺应经济全球化、经济一体化大势，秉持共商共建共享原则，坚持开放合作，园区在一个有限空间点上先行实现对注资友好的政策，相对完备的基础设施供给，减少了外商直接投资的交易成本。而且，通过基础设施、产业配套完善以及管理创新，对产业欠发达国家有较强溢出和示范效用。因而中外合作园区建设对参与国深化经贸投资及全方位合作具有以小见大的借鉴意义①。产业园区夯实“一带一路”内容和落实，推动落地国家乃至全球经济发展，优化所在国经济结构和运行管理模式，即以高新技术产业和现代服务业为主导，发展新型产业集群，创新产业园区发展以及加快转变经济发展方式和国际合作模式。此外，园区合作有利于丰富区域经济发展理论。区域理论的精髓在于区域各主体发挥各自禀赋优势、区域发展创新、优化资源配置，发挥比较优势、创建有竞争力的产业群、获得最大化合作红利，实现区域后发赶超和促进均衡发展②。跨境园区建设是一个主权国家边疆之外并取得落地所在国政府的同意的特定区域（往往具有地缘优势的区域）展开深度合作的新模式，是对传统区域理论的新探索和跨越，两国及更多国家参与能更好地发挥所在区域的发展潜能，实现特定区域的发展并带给合作各方合作红利。合作园区建设将在吸收借鉴合作各方各自成功经验与规则基础上吸收借鉴世界上其他先进的区域经济、产业发展与综合治理规则制度、独具特色的园区开发运行管理合作模式。在“一带一路”沿线国家园区建设促进了产能合作，在带动东道国当地经济发展的同时，也开创了全新的对外市场空间与合作模式。中国与俄罗斯还探索了一园设两国的模式，即两个国家在各自国家各设立一个合作园区，如中俄丝路创新园 2018 年 4 月和 8 月分别在中国陕西西咸新区和在俄罗斯莫斯科州先后开园，形成了中俄合作园区分设两国的独特

---

① 王超、瓦连京·巴布罗维奇：《中白工业园：区域合作的重要实践》，光明网，2019 年 7 月 13 日，http://news.gmw.cn/2019-07/13/content_32995383.htm。

② 李强：《区域经济结构转变中的核心竞争力导向研究》，《工业经济技术》2004 年第 3 期。

园区模式。园区立足国外国内两个大局，深入开展产学研合作。中方园区运用先进的“一园两地”创新型管理模式，积极探索使用“一站式国际企业服务平台”，覆盖全部独联体国家，拥有近百个国际合作伙伴，引入俄罗斯知名企业立德集团、俄罗斯 KetchUp 集团、乌克兰莱兹吉、乌克兰维尔尼斯等在内的知名外资、合资类企业。涵盖科技、建筑、投资、金融、贸易、教育、文化等行业，为国际企业提供商务咨询、企业营业执照办理、人员签证咨询、财税法务等配套的优质咨询服务。西咸新区沣东集团与莫斯科大学科技园开展在科技交流、创新项目双向推广等领域的合作。沣东新城联合俄罗斯圣彼得堡国立经济大学及社会资本将设立“‘一带一路’欧亚丝路基金”，全面对接欧亚经济联盟与丝绸之路经济带国家资源。俄方园区为入园中方企业提供办公场所租金减免、商务活动、法律、财务、税务、签证等“一站式”特色服务。中俄丝路创新园承担着探索国际合作产业园区新模式的重要使命。中俄丝路创新园积极构建中外一流的科研合作平台，加速产业集聚和资源统筹，构建异地孵化器和“一园两地”“两地并举”协同发展模式。

合作园区开发本质上属于直接投资活动，而且是多数是一种在合作方仔细规划设定区域的集约投资活动，与单纯的对外投资相比，具有更加针对性、集约性和深度性等特点和优势，对于促进国际投资、产能、经贸合作以及带动基础设施互联互通等具有多功能的意义。在国际贸易保护主义回潮背景下，也有利于规避关税壁垒，深化价值分工等实现共赢。此外，园区具有多功能性、辐射广、合作强度大和长效性等特点和价值，对合作各方具有较大适应性和吸引性。尤其是当代国际分工日益精细化背景下，产业、产能合作具有更为普遍和深化趋势。具有产业与产能互补性的国家间开展园区共建合作无疑具有必然性并受到欢迎。

跨境合作园区已经具有较长实践，如源于增长极理论的保税区、出口加工区等。此后，具有跨境合作园区特性的合作模式在国际实践中逐渐成熟，如新加坡在20世纪90年代初帮助中国建设苏州工业园区。中国在境外建设园区的实践始于90年代末，如福建华侨实业公司1998年在古巴创办了合资企业，并于2000年在古巴投资占地面积6万平方米的境外加工贸易区；海尔1999年在美国设立工业园；天津市保税区投资公司2004年6月在美国南卡州设立了天津美国商贸工业园。中国商务部于2005年开始出台多项政策鼓励中国企业开发投资境外经贸合作区，但2008年之前在境外设立园区仅为个案。截至2019年中，中国境外合作园区100多个，“一带一路”沿线占70%以上，主导产业以机电、机械加工、商贸物流业、食品加工、纺织服装等居多。

二、境外合作园区建设运行管理基本条件

跨境合作园区的建设和运行需要具备一些基础条件，中外政府友好关系与政策支持极为关键；对主导企业的实力与海外运作经验的要求很高、考验很严；运营模式合理有效对于境外园区建设与发展效率具有重要驱动作用；精准产业定位及科学规划。境外园区有序建设与发展的重要指引；境外园区持续建设与发展需要以取得良好经济和社会综合效应为基础。①

（一）特定区域遴选

合作园区的地点设定对于园区发展具有重要意义。设定的原则既要符合所在国优先促进其发展的愿景，又要具有优越的适合发展园区所选择产业方向的资源禀赋以及地理交通位置和潜能，还要符合主要投资倡议者的倾向以及吸引其他潜在投资者的要求等。位置合适的园区通常由合作方（政府及企业组织等）商定。如中俄丝路创新园区就由合作方依据合作项目

① 沈正平、简晓彬、赵洁：《“一带一路”沿线中国境外合作产业园区建设模式研究》，《国际城市规划》2018年第2期，第33—40页。

特点及发展目标，商定分别设在中国西安西咸新区与俄罗斯莫斯科州两地。

（二）国家关系友好

园区选定及功能定位、建设和运行等涉及园区所在国家的主权等重大权益以及合作各方未来较为长期的多方面合作以及因此需要具备的制度与政策保障，对主要合作方政府之间的协作关系要求较高，需要较为友好的政治关系作为保障。

（三）赋予政策指导和优惠支持

园区通常建设在新的或者经营环境和基础设施不够成熟的区域，因而，需要较多前期投入以及较大的投资回报不确定性。制度与政策协调是境外园区成功建设与发展的根本保障和动力；园区建设涉及诸多具体内容，如涉及基础设施建设、土地开发、七通一平、物流商业和贸易活动、就业、项目融资、政策协调、产业开发等，是微观区域内综合性开发，与五通有密切交集，是落实“一带一路”建设的平台和抓手。这些决定了合作园区投资方政府给予本国投资者鼓励的优惠政策，同时，园区所在国也会赋予该区域特殊优惠政策。2013 年 12 月，中国商务部、国家开发银行共同发布的《关于支持境外经济贸易合作区建设发展有关问题的通知》明确指出：国家开发银行将在市场化运作、有效防范风险的前提下，重点优先支持已通过《境外经济贸易合作区确认考核和年度考核管理办法》确认考核的合作区项目；有选择地支持我国与合作区东道国政府共同关注的在建合作区项目；除依托境内股东信用提供贷款模式外，将积极探讨依托境外金融机构信用、项目自身及其他资产抵质押、土地出让应收账款质押等模式，为合作区实施企业提供融资支持。国家开发银行将通过与东道国有实力的金融机构合作，以转贷款、银团贷款等方式，为入园企业提供融资服务等。需要通过与驻在国政府的磋商就合作区的土地政策、税收政策、劳工政策、基础设施配套以及贸易投资便利化措施等为合作区建设提供支持。

通过园区建设取得较好经济与社会成效是园区持续建设与发展的内在要求和基本保障。2008 年 2 月，国务院批准了由中国 10 个部委联合出台的《关于推进境外经济贸易合作区建设的意见》，2015 年 8 月，商务部制定的《境外经贸合作区服务指南范本》，2017 年 10 月 31 日，发改委、商务部等 28 部门发布的《关于加强对外经济合作领域信用体系建设的指导意见》等一系列促进境外合作园区的政策文件。对境外经贸合作区从信息咨询服务、运营管理服务、物业管理服务、突发事件应急服务四个方面提出内容要求。比如，在运营管理服务中，明确提出了服务入区企业范围宜包括注册、财税事务、海关申报、人力资源、金融服务、物流服务等环节。合作区在符合商务部、财政部关于《境外经贸合作区资金管理办法》《境外经贸合作区考核办法》的前提下，可享受合作区发展资金的支持。总体来看，该考核办法包括确认考核和年度考核，确认考核是根据规定要求对合作区建设和运营成效是否符合确认条件进行认定；年度考核则是根据规定要求对合作区的年度建设和运营效果进行评审。考核办法还对于不同类型的境外经贸合作区提出具体量化的考核标准。通过确认考核后，合作区可申请年度考核，通过确认考核或年度考核的合作区，可申请中央财政专项资金资助。2019 年 4 月，中国财政部与阿根廷、俄罗斯、印度尼西亚、英国、新加坡等 27 国财政部核准了《“一带一路”融资指导原则》。

实践中，园区所在地或所在国政府多数采取一些特殊优惠政策吸引参与方建设该园区，如白俄罗斯政府对中白工业园区建设给予高度重视，国家元首多次颁布总统令，以最快捷方式解决园区建设法律障碍以及给予特殊优惠政策，如于 2012 年、2014 年和 2017 年先后颁布三个总统令，对园区建设提出了比较系统的规划以及相关优惠政策。2018 年 12 月，卢卡申科总统再次签发总统令，授予中白工业园特殊经济区地位，享受在欧亚经济联盟海关法的框架内报关、清关、物流、生产等领域的手续简化和税费降低等优惠。这使得工业园通过经济合作突破国界限制，挖掘经济增长潜力，实现经济资源最优配置，建立成一个高新产业集群，成为欧亚地区多边合作的国际平台。这些均提高了企业走出去建设境外经贸合作区的积极性并促进了境外园区的快速发展。俄罗斯莫斯科州对中俄丝路创新园（俄罗斯园区）提供减免办公租金等。

（四）运管模式与机制完善

第一，共同规划设计。科学规划及精准产业定位是境外园区有序建设与发展的重要指引；中外政府友好合作及协同顶层规划是合作园区顺利建设与发展的先决条件；中国—新加坡共建的苏州工业园区取得成功的重要原因之一就在于两国政府的合理顶层定位和科学规划设计。第二，合作方资源投入与合理配置。合作园区的开发建设往往在特定待开发的区域从零起步，建设成具有较强功能的基地或产业集群，为此需要大量资源投入。中国—新加坡苏州工业园、中国—德国青岛生态园，中新苏通科技产业园等，均明确了参与各方的出资份额、权力责任，最大限度地集聚和优化国际先进生产要素；2011 年，中国与马来西亚合作建设中马钦州产业园，园区探索“两国双园”（中国钦州产业园和马来西亚关丹产业园）合作机制和“以资本为导向的开发模式”，积极推动新兴产业的发展。第三，建构科学合理的运行管理机构。园区建设和运行涉及诸多领域和环节，合作各方人员及资源调配等，因而，各方合理参与、权责清晰的管理架构至关重要。第四，设立各方协调高效有序的运行管理机制。园区运行管理机制是为了保障园区各环节各主体整体运行有序高效而设置的经营管理流程设计以及相应的执行规定。严格科学的流程及其有条不紊的执行是复杂的园区运行有序的基础（见图 2）。

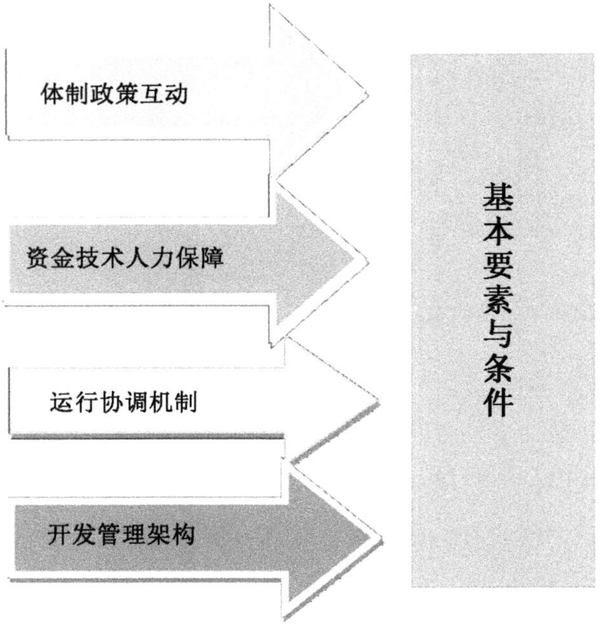

图 2　境外合作园区发展基本条件

资料来源：作者自行整理。

三、“一带一路”引领境外合作园区发展

2008 年之后特别是 2013 年中国提出“一带一路”倡议之后，在境外设立合作园区迎来了发展高峰。截至 2018 年底，中国在境外投入建设以及建成运行的全部 100 多个合作园区。其中，2014 年之后开建的占到 70%以上，截至 2017 年 3 月，“一带一路”沿线 20 个国家 56 个合作区，占境外全部合作区总量的 72.7%。2019 年 4 月第二届“一带一路”国际高峰论坛期间，又达成了包括建设中国塞尔维亚友好工业园区，开展中国阿联酋产能合作示范园产业、迪拜物流商贸综合体及科技合作等多个具有带动作用的园区合作项目。数据显示，2019 年 1—7 月，中国企业对“一带一路”

沿线的 52 个国家新增投资合计 79.7 亿美元，占同期对外投资总额的 12.5%；对“一带一路”沿线国家并购 36 起，投资额 13.8 亿美元。截至 2019 年 7 月，中国在沿线国家包括通过共建园区等方式实现对外投资及工程承包等，增加当地就业 81.7 万人。这说明“一带一路”倡议正成为新时期我国拓深对外经济贸易与产能合作的新动能，也是境外合作园区蓬勃发展的关键引导。究其原因，在于“一带一路”倡议与合作园区建设具有很强的相互依存内在关系及交互促进作用。

（一）“一带一路”倡议为园区建设提供目标指向与政策支持

“一带一路”倡议为中外合作园区建设提供了目标指引和政策支持。

1.“一带一路”倡议为共建园区提供目标指引

“一带一路”建设是个具有多目标、涉及广领域、历经长时段的综合系统工程，需要多方面的支撑，如为实现基础设施、金融、贸易、制度、民心等的互联互通，并在此基础上释放最大合作潜能实现最大合作红利，就需要在投融资、产能、科技、物流、贸易等宽领域、全链条展开广泛深刻的合作，而非仅集中在贸易、投资、融资等单一功能的合作上，从而更大限度地释放合作潜能并获得更高的附加值和合作红利。同时，作为一种宏观政策构架，中国与沿线国家政府签署共建“一带一路”合作协议可以为中外合作园区建设创造宏观环境和氛围，为共建园区奠定法律、政策基础和保障。

2.“一带一路”倡议为园区建设提供政策支持

“一带一路”倡议是个包含五通甚至更多内涵的长期性系统性大框架，为包括各类合作园区建设等在内的各类合作行动提供广泛目标指南以及相应的政策激励。

“一带一路”倡议通过与沿线合作国家签署共建协定打通政策瓶颈，提出重大合作方向规划，同时，由中国政府设立的丝路基金提供融资支持。

合作园区建设运行涉及两个或多个国家及企业主体等，体制完善与政策支持至关重要。由于按照市场规则、平等互利、循序渐进、注重实效的原则目前已形成了较为完善的境外经贸合作区政策体系。提出全面加强双边政府沟通、深化完善园区合作机制、科学制定园区产业规划、聚力推动园区配套建设、大力培育引进国际化人才等对策思路。2017 年“一带一路”国际合作高峰论坛期间及论坛后中国政府陆续出台了一系列新的鼓励政策，如 2017 年决定增拨丝路基金 1000 亿元人民币，除了国开行、丝路基金、亚投行与中国进出口银行对于“一带一路”走出去的企业予以资金支持外，中国的四大国有商业银行正在筹措数以百亿美元的资金用以支持“一带一路”建设。2019 年 4 月在北京举办的第二届“一带一路”国际合作高峰论坛达成的共识中指出，秉持共商共建共享的“黄金法则”和政府引导、企业主体、市场运作的原则，发展经贸产业合作园区等，充分遵守各国法律法规，推动企业在项目建设、运营、采购、招投标等环节与广泛接受的国际规则标准接轨，以零容忍态度共同打击腐败，使高质量的要求与各国的国情相互结合，切实落地。

中方不再采用招标方式建设境外园区，而是由企业自主先行建设境外园区，达标后由商务部、财政部考核确认，这一考核方法改变了境外经贸合作区建设方式，财政部、国家开发银行、商务部等还先后发布了多项旨在促进中国企业参与境外合作园区建设的鼓励措施，如中国对外投资经营的园区，经过商务部和发改委认证确定的对外经济贸易合作区，将可获得 2 亿—3 亿元人民币的财政支持，中长期人民币贷款最多可以达到 20 亿元。2015 年 8 月，商务部制定了《境外经贸合作区服务指南范本》，对境外经贸合作区从信息咨询服务、运营管理服务、物业管理服务、突发事件应急服务四个方面提出内容要求。比如，在运营管理服务中，明确提出了服务入区企业范围宜包括注册、财税事务、海关申报、人力资源、金融服务、物流服务等环节。境外经贸合作区在符合商务部、财政部关于《境外经贸合作区资金管理办法》《境外经贸合作区考核办法》的前提下，可享受合作区发展资金的支持。总体来看，该考核办法包括确认考核和年度考核，确认考核是根据规定要求对合作区建设和运营成效是否符合确认条件进行认定；年度考核则是根据规定要求对合作区的年度建设和运营效果进行评审。考核办法还对于不同类型的境外经贸合作区提出具体量化的考核标准。通过确认考核后，合作区可申请年度考核，通过确认考核或年度考核的合作区，可申请中央财政专项资金资助。对企业从事境外投资和对外承包工程，用于投资国或地区的境外项目经营一年及以上的贷款，按照不超过企业投资贷款或工程贷款总额5%的比例给予贴息支持；对“一带一路”项目按不超过6%给予支持。对企业为从事境外投资，境外农、林、牧、渔、矿业合作，在项目所在国注册（登记）、购买资源权证之前，或对外承包工程签订合同（协议）之前，为获得项目委托具有相应资格的专业机构提供服务而发生的前期费用，按照不超过实际发生费用的50%的比例给予补助。

国家鼓励保险机构根据国内“一带一路”核心区和节点城市建设中的特殊风险保障需求。支持保险资金通过债权、股权、股债结合、股权投资计划、资产支持计划和私募基金等方式，直接或间接投资“一带一路”重大投资项目，促进共同发展、共同繁荣。支持保险机构通过投资亚洲基础设施投资银行、丝路基金和其他金融机构推出的债权股权等金融产品，间接投资“一带一路”互联互通项目。中国保监会于2017年4月27日发布的《关于保险业服务“一带一路”建设的指导意见》，致力建构“一带一路”建设保险支持体系，为“一带一路”建设提供全方位的服务和保障。综合运用中长期出口信用保险、短期出口信用保险、海外投资保险、资信评估等产品和服务，加大对“一带一路”沿线国家的支持力度，对风险可控的项目应保尽保，推动国家重大项目加快落地。属于“一带一路”的项目，按不超过60%给予补助。单家企业可获得最高支持金额为200万元。

（二）合作园区促进“一带一路”倡议落地

合作园区的建设与发展不仅可以多维度地实现“一带一路”倡议及其目标指向，而且为“一带一路”建设提供落地支撑。

1. 合作园区与“一带一路”建设具有相同目标

“一带一路”倡议包含多方面的目标指向，包括打通基础设施瓶颈、促进资金、贸易、政策和产业合作发展以及改善民间交流、理解等，通过共建“一带一路”分享发展红利。中外合作园区具有多功能性，通过共建园区，合作方可以在一个高度资源密集的区域内开展资金筹措、资源优化，产业合作、改善基础设施、开发高新技术和高端产品及服务培养，以及改善当地就业和管理创新，在满足本地市场需求的同时致力扩大国际市场，共同提升国际竞争力，而且园区开发还可以产生很强的对当地经济社会发展的拉动和辐射作用。因此，园区可以很好地多维度地实现“一带一路”倡议及其目标指向。合作园区的建设与发展不仅对当地经济与社会产生全面的综合影响，还为“一带一路”建设营造良好宏观环境，如政策环境、民心基础，示范效应，并夯实微观基础，包括产业支持、交通设施、商品及服务等。

“一带一路”倡议的根本宗旨是通过与沿线国家在平等互利基础上开展优惠互补资源优化配置以及共享市场等实现共享繁荣与发展。大力推进经济走廊建设，办好经贸、产业合作园区是深化“一带一路”建设过程中的实体经济合作，进一步促进投资、聚合产业、带动就业，创新发展之路。第一，加快推进国际产能合作和对外投资合作是“一带一路”倡议的重点指向。中资企业通过在境外建设加工制造型、资源利用型、农业产业型、商贸物流型、科技研发型园区等，有助于自身拓展国际市场空间，提升国际竞争力。建设“一带一路”沿线境外合作产业园区是我国深入推进“一带一路”建设和国际经贸合作、促进与沿线国家经济深度融合和互利共赢的重要平台①。其对“一带一路”建设的突出意义显而易见，符合国际产业转移与合作的规律要求也发展趋势，也适合当代中国与周边国家的合作要求以及优势互补的国情，为共建“一带一路”提供了很好的选项。跨境合作园区是中国政府支持、统筹指导有条件的企业在境外建设或参与建设的基础设施较为完善，辐射和带动能力强的经济、贸易合作区域，包括工业园区和经贸园区等，既是中国实施对外投资的一条重要途径，也是一种全新的国际合作方式。中国—新加坡在共同设计规划和管理运行过程中经过不断磨合和协调，探索出了符合国际经贸合作发展潮流、中国国情以及双边管理经验的国际合作园区模式和经验。第二，“一带一路”利好前景对共建合作园区具有很大驱动力。“一带一路”倡议是一个直接惠及 60 多个国家占世界近半人口、间接惠及全球的长期全面的国际合作规划，广泛而长远的合作潜能和前景，具有强大动员参与感召力和远大潜力。世界银行研究组的量化贸易模型结果显示，共建“一带一路”可使“发展中的东亚及太平洋国家”的国内生产总值平均增加 2.6%—3.9%，而对于中亚国家、巴基斯坦、菲律宾、柬埔寨、越南、老挝、俄罗斯和蒙古等国的贸易吸引外来投资以及经济增长等具有更大的直接拉动作用，如“一带一路”解决了蒙古与中亚国家缺乏国际出海口等进出口运输瓶颈问题。第三，中外双方均对合作园区建设给予强大政策支持。联合国组织、国际金融机构以及数十个国家均已与中国签署共建“一带一路”协议。因而，广阔利好前景对“一带一路”沿线投资经贸合作以及中外园区建设带来巨大驱动。

2. 合作园区为“一带一路”提供落地支撑

“一带一路”倡议旨在深化与沿线国家在产业、贸易、科技、金融、政策等方面的融通实现资源互补和共享发展，合作园区建设能较好地将“一带一路”提出的五通提供实现的坚实基础和手段。“一带一路”建设是涉

① 沈正平：《“一带一路”沿线中国境外合作产业园区建设模式研究》，江苏智库网，2018 年 5 月 2 日，http://www.jsthinktank.com/zhikuyanjiu/201805/t20180502_5348215.shtml。

及数十个国家的巨大空间和诸多领域的长时段综合系统工程，需要努力运筹经营，园区建设与运行是“一带一路”沿线巨大空间框架下的一个个具体微观平台和抓手。园区合作各方通过这种合作方式实现资源优化和优势互补，提升商业活动价值链，实现效益最大化（见图3）。

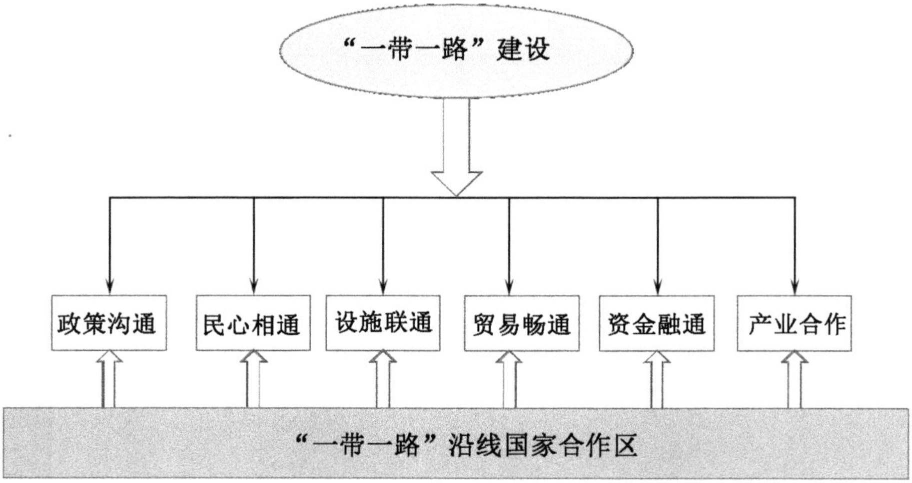

图3 “一带一路”建设与“一带一路”沿线合作园区的互动关系

资料来源：作者自行整理。

合作园区所在国政府为了吸引中方和其他参与者的投资，一般均会在合作园区提供类似经济特区的优惠政策。

四、国内园区成功经验可助境外合作园区稳健发展

境外合作园区的建设、运行和管理存在诸多难题和挑战，借鉴国内园区成功经验可促进境外园区稳健发展。

（一）境外合作园区建设运行和管理存在诸多难题和挑战

作为在境外非主权特殊空间环境下开展的一种深度国际合作模式，合

作园区的建设和运行管理面临诸多困难和挑战。

其一，基础设施建设开发投融资难。国外园区建设中由于土地大量开发以及园区配套设施建设需要投入大量资金，例如，埃塞俄比亚东方工业园大致是2300万美元/平方公里，而泰达苏伊士经贸区大约是7000万美元/平方公里。而且，境外园区建设资金以企业自筹为主，政策性投入力度要远小于国内开发区。我国银行境外分支机构少、能力不足，银行全球授信体系不完善，国内母公司不能为其境外子公司在我国银行境外机构贷款提供担保，企业境外投资形成的资产不能作为抵押担保在境内贷款等都使企业面临融资难、投资回收期长问题。比如，某商城集团在坦桑尼亚拟开发的商贸合作区就因当地官僚主义较为严重，原先承诺的项目用地时隔两年多时间仍未得到落实，新指定地块也因拆迁、土地性质变更、债务问题等而无限期搁置，最终使得项目失败。

其二，法律政策协调、权益分配、近期与远期利益处置等难题。比如在白俄罗斯明斯克中白工业园区，园区政策落实细则经常滞后。白俄罗斯总统为了加快园区建设扫清政策障碍，以及减少经过议会漫长立法程序时间，颁布了多个给园区优惠政策和经济特区地位的总统令。但总统令只是粗略框架，落实细节还得由立法机构和政府制定并由政府部门落实，而这个过程的滞后会使一段时间内优惠政策难以落实到位。还存在境外中央政府和地方政府间对园区选址管辖权限不一的问题。如中国某农垦集团先后多次组织工作小组到印度尼西亚进行实地考察，印度尼西亚某县县长许诺零地价供地，只需以10%合作股份进行交换。但核实后发现在该县的拟选地块权属于印度尼西亚林业部门，县长越权。又如，园区土地开发和租赁方面也是经常出现问题的方面。如俄罗斯收紧外国劳务输入政策，分配给远东地区的劳务许可证（打工卡）数额减少以及申办时间长，影响了俄罗斯乌苏里斯克经贸合作区内中资企业的正常生产计划的落实。此外，工程审批项目程序复杂、物资进口通关效率低等，都加大了合作区建设发展的难度。

其三，产业配套差导致园区经营成本升高。境外一些合作园区因当地经济发展水平低、配套差，物资匮乏、建材等要从在国内或其他国家高价采购运输，增大园区建设成本。尤其是在非洲的一些合作园区因当地产业发展不成熟，很多原材料、半成品等需要从国内运送或者从第三方采购，抬升经营成本，使园区运营前景不确定性提高。

其四，园区管理框架和模式的合理建构难度大。园区开发与管理机构设置、人员配置、权力分配、运行流程等的安排，中外人员因语言文化、经营理念差异大，容易产生摩擦，均是十分棘手问题。境外经贸园区开发某种程度上就是境外工业地产、商贸地产或科技地产的开发，与土地开发运营关系极大。能否处理好同土地相关的一系列问题，成为境外园区开发成功与否的关键。关于园区土地租赁价格问题，在中白工业园区中方与白方存在不同态度，白方为了吸引企业入园要求园区开发公司以不考虑土地开发成本的极低价格出租，而中方则希望按照不高于成本价出租。园区还也面临着东道国内部派系斗争以及政局变化带来的政策和法律风险。[①] 境外园区往往设立开发公司与管委会两套机构，园区开发公司不具备政府职能，很难快速整合、调配政府和当地社会资源，无法控制管委会的服务效率，从而会影响整体开发节奏和效果，面临的挑战要远大于在中国国内。比如，中白工业园管委会虽然也承诺提供一站式服务，但在实际执行中和国内的一站式服务存在很大差距。

（二）借鉴国内园区成功经验促进境外园区稳健发展

各国经济合作区建设运行既有特殊国情和条件差异，如区位、目标、也有共同规律和要求，如科学规划定位、招商引资方法、适当的运行管理

---

① 宋哲：《如何打造“一带一路”标志性项目——对中白工业园开发的思考》，《理论视野》2017 年第 6 期，第 59—61 页。

模式等，这些是任何过激合作园区的成果运行均需要具备的基本条件。不同国家的不同园区有一些需要共同克服的难题和需要建构的共同模式，在探索建构适合自身特殊条件和环节的运行管理模式过程中有些经验和规律性的东西可资相互借鉴。如对于诸如中国这样的非市场成熟型发展中国家而言，更强调政府特别是欠发达东道国政府的初始推动作用，以基础设施投资、公共设施投资和政策环境营造来吸引企业进入亟待开发的地区，推动产业发展、城市建设、导入人口等要素，以促进市场形成和民生改善。中国境内的园区发展较早，在运行管理模式探索方面积累了相当的经验，部分可以给在境外的合作园区的建设、管理、运行等提供参考和借鉴，有助于少走弯路，减少错误和曲折，提高成功概率，并促进境内外园区的协同发展，有助于促进“一带一路”以及和人类命运共同体建设。

在这方面，苏州工业园区的创新发展经验对境外合作园区建设极具启发意义。

自1994年创立以来，苏州工业园区GDP增长200多倍，人口增加近10倍，开发区环境和公共服务水准与国际接轨，这与苏州工业园区管委会借鉴新加坡公共行政管理经验，搞好科学规划，构建与国际接轨的营商环境以及运行管理模式，吸引投资和人才，不断推进园区产业发展和转型升级密不可分。其可资境外合作园区借鉴的经验主要表现在以下方面：

其一，做好可持续性的园区发展科学规划和精准定位。苏州工业园区借鉴新加坡科学的城市规划体制和裕廊工业镇的标准，建立专家依法治区的规划管理体制，形成了从概念规划、分区规划到控制性详细规划、重点地段城市设计、各类专项规划以及相配套的规划技术规定的一套完整的规划体系，制定了苏州工业园区总体规划。坚持规划的前瞻性、延续性和高环保性，避免了“拆建—建拆”的重复浪费，奠定了首批进入国家生态工业示范园区的基础。境外园区的选址、发展目标定位一定要有深入详细的前期调研和规划，制定较为长期的高标准的目标，包括产业、配套、绿色环保等，避免过于短视而造成不断修改规划并造成大拆大建重复建设等以及因不符合政策要求而受到惩罚或者被取消或被禁止运行等的发生。近年，一些境外合作园区因规划设计不到位、对环保要求以及基础设施建设难度估计不足等原因导致民众抗议或被政府取消或者追加预算而无法实施等。

其二，注重高效的招商集群招商方法。苏州工业园区发展初期依靠新加坡相关招商机构在全球各地的招商网络和客户资源，通过“一站式”服务和税收优惠政策将它们吸引到园区。这种招商方式在产业集聚和园区发展方面产生显著的效果。对于“一带一路”沿线国建设合作园区吸引全球资本同样具有启发性。几乎所有境外合作园区均存在投融资难题，苏州工业园区的招商引资方式和经验值得借鉴。

其三，以绿色环保高要求引领生态园区建设。苏州工业园区坚持“科技第一生产力、人才第一资源”的理念，利用中新合作对外开放平台，聚集全球要素，不断提高人才、环境、制度的供给能力，打造开放创新生态圈，不断提高园区的自主创新能力。打造“研发+智能制造”的外向型经济新模式，构建国际化、开放型创新体系，引领着全国开发区转型升级和创新发展。

其四，建设高水平的合作平台。苏州工业园区致力开放创新，依据2015年10月13日中国国务院批示的《苏州工业园区开展开放创新综合试验总体方案》先行先试开放创新实验，主动对接自由贸易试验区标准，通过建设更高水平的国际开放平台等措施，加快对外开放与合作的步伐。一是搭建中新金融创新合作平台；二是依托中新合作优势，探索建立面向新加坡、辐射东盟的投资贸易平台，提升向东开放水平；三是鼓励本土企业与跨国公司构建战略联盟，搭建跨国公司技术转移平台，提升企业研发能力。青岛中德生态园是中国与德国合作建设的具有可持续发展示范意义的生态工业园区。因此，借鉴包括苏州工业园区、中德生态园区在内的成功经验对于中国在“一带一路”沿线国家共建园区同样也需要并很重要。

其五，探索适合运行管理模式。在境外尤其是“一带一路”沿线国家设立合作经贸产业经济园区等是极为复杂和充满不确定性与风险的实践探索。包括开发与管理机构的设置、权力配置、日程运行管理流程等核心内容在内的园区运行管理模式的探索和建构对于园区正常稳定运转具有关键性意义。苏州工业园区在探索高效运行管理机制和独特模式方面进行了探索，如建立权力结构合理的园区管委会以及多部门协调配合机制，日常运行流程等。

五、小结

总体而言，中国在“一带一路”沿线国家建设各类合作园区是落实和推进“一带一路”倡议的重要抓手和平台。鉴于这些园区具有综合功能性、规模性和长期性，区域带动性示范性、其建设和运行的稳定有效直接影响到“一带一路”建设整体状况。因而，在未来一段，合作园区建设将是“一带一路”走深走实的重要选择。但是，中外共建合作园区目标定位共同规划、资源投入、基础设施建设、开发与管理架构及运行机制设定，体制与政策协调，中外管理人员互动、权益分配等诸多挑战与问题，迫切需要依据自身环境和条件加以研究探索，同时，也可以研究借鉴国内园区的成功建设运行管理经验以及其他国家的相关经验与成熟理论，以摸索出更能适合和有效的境外园区开发建设和管理路径，为促进中外经贸产业合作作出应有贡献，为“一带一路”建设提供示范和驱动力。

后 记

世界正处于百年未有之大变局的前期，世界格局深度调整，国际环境复杂多变，主要大国积极调整内外战略，力争形成有利的战略环境，国家间关系的竞争性日益突出。百年变局对中国有着深刻而广远的影响，不仅给中国和平发展带来了难得的机遇，也必然带来严峻的挑战。有鉴于此，中国是否仍处于重要战略机遇期引发了战略学界的高度关注乃至热烈争论，中国如何抓住、用好、维护、延长、塑造战略机遇期，更被视为中国应对百年变局的核心议题。随着中美战略竞争的加剧和新冠疫情的全球蔓延，中国与世界的互动关系愈加密切，如何塑造中国和平发展的外部环境至为关键。

2019年11月16日，同济大学中国战略研究院与中联部当代世界研究中心、“一带一路”智库合作联盟秘书处联合举办第一届“一带一路”发展论坛暨“共建‘一带一路’背景下的中国与世界”国际学术研讨会，邀请国内外学者就百年变局与中国战略机遇期、百年变局下大国竞争新态势、“一带一路”建设与新型国际关系等重大议题进行深入探讨。与会学者提供了诸多颇有价值和分量的文稿，构成了本专辑的主体。专辑主编还邀请清华大学胡鞍钢教授等另行提供文稿，以全面反映国内学界对百年变局、中国战略机遇期和“一带一路”建设等的前沿研究。鉴于专辑各篇章完成于2019年底，未涉及对新冠疫情全球免疫及其国际影响，特此说明。

本专辑由12篇文章构成，作者们从不同的角度，深入剖析百年变局及其对中国的深刻影响，中国战略机遇期的演变及塑造中国战略机遇期的必要与路径选择，并以共建“一带一路”为例进行深入探讨，可谓篇篇锦绣，各有精彩。责任编辑为本专辑出版倾注大量心血，其严谨作风和专业精神使其增色生辉。

本专辑出版得到韩国国际交流财团（Korea Foundation）的资助，谨致谢忱。

门洪华

2020 年 10 月 1 日